보천교 독립운동 구술사

원군교를 감시한 어느 한국인 순사의 증언

보천교 독립운동 구술사

원군교를 감시한 어느 한국인 순사의 증언

펴 낸 날/ 초판1쇄 2025년 4월 5일
편 저 자/ 안후상

펴 낸 곳/ 도서출판 기역
편　　집/ 책마을해리
출판등록/ 2010년 8월 2일(제313-2010-236)
주　　소/ 전북 고창군 해리면 월봉성산길 88 책마을해리
경기도 파주시 회동길 363-8 출판도시
문　　의/ (대표전화)070-4175-0914, (전송)070-4209-1709

ISBN 979-11-94533-05-4 (93910)

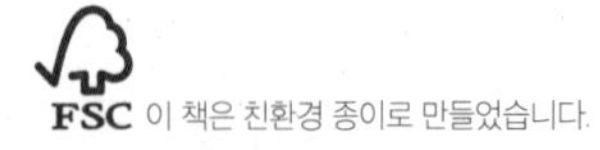

보천교 독립운동 구술사

원군교를 감시한
어느 한국인 순사의 증언

안후상 편저

ㄱ

발간사

'보천교 독립운동 구술사' 편집을 마치며

'구술사'란 구술 채록을 의미하지만 구술 채록에만 국한하지는 않는다. 채록으로 생성된 사료를 바탕으로 한 '역사 쓰기'도 구술사이기 때문이다. 그간 '일제강점기 보천교'는 억울한 측면이 많았다. 일제가 씌운 사교, 사이비종교 등의 프레임 때문이다. 최근에 연구자들은 관련 사료의 발굴을 계기로 일제강점기 보천교가 민족운동을 한 단체 또는 독립운동을 한 단체로 재평가하였다.

그동안 일제강점기 신문과 잡지의 보천교 관련 기사들은 보천교 연구에 활용되었다. 보천교 측 자료가 아닌, 객관적인 자료로써 논문을 구성하겠다는 연구자들의 열정은 이전부터 분명 있었다. 최근에 보천교 관련 일제의 판결문과 검경 자료가 쏟아져나오면서 보천교의 민족운동 연구는 이 전보다 더욱더 활기를 띠었다.

보천교 관련 연구는 활발하게 이루어지고 있지만, 역사 연구가 다 그러하듯, 문헌이 갖는 한계를 관련 연구자들은 절감하였다. 그러한 한계를 구술로써 보완하려는 움직임이 없었던 건 아니다. 하지만 보천교와 관련한 구술사를 본격 추진한 적은 한번도 없었다.

보천교의 민족운동은 불과 100여 년 전의 일이다. 따라서 관련 연구가 본격 시도되던 당시까지만 하여도 적지 않은 관련 교인이 생존해 있었다. 안타깝게도 그들이 타계하면서 그들의 구술을 더는 들을 수 없었다. 하지만, 그들의 생생한 기억을 간직한 후예들이 아직 남아 있다.

필자는 오래전부터 보천교 관련 구술사의 필요성을 절감하였다. 이때가 30여 년 전인 1990년경이다. 그때부터 조금씩, 조심스럽게 몇 분 안 되는 보천교 교인을 찾아 나섰다. 그리고 그들의 기억을 들었다. 교주인 차경석의 아들들을 만났고, 당시 보천교 간부를 지낸 이들도 만났다. 좁게는 전라북도 정읍을 위시해 완주와 전주, 그리고 넓게는 서울과 경기도, 경상북도 청송과 경상남도 함양을 찾았다. 관련 기억을 메모했고, 때로는 녹취하였다. 기억을 듣고 나서는 곧바로 활자화 작업에 들어갔다. 그렇게 생성된 기억의 일부는 교차검토한 끝에 연구에 활용하기도 하였다. 하지만 신중에 신중을 기하다 보니, 관련 구술들은 사장되기 일쑤였다.

문헌의 한계를 절감한 요즈음, 오래전에 생성 축적된 구술이 떠올랐다. 이제는 이러한 구술이 적어도 관심 있는 이들에게 읽혀도 되겠다고 생각하였다. 다행히 정읍시의 지원으로 추가 구술이 더해져서 '보천교 독립운동 구술사'라는 책을 발행하기에 이르렀다.

그간 기탄없이 관련 연구를 지원해 준 정읍시와 보천교독립운동100주년기념사업회 이훈상 회장님께 감사를 드린다. 이러한 작업은 혼자의 힘으로는 불가하며, 구술사 원고를 꼼꼼히 살펴봐주신 김재영 박사님과 사단법인 노령역사문화연구원 문우들의 도움이 컸음을 밝힌다. 모든 분께 깊은 감사를 드린다.

안후상 사단법인 노령역사문화연구원 원장

'보천교 독립운동 구술사' 발간에 부쳐

'보천교 독립운동 구술사' 발간을 진심으로 축하드립니다.

보천교 독립운동을 주제로 한 구술 사료집 발간은 단순한 연구 작업을 넘어, 우리 역사와 문화의 소중한 유산을 후대에 전하는 중요한 작업입니다.

직접 찾아다니며 채록한 자료들은 단순한 사실의 나열이 아니라, 그 속에 담긴 사람들의 삶과 고뇌, 희망과 투쟁의 이야기를 담고 있습니다.

보천교는 독립운동 역사에서 중요한 역할을 해왔습니다. 그들의 신념과 의지는 단순히 종교적 신념에 그치지 않고, 민족의 독립과 자유를 위한 투쟁으로 이어졌습니다. 이러한 역사적 사실을 구술 사료로 남기는 작업은 단순히 과거를 기록하는 것이 아니라 현재와 미래를 위한 중요한 교훈을 제공하는 일입니다.

구술 사료집 발간은 보천교의 독립운동이 단순한 사건이 아니라, 그 속에 담긴 사람들의 이야기를 통해 더욱 깊게 이해할 수 있는 기회를 제공할 것입니다.

앞으로도 이러한 연구와 기록 작업이 이어지기를 바라며, 여러분의 열정과 노력이 많은 이들에게 영감을 주기를 기원합니다. 또한 보천교의 독립운동을 더욱 널리 알리고, 그 의미를 되새기는 계기가 되기를 바랍니다.

발간을 위해 애써주신 사단법인 노령역사문화연구원 안후상 원장님을 비롯한 관계자 여러분께 깊은 감사를 드립니다.

이학수 정읍시장

차례

보천교의 독립운동 자금 지원

보천교계 신종교의 독립운동

보천교에 대한 새로운 인식과 '학술 사업'

'보천교 민족운동'과 관련 구술의 활용

— 안후상(역사학자)

역사에서 '보천교' 등장

19세기 조선(朝鮮)은 정치·사회적 문란과 경제적 혼란이 가중되었다. 이로 인해 민중의 삶은 그 어느 때보다 피폐해졌다. 여기에다 서양 제국주의 세력 및 일본(日本)의 침략적 접근이 거세었다. 이러한 가운데 지배 이념인 성리학(性理學)과는 다른 주장을 담은 새로운 종교가 등장하였다. 그 대표적인 게 동학(東學)이다.

당시 사회의 모순과 혼란을 극복하는 나름의 방안을 제시해 민중의 지지를 받던 동학의 이념에는 전통을 계승하면서도 근대 지향성이 내재해 있었다. 그리고 외세로부터의 위협을 배격하는 민족성도 강하게 배어있었다. 무엇보다 동학은 모순과 갈등으로 점철된 선천(先天)과는 다른 후천(後天)의 개벽(開闢)을 제시하였다. 즉 반상(班常)의 차별도 없고 외세의 침략에서도 자유로운 사회를 준비하는 후천개벽운동을 전개하였다. 동학의 후천개벽운동은 이후 다양한 종교운동으로 이어졌다.

보천교(普天敎)는 전라도에서 동학운동을 주도하던 차경석(車京石)이 1907년에 강증산(姜甑山)을 만나면서 시작되었다. 보천교는 일제강점기에 24방주 또는 60방주라는 민중 조직을 통하여 새로운 정부나 국가를 수립하려는 '후천선경 신정부 건설운동'을 전개하였다. 일제는 이러한 보천교의 활동을 "국체를 부정하는 불온한 사상"으로, 그리고 "독립운동"으로 규정하였다.

보천교는 차경석을 정점으로 한 방주(方主) 조직이며, 일제는 이러한 조직을 비밀 결사 단체로 인식하였다. 따라서 간부는 물론이고 교인들까지 일제의 극심한 탄압을 받았다. 탄압과 함께 회유를 벌이던 일제는 비밀리에 활동하지 말고 관(官)에 등록할 것을 보천교에 경고하였다.

일제는 보천교를 향해 관에 등록하게 되면 보호는 물론 종교로서도 행세할 수 있다며, 집요하게 '교단 공개'를 압박하였다. 1922년 보천교는 결국 경성에 사무소를 설치하고 '보천교경성진정원'이라는 간판을 내걸었다. 그 이전에는 '태을교(太乙敎)' 또는 '선도교(仙道敎)'라 하였지만 '보천교(普天敎)'라는 교명은 이때부터 시작되었다.

보천교 교세가 급격히 확장되던 1918년 가을에 제주도 중문에서 보천교와 강증산 계통의 종교인으로 보이는 김연일(金蓮日)이 항일 무장봉기를 일으켰다. 이른바 '제주 법정사 항일운동'이다. 이 사건을 계기로 보천교의 24방주 조직이 탄로 났고, 차경석의 아우와 교단의 간부들이 일제의 고문으로 사망하였다.

이러한 탄압에도 불구하고 차경석은 1919년 11월에 경상남도 함양 대황산록에서 24방주를 60방주로 확대 개편하는 고천제(告天祭)를 거행하였다. 즉 전국의 교인을 60방주제로 조직하고 55만 7,700명에 달하는 간부를 임명한 것이다. 보천교는 1926년 2월 한때 60방주제를 폐기하고 북선(北鮮)과 남선(南鮮) 조직으로 전환했다가, 1927년 6월에 60방주제로 회귀하였다.

1921년 10월 보천교는 경기도 경찰부의 저지에도 불구하고 경상남도 함양의 황석산(黃石山)에서 국호를 '시(時)', 교명을 '보화(普化)'로 하는 대규모의 고천제를 거행하였다. 당시 보천교는 경기도 경찰부의 집요한 '교단 공개' 요구를 수용하는 대가로 고천제를 무사히 마칠 수 있었다.

1922년 2월에 경성에서 황석산 고천제에서 선포된 '보화'와는 다른 '보천교'라는 교명을 표방하였다. 교단 안팎에서 후천선경 신정부 건설운동과 그 맥을 같이 하는 갑자등극설(甲子登極說)이 널리 유포되었다.

갑자등극설이 맹위를 떨치자 일제는 보천교의 분열을 꾀하였다. 내부 분열에다 일제의 집요한 탄압은 교단과 신정부 건설운동의 위기를 불러왔다. 이때 보천교는 정치라는 영역에서 나와 종교의 영역으로 숨어들었다. 일종의 종교 제도화이다. 이처럼 종교 제도화 과정에서 차경석은 조선총독부 시모오카 총감의 후원을 받은 시국대동단(時局大同團) 결성을 허락하였다.

1920년대 중반 보천교에서 시대일보사를 인수하고 시국대동단을 결성하자 일부 지식인은 "미신사교가 문명을 상징하는 신문 발행은 있을 수 없다"라며 보천교를 성토하기 시작하였다. 급기야 '보천교 박멸운동'으로 이어졌다. 당시 중앙의 신문과 잡지는 보천교를 계몽과 미몽을 구분하는 기준으로 삼을 정도였다.

일제강점기 보천교의 활동

지식인 일부가 보천교를 성토하는 가운데 경성의 지식인들은 '보천교경성진정원'을 중심으로 교단의 계몽화를 꾀하였다. 이들은 《보천교보》와 《보광》을 잇따라 발간하고 각종 야학을 운영하였다. 소년과 청년, 여성 등의 단체를 조직하는 등 경성의 보천교는 사회 활동에 적극적이었다.

1920년대 보천교는 물산장려운동과 민립대학설립운동에 주도적으로 참여하였으며, 형평운동과 민족 독립운동에도 깊이 관여하였다. 사회주의자들이나 의열단, 불변단, 대한민국 임시정부, 만주의 정의부와 신민부, 김좌진 등에게 보천교는 인적·물적인 지원을 하였다.

1922년 보천교는 전라북도 정읍군 입암면 대흥리에 신앙 대상인 삼광영(三光影)이 안치된 정전(正殿)을 완공하니, 일명 '구성전(舊聖殿)'이다. 구성전은 현재 보천교 중앙본소로 쓰이고 있다. 1925년 보천교는 예산 60여만 원을 들여 십일전(十一殿)이 포함된 중앙본소 건설을 시작하였다.

우여곡절 끝에 1929년 4월에 완공된 십일전 낙성식 겸 삼광영 봉안식 행사가 예고돼 있었다. 그런데 삼광영 봉안식이 천자등극식이라는 풍설로 확산되었다. 이것이 기사등극설(己巳登極說)이다. 일제는 삼광영 봉안식 행사를 무력으로 저지하는가 하면, 아예 중앙본소에다 경찰을 주재시켜 보천교를 감시하고 탄압하였다.

그러던 중에 차경석이 강증산을 배제하는 듯한 신로(神路)의 변경을 시도하면서 교단 내의 분열상은 극에 달하였다. 여기에다 일제 탄압이 가중되면서 자작자급을 기반으로 하는 정읍 대흥리의 종교적·경제적 공동체는 무너져내렸다. 보천교의 당시 종교·경제 공동체의 운영 형식은 다름 아닌 '정전제(井田制)'였다. 이러한 보천교의 정전제가 무너지자 탄갈자(殫竭者. 정전제에 참여한 적극 교인) 일부는 굶주림과 병으로 사망하였다.

1936년에 차경석이 타계하자 일제는 '유사종교 단체 해산령'을 내렸고, 각지의 보천교 진정원이나 교회는 폐쇄되었다. 그리고 중앙본소 내 45여 동의 전통 와가(瓦家)를 흔적도 없이 지워버렸다. 정읍의 유지들이 중앙본소를 대학이나 병원으로 만들자고 제안하였지만 일제는 단호하게 거절하였다.

1936년 전후의 보천교 잔여 세력은 수많은 비밀 결사 단체를 만들었다. 이 결사 단체를 '보천교계 신종교'라고 한다. 이들은 보천교가 그랬던 것처럼, 비밀리에 '후천선경 신국가 건설운동'을 전개하다가 일제의 극심한 탄압을 받았다.

보천교계 신종교는 보천교와 마찬가지로 토속적이고 민족적인 방식으로 당시 민중을 결집하였고, 이들을 민족의식으로 무장시켰다. 일제는 보천교계 신종교의 이러한 활동을 예민하게 바라보았다. 조선총독부의 「조선중대사상사건경과표(朝鮮重大思想事件經過表)」(1943)에 나타난 일제의 사상 탄압 사건은 총 31건이다. 이 가운데 보천교계 신종교와 관련된 사건이 6건일 정도로 일제는 보천교계 신종교를 예의주시하며 탄압하였다.

일제강점기 보천교와 보천교계 신종교들의 민족운동에서 구속, 기소된 자는 약 424명이다. 이 가운데 154명이 독립유공자이다(2021년 4월 26일 기준). 이는 종교사뿐만 아니라 민족운동사에 있어서 그 유래를 찾아볼 수 없다. 이들의 민족운동은 타자(他者)인 일제의 식민지배에서 벗어나고자 하였지만 그 방법은 지극히 토속적이고 민족적이었다.

보천교는 1918년 제주도에서 척양척왜의 기치를 내걸며 일제 식민통치 기관을 불태우고, 새로운 왕(王)의 등극을 꾀하였다. 일왕(日王)의 초상을 그려놓고 복숭아 나뭇가지로 만든 화살을 쏘았다. 죽은 일왕의 혼(魂)을 불러내 꾸짖거나 '일본'에 '낙(落)' 자를 써 붙였다. 한편 고려 말 충신들의 영(靈)을 위로하는 의식을 통해서 교인들에게 민족의식을 주입하였다.

보천교는 새로운 정부나 새로운 국가의 중앙본부를 건설하였고, 그곳을 갈등과 전쟁이 없는 '선경(仙境)'으로 삼았다. 그뿐만 아니었다. 대한민국 임시정부와 사회주의 운동가들에게 거금을 지원하였으며, 의열단·정의부·신민부·불변단 등 국외 독립운동 단체와도 긴밀히 협력하였다. 임규, 박자혜, 고용환, 주현 등 당시 민족운동가들은 보천교에서 한때 교직(教職)을 맡았다.

보천교가 일제의 식민지배 정책에 이용당했다는 당시의 비판도 있었다. 시국대동단을 결성하여 일제의 식민 정책에 동조했다고 비판한 것이다. 보천교의 시국대동단 문제는 여러 가지 논란의 여지가 있다. 따라서 향후 심도 있는 연구가 필요하다.

일제강점기 일부의 지식인들과 민족운동가들은 근대 문명론에 함몰돼 있었다. 그런데 근대 문명론은 일제 식민지배의 논리와 다르지 않았다. 보천교의 상투와 갓, 두루마기, 그리고 《정감록》과 각종 비기, 예언 등을 반(反)문명이라며 강하게 비판했던 이들에게 정녕 있어야 할 '민족(民族)'은 찾아볼 수 없었다.

보천교의 후천선경 신국가 건설운동은 권력도 책략도 재력도 없는 일제강점기의 한국 민중이 할 수 있는 민족운동의 극명한 사례이다. 국권을 되찾고, 새로운 정부나 국가를 수립하기 위해 민중을 조직한 보천교는 일본의 패망을 예언하거나 기도하였다. 그리고 교금을 갹출하여 국내외 각 독립운동가를 지원하였다. 아울러, 보천교는 새로운 국가 건설의 상징인 국호 '시(時)'를 선포하였다. 일제는 이러한 보천교를 보안법과 치안유지법 등으로 탄압하였다.

문헌의 한계와 '보천교 구술'

보천교 연구는 주로 종교학자나 사회학자들에 의해서 진행되었다. 역사학 범주로서 보천교를 연구한 사례는 근래의 일이다. 그간에 적지 않은 사료가, 특히 일제의 판결문과 검경 기록들이 발굴되었다. 보천교 측의 자료가 아닌, 객관적인 자료로써 논문을 구성하겠다는 학문적 열정이 이러한 발굴로 이어졌다.

보천교 연구는 활발하게 이루어지고 있지만, 여느 연구가 다 그러하듯이 문헌이 갖는 한계를 절감하곤 하였다. 당시 기록의 편견이나 주관성 때문이다. 따라서 관련 연구자들은 사료의 치밀한 비판과 함께 '구술사'에 주목할 수밖에 없었다.

보천교는 불과 100여 년 전의 현상이다. 필자가 보천교 연구를 본격 시작한 1989년에는 적지 않은 생존 교인이 있었다. 그리고 그들의 생생한 기억을 간직한 후예도 많았다. 그때부터 필자는 조금씩, 조심스럽게 당시의 기억을 찾아 나섰다.

교주 차경석의 아들들을 만났고, 당시 보천교 간부를 지낸 이도 만났다. 좁게는 전라북도 정읍을 위시해 완주와 전주, 김제, 부안, 그리고 서울과 경기도, 경상북도 청송과 경상남도 함양까지 찾아가, 그들을 만났다. 그렇게 들은 그들의 기억은 필자의 방식대로 정리되었다.

'구술'은 역사가 될 수 없다. 다만, 교차 검토를 통한 구술은 연구에 부분적으로 반영할 수는 있다. 그런데 교차 검토는 당시 필자에게 어려운 문제였다. 충분한 사료도 갖춰지지 않았으며, 당시 역사학은 구술사를 위험한 시도로 바라보았기 때문이다. 지금은 문헌의 한계를 구술사가 메꿔줄 수 있다는 열린 자세가 없지 않다.

구술사는 중심부에서 주변부로의 전환을 가져올 수 있다. 역사에 투철하지 못하다는 비판도 있지만, 여전히 지역사는 구술에 대한 기대가 크다. 종교사에서도 구술은 나름 가치를 발휘한다. 중앙의 역사학도 이젠 구술의 효용성을 외면하지 않는다. 문헌의 한계를 절감하는 한 그렇다.

구술사는 구술을 채록하고, 교차 검토를 통해서 연구에 구술이 활용되는 모든 과정이다. 필자는 30여 년간 구술사에 매진해 왔다. 이 과정에서 몇 가지 느낀 점을 소개하겠다.

첫째, 구술은 주관적 기억일 뿐이다. 따라서 그 기억은 역사적 사실의 보완재로서 정당하다. 즉 구술 결과인 텍스트 전체를 활용한다기보다는 문헌의 빈틈을 메우는 데 활용할 수 있다.

둘째, 구술 그 자체가 역사가 될 수 없지만, 교차 검토를 통한 구술은 '역사 쓰기'가 가능하다.

셋째, 구술사는 구술자의 주관적 성찰과 해석을 동반한다. 따라서 주관성, 서술성, 그리고 신빙성의 문제 등으로 구술사에 대한 한계를 지적받기도 한다. 하지만 문헌의 한계를 보완해줄 수 있는 구술사의 효용에 대한 관심은 갈수록 점증할 것이다.

넷째, 역사적 사실과 구술 사이의 이격은 항상 존재하며, 문헌과의 비교하고 평가하는 것은 무의미하다. 구술자의 기억은 기본적으로 주관성에 그 바탕을 두기 때문이다. 따라서 구술 자체가 역사적 사실과 거리가 있을 수밖에 없다.

구술사는 중앙에서 배제돼 있지만, 지방과 다양한 영역에서 활용되고 있는 연구 방법이다. 실증주의에 대한 거부감 및 역사의 주관성이 강조되는 1970년대 후반부터 구술사의 효용성에 주목하였다. 구술사는 지난 시대에 대한 '기억'을 생성하는 일일 뿐만 아니라 그 기억을 여러 가지 방법으로써 담아내는 일이기 때문이다.

더 나아가, 최근 구술사는 국가폭력, 전쟁, 대규모 사건과 사고 등을 파헤칠 때 매우 유효하다. 과거의 기억을 끄집어내어 문제가 무엇인지, 그리고 아픈 기억으로부터 피해자들을 위무하는 것에서부터 정당하고 올바른 역사 쓰기까지 구술사가 할 수 있는 역할은 무궁무진하다.

구술 채록은 구술사의 가장 기본적인 일이자 '기초 연구'다. 이는 과거의 기억을 수집하는 일이며, 수집한 기억으로써 역사적 글쓰기를 준비할 수 있는 기반이다. 구술의 채록 방법으로는 메모, 녹취, 녹화 등이 있다. 이 모든 방법은 구술자와 채록자 간의 소통이 없이는 불가능하다. 또한 구술 채록의 목적이 뚜렷하지 않으면 구술 자체가 불가능하다.

이번 구술 채록에서 아쉬운 점이 있다면 일제강점기 보천교 1세대의 구술이 제한적이라는 점이다. 필자가 그 시기와 구술자를 놓친 까닭이다. 따라서 이번 작업은 1세대의 기억을 청취하고 자란 2·3세대의 구술까지를 포함하였다. 이들의 구술도 시간이 흐르면 들을 수 없기에, 서둘렀다.

필자는 1990년부터 보천교 관련 구술을 접하였고, 때로는 메모하고 때로는 녹취하였다. 그리고 틈틈이 구술을 연구에 활용하곤 하였다. 하지만 기본적으로 구술은 사람의 주관적 기억에 지나지 않으며, 설령 관련 당사자라 할지라도 그 기억이 왜곡될 수 있다는 위험성이 있다. 따라서 역사적 사료와의 교차 검토를 통해서만이 조심스럽게 활용되어야 한다는 생각에는 변함이 없다.

관련 연구를 하면서, 일제강점기의 다양한 기록들에서 필자가 들었던 여러 가지 구술 내용을 교차 검토할 수 있었다. 예컨대, 차경석 아들들이 당시 독립운동가들에게 지원한 자금이나 독립운동가들 가운데 보천교 교직을 맡았다는 구술이 최근에 발굴된 각종 기록에서 확인되었다.

보천교의 5만 원이 대한민국 임시정부에 라용균(羅容均)을 통해서 지원했다는 임규(林奎)의 구술은 1923년 국민대표회의 준비위원이던 라용균이 영국으로 유학 가기 전에 상하이를 찾아가 국민대표회의 경비로 2만 원을 기부했다는 기사('羅容均氏留學. 영국으로 향하였는데 무사히 도착하였다고' 《조선일보》 1923.5.23)와 교차 검토할 수 있었다.

1920년대 중반의 독립운동 단체 신민부(新民府)를 성립시킨 김혁(金赫)이 한때 보천교 교인이었으며, 그를 통해 보천교의 자금이 만주의 독립운동가들에게 흘러 들어갔을 개연성을 차용남·최종섭 등이 구술하였다. 그리고 1930년대 《매일신보》나 조선총독부의 관련 기록들과 교차 검토한 끝에, 이들의 구술이 역사적 사실에 가깝다고 판단하였다.

이처럼 구술은 문헌 중심의 역사를 보완해주기도 한다. 하지만, 역사의 보완재를 넘어 그 기억들이 하나의 역사가 될 수 있겠다고 생각을 최근에 조심스럽게 한 적이 있다. 예컨대, 원군교(천자교)를 감시했던 어느 한국인 순사의 관련 구술은 그 자체로서 역사가 될 수 있겠다는 생각이다. 그러던 차에 사단법인 노령역사문화연구원 연구위원들과 정읍시에서 '보천교 관련 구술사 연구'를 추인하였고, 따라서 이번 작업이 가능하였다.

보천교 구술사 정리의 원칙과 그 의미

그간의 구술 채록 과정에는 필자는 엄청난 뭔가가 있을 거라는 생각은 하지 않았다. 물론, 보천교 수위 간부 김홍규(金弘圭)가 아들 탄허(呑虛)에게, 탄허가 속가 사위인 서상기에게 남긴 "김구가 정읍에 와서 정읍에 큰 빚을 졌다고 말하였다"라는 구술은 보천교가 대한민국 임시정부에 5만 원을 지원한 정황을 뒷받침한다. 그런데 김구(金九)가 정읍에 다녀간 사실 관계를 확인할 수 없었다. 최근에 정읍 태인의 독립운동가 김부곤(金富坤) 댁에서 김구가 여러 날을 묵었다는 구술이 나오면서, 앞의 정황은 역사적 사실로 인식하게 되었다.

경북 청송의 중평리라는 작은 마을에서 5명의 독립유공자가 나왔다. 모두 보천교의 독립운동과 관련이 있다. 그런데 이들의 후예는 정작 보천교의 독립운동에는 둔감하였다. 애써 보천교를 언급하지 않았거나, 또는 이를 회피한다는 느낌을 받았다. 반면 최근에 보천교의 독립운동에 참여했던 이들 가운데 150여 명이 독립유공자로 나타나면서, 보천교에 대한 인식이 크게 달라졌다. 그동안 애써 언급하지 않던 이들도 선대의 보천교 활동을 적극적으로 주장하였다. 그러면서 구술 채록은 좀 더 쉬워졌다.

물론, 기초적 구술사에는 적지 않은 문제점들이 있다. 앞서 언급했듯이 구술은 본래 주관적이다. 그리고 파편적인 기억들은 해당 역사를 이해하는 데 혼란을 초래하기도 한다. 필자가 시작한 관련 구술사 작업 역시 일관된 질문에 대한 일관된 답변이 아닌, 중구난방인 경우도 더러 있기 때문이다.

하지만, 구술 채록자는 흔들림이 없어야 한다. 될 수 있으면 구술자의 기억을 되살릴 수 있는 수단을 채록자는 한껏 발휘해야 한다. 그리고 채록자는 기억의 조각들을 모으고 이를 꿸 줄도 알아야 한다. 때문에, 관련 연구자가 직접 채록자가 되어야 함은 매우 중요한 부분이다. 그러나 구술, 즉 기억의 파편들로써 '역사'라는 보석을 만드는 일은 반드시 채록자가 아니어도 가능한 일이다. 따라서 향후 연구자들의 몫인 '구슬 꿰는 일'을 돕기 위해서라도 이번 작업은 다음 몇 가지 원칙을 세워 진행하였다.

첫째, 이 구술들은 1990년부터 필자가 구술자를 찾아가 직접 들은 내용이다.

둘째, 이 구술들은 필자에 의해 재구성된 것들이 대부분이다. 예컨대 보천교와 관련이 없거나 그 내용이 불확실한 부분은 삭제하였고, 본 취지와 관련이 있는 내용 위주로 재구성되었다.

셋째, 최근의 구술은 녹취와 녹취 당시의 메모를 가지고 재구성하였다. 그리고 대부분의 구술은 구술자에게 다시 한번 확인하는 절차를 가졌다.

넷째, 구술을 정리하는 과정에서 일부를 제외한 대부분을 '표준어'로 고쳤다. 그러나 최근의 구술은 녹취된 그대로를 옮기려고 노력하였다.

다섯째, 구술 정리는 채록자의 시각이 적지 않게 반영되었다. 질문과 구술에 따른 응대 방식 등이 질문자의 주관과 의도가 기본적으로 스며 있음은 부인할 수 없다.

여섯째, 본 작업과 관련이 없는 부분, 예컨대 채록자와 구술자 간의 사적 대화나 구술자의 기억을 되살리기 위해 던진 다양한 질문 등은 "-략-"으로 표기하였다. 또한 앞에서와 같은 이유로 문장 내에서의 생략은 "…"으로 표기하였다. 그 외 "…"은 말이 한동안 이어지지 않았음을 뜻하기도 한다. 그리고 이 작업의 취지와 관련이 있는 내용이지만, 그 내용이 명확하지 않을 때는 "○○"으로 표기하였다.

일곱째, 채록자의 질문과 구술자의 답변이 잦고도 짧으면서 일일이 응대한 '문'과 '답'은 구술 문장에다 "( )"를 넣어 '짧은 질문이나 또는 반응' 등을 나타냈다. '필자(채록자) 주' 또한 "( )" 안에다 처리하였다.

여덟째, 이미 발표된 구술이나 구술이 포함된 글을 발췌한 것은 제목부터 " "로 표기하였다. 그리고 구술자의 구술 일부를 제목으로 할 경우에도 " "로 표기하였다.

보천교는 정읍이라는 공간, 그리고 일제강점기라는 시간 등이 갖는 의미의 중심에 서 있다. 그리고 동학과 보천교는 정읍이라는 공간에서 그 연속성을 갖는다. 아울러, 일제강점기라는 시간은 민족의 수난기이다. 그 시·공간성을 직조하면, 동학의 민족성이 일제강점기에 보천교를 통해서 다시 한번 발현된 것을 확인하였다. 그래서 2023년 학술대회 주제도 "동학농민운동의 변현, 일제강점기 보천교의 독립운동"이다.

보천교는 동학농민군과 마찬가지로 민중의 조직이다. 동학이 그랬던 것처럼 반외세 성향도 뚜렷하다. 그리고 동학이 그랬던 것처럼 민중의 이상향인 '후천 개벽론'의 제시도 다르지 않다. 당시 민중은 군사력도 외교력도, 근대적 지식도 없었다. 하지만 외세의 간섭과 수탈을 그저 바라만 보지 않았다. 나라를 잃은 민중은 당시에 무엇이라도 해야만 했는데, 그 방향을 설정해준 동력이자 방향타가 보천교였다.

이처럼 민중의 민족적 성향이 분명한데도, 당시의 기록은 사교이자 사이비 종교, 유사종교였다. 연구자들은 이러한 기록들 앞에서 한동안 멈칫하였다. 그러나 자세히, 곰곰이 생각해보면, 일제로서 한국 민중의 조직 보천교는 식민통치를 하는데 있어서 가장 큰 장애물이었다. 이제 그러한 기록이 갖는 한계를 보완할 수 있는 구술사가 편찬되었다. 이와 같은 작업이, 그리고 구술사가 역사에서 보천교에 대한 정당한 평가로 이어지길 기대한다.

동학농민전쟁과 차치구·차경석, 그리고 강증산 탄생지

“정읍 농민 대접주 차치구, 손자 용남”

— 이이화(역사학자)

아래 내용은 ‘역사문제연구소 동학농민전쟁 백주년 기념사업’의 일환으로 1993년에 이이화(역사문제연구소 소장, 역사문제연구소 동학농민전쟁 백주년 기념사업회 회장)와 안후상(목아불교박물관 학예연구원, 역사문제연구소 동학농민전쟁 백주년 기념사업회 기획위원)이 전라북도 정읍의 차용남을 방문한 자리에서 들었던 내용과 안후상이 그전에 들었던 내용을 이이화와 안후상이 정리했고, 이이화는 이를 《한겨레신문》(1993)과 『다시 피는 녹두꽃』(1994)에 게재하였다. 그리고 ‘동학농민혁명 증언록’(국사편찬위원회 한국사데이터베이스 조선시대사료DB)에 소개되었다. 아래 전문은 『다시 피는 녹두꽃』에서 발췌하였다.

• • •

차치구(車致九, 1851~1894)

본관은 연안. 본명은 중필(重弼), 치구는 자. 차치구는 정읍의 접주로 1, 2차 봉기에 모두 가담했으며 정읍에서 주로 활동했음. 특히 그의 활동에 대해 “지금 도둑의 형세는 날이 갈수록 뻗어가고 심지어 수령을 죽이기도 하며 군·현을 함락하고 성지(城地)를 점거하기도 한다. 하물며 동학의 도둑 차치구는 관아에 들어가 행패를 부리고 삼강오륜을 깡그리 저버리고 있으니 일이 매우 절박하다”(『거의록』)고 기록하고 있음. 그는 농민전쟁이 끝난 뒤 홍덕 현감 윤석진에게 잡혀 처형당했음.

차용남(車龍男, 1922~현재)

차치구의 장손으로 한학자로 이름이 높으며 지금도 보천교(普天教)의 일을 맡고 있고 주역 강의를 하기도 함.

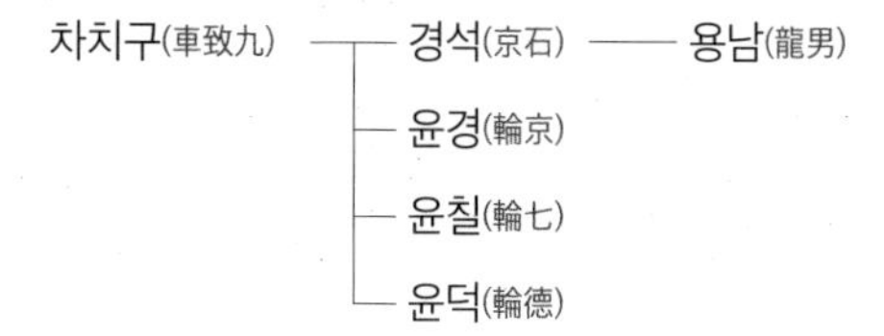

차치구는 정읍 입암면 마석리에서 가난한 집안의 아들로 태어났다. 그의 어릴 적 이름은 중필이었으나 나중에 행중으로 고쳤다. 신분도 평민이어서 서당도 제대로 다니지 못했고 장가도 늦게 들어 29세에 아들 경석을 낳았다. 그는 20세 안팎에 이웃 마을 대흥리로 옮겨가 살았는데 이웃 마을 지선동에 임 감역(벼슬 이름)이라는 부자가 살았다. 임 감역이 전라도 남쪽 지방에 많은 땅을 가지고 소작을 주었는데, 그곳 양반들이 소작료를 내지 않았다. 임 감역은 청년 차치구에게 소작료를 받아 마음대로 쓰라고 했고, 차치구는 그곳 소작인을 모아놓고 힘센 두어 사람을 잡아 꺾고는 "양반인 주제에 도조를 안내는 도둑놈 짓을 하느냐"고 호통을 쳐서 소작료를 몽땅 받아내어 일부는 도로 돌려주고 나머지는 빈민에게 나누어주었다 한다.

그의 기개에 대해 "할아버지께서는 체격이 참 크셨어요. 기운이 장사셨고, 눈매가 무서우셨던가 봐요. 화[和]해서 좋게 지내실 때는 아이들도 모두 좋아하고 동네서도 모두 좋아하고 그랬지만은 화를 내실 때는 무서우셨대. 미친개라고 옛날에는 광견이 종종 있었거든. 사람을 물거나 짐승을 물거나 하면 따라서 미치고 그래. 큰 위험한 미친개가 길에서 올 때, 노목[努目]으로 화를 내서 쳐다보면 미친개가 그 자리에서 뒹굴어버렸대요. 그렇게 눈이 무서웠던 모양이에요"라고 말한다.

어느 때인지, 전봉준이 대흥리로 찾아와 함께 거사하자고 하였다. 그러나 처음에 차치구는 "우리 고을의 수령을 내쫓는 일은 할 수 있으나 다른 곳에 가서 거사하면 역적이 된다"고 거절했다 한다. 이에 전봉준이 나라를 위해 거사하자고 끈질기게 권유하자 전봉준을 따라 고부봉기에도 참여했고 이어 전주 입성에도 앞장섰다. 그러나 자신이 조사한 바로는 동학에 입도한 적은 없다고 한다. 그리고 어느 때인지는 확실치 않으나 이웃 고을 홍덕의 접주인 고영숙이 생포를 당했을 적에 가서 구해내 왔다고 한다. 이런 일로 그와 홍덕 군수 윤석진과 기묘한 인연을 맺게 된다. 아무튼 그는 전봉준과 끝까지 행동을 같이했다고 이렇게 말한다.

"우리 집에 같이 오셨다가 며칠 유하시고, 자세한 건 모르겠고, 앞에 보이는 입암산, 행정구역으로 입암면이고, 옛날에는 산성이 있었지[지금도 산성이 일부 남아 있음]. 나라에서 전란이 나면 왕이 피난하고 했던 입암산성으로 들어가서 거기서 순창으로 함께 들어가셨어. 그러니까 여기 오셔가지고 순창으로 같이 들어가실 때 아버지를 데리고 할아버지가 가셨거든. 아버지께서 열다섯 되시던 해에 순창까지 따라가셨다가 순창에서 전 장군은 거기서 유하기로 하고 할아버지는 거기는 불가하다고 도로 나오셨지요."

이 말이 어느 정도 정확한지는 알 길이 없으나 차치구는 마석의 뒷산인 국사봉 토굴에서 숨어지냈다. 국사봉 아랫마을 광조골에 사는 친구 최재칠은 몰래 밥을 날라다주었다. 이 소문이 퍼지자 홍덕 관아에서는 최재칠을 잡아다 고문했으나 끝까지 입을 다물었다. 마을 사람 어느 누가 고해바쳤다. 그리하여 관군이 굴을 포위하자, 담뱃대와 칼 한 자루를 가지고 당당히 걸어나왔다. 잡혀 있을 적의 사정을 이렇게 증언하고 있다.

"가서 호통을 치고 호령하자 홍덕 군수가 문을 열고 겁이 나서 방으로 들어갔어. 바로 나가서 이러이러한 형을 가하라고 시켰어. 지금도 형장이 있을 거요. 내가 왜정 때 거기를 가 봤거든. 학교 있고, 지서 있는 그 맞은편 언덕 위에 있었는데, 그 한쪽에는 형장이었어, 거기서 화를 당하셨는데 참혹한 화를 당하셨지."

여기에서 '참혹'하다고 애써 표현을 바꾼 것은 분살형(焚殺刑)을 뜻한다. 자

손으로서 차마 그 이야기를 바로 못 하겠다고 한다. 그의 처형 소식은 어린 아들에게 전해진다.

"파수 군인들이 지키는 관계로 다른 사람이 들어갈 수 없지. 그 적에 할아버지가 역적으로 몰렸었거든. 그러니까 아버지께서도 비밀리 달밤에, 달이 없을 때 날이 구름이 지고 비도 오고, 섣달 스무아흐레니까, 섣달 스무아흐렛날 화를 당하셨으니까, 아흐레 그믐날이면 어두울 때거든. 달이 미처 뜨지를 못할 때야. 그때 비밀히 엎드려서 줄을 들추고 들어가서, 욕을 많이 보셨지요. 시체를 분별하기가 어려우니까 그냥 죽은 시체면 알기가 쉬운데, 이런저런 말이 있습니다. 확실하게는 모르지만, 화형당하신 거 같아요. 할아버지는 건장하셨고 하니까. 아버지가 뒤에 업고 엎드려서 기어 철망을 기어 나와서 삼십 리나 되는 선산으로 밤에 와서 비밀리 임시로 묘를 만들어 모셨어."

지금 족박산에 있는 소박한 무덤이 바로 그곳이다. 아직 이 묘에는 비석 하나 서 있지 않았는데, 좋은 세상 만나 비를 세우겠다고 한다. 이 사실로 하여 그의 아들 차경석도 잡혀 윤석진에게 죽음을 당할 뻔했으나 어느 인사의 도움으로 풀려났다. 이때 차경석의 나이 열다섯 살이었다 한다. 차경석은 일제 식민지 통치 아래에서 신흥종교 보천교를 창건했다. 그리하여 세인의 입에 오르내렸고 일제의 탄압도 따랐다. 보천교에 대해 묻자, 용남은 신중하면서 긴장하는 듯했다. 그리고 용남의 달변과 조리 있는 대답은 이러했다.

"왜정 때, 자기[총독부]들이 발표한 것이 육백만입니다. 그때 우리나라 동포를 천 팔백만 인구라고 했지요. 교종이라고 교에서 종을 지은 것이 있어요. 종각이 있어서 삼시로 종을 치고 그랬는데, 그 종이 우리나라에서 제일 컸어요. 그런데 경주 봉덕종이 크고, 서울 보신각에 종이 더 크다고 하지만은, 보천교 종은 우리나라 제일 큰 종인데, 저 산이 가리고 있는 순창 동곡면에서도 지붕 이올라고 집 우에 올라가면 낮 오시에 치는 종소리가 들리고, 청명할 때는 이리에서도 들렸다고 그랬습니다. 지금 있으면 우리나라 국보가 될 것인데, 왜놈이 일일이 쪼개가지고. 그런데 … 교인들이 숟가락, 밥그릇 하나씩 내가지고, 교인 하나 앞에 보통 수저 한 벌씩, 밥그릇 하나씩 내서 종을 지었거든. 그래서 쇠 수입한 것 보고서 왜놈들이 신도 수를 발표했단 말이야."

일제의 탄압에 대해 특히 강조하고 있다.

"왜놈 압박을 받아 나왔지. 아버지 돌아가실 때까지 이 방에 계셨으니까. 육백만 대중 교세가 그렇게 홍하여도, 이 집에서 거처하셨으니까. 뭐 하나 칠한 것도 없고, 사치 하나 한 것도 없고 지금도 아버지 입던 옷이 있지만은, 옛날에 여름에는 마포 모시옷, 겨울에는 그저 미명옷이라고 있었소. 가정에서 모두 짜서, 무명옷 입고 명주옷 그 이상은 안 입으셨고, 그리고 왜놈 물건 일체 사용 안 했었거든. 꼭 토산 장려만 했었고. 그래서 왜놈은 피하고, 아버지도 객지에서 칠년 간 피해서 다녔었지만은. 보천교인은 방주[方主: 포교 책임자] 밑에 육임[六任: 포교 책임 직책, 방주 밑의 직책]만 잡으면 육년, 칠년이요, 방주를 잡으면 팔년, 십년이라. 신법률을 내가지고 그렇게 압박이 심했고. 그때는 시기가 그럴 때고 하니까. 또 아버지는 인물이 출중했던 모양이요. 교세가 홍한 이유는 인물과 시기의 두 가지 관계인 것 같은데. 왜놈들이 삭발을 장려가 아니라 아주 강제 삭발을 시켰지. 시장에 가면 머리를 강제 삭발을 하고 했는데, 보천교는 아관청의[峨冠青依]라고 갓을 쓰고 푸른 두루마기를 입어, 그래서 왜놈하고 싸움이 사사건건 나고."

또 민족독립운동에 대해서도 이렇게 털어놓고 있다.

"그중에 조만식이라고 하는 분이 비밀리에 국가를 위해서 임정에서 군비 관계로 수금을 하고, 군자금을 보내고 그랬었거든. 조만식 씨라고 평양에 사는 분인데, 여기 위 교인 간부 집에서 잽혔어. 그분이 잽혀서 교인 간부들은 고문당하고, 그때 사건이 컸었어요. 그러다가 조만식 씨가 나온 후에 벗어부치고 교에 수호사장[修護使長: 외교를 책임지는 직책]으로 한 일 년간 있다가, 자기로서는 도저히 참을 수 없다고 다시 들어갔지. 그러다 두 번째 나오다가 인천서 왜놈한테 잡히게 됐는데, 그 후에 또 징역살다 나와가지고 교에 피해가 가면 안 될 것 같으니까, 다시 평양으로 들어가서 천주교[사실은 기독교]로 종사하셨을 거야. 그때 모모한 분들이 많았어. 그러니까 고하 송진우라고 보천교에 비밀리 군자금 한 분이야. 또 민세라고 평택에 사는 안재홍이라는 분이 있었는데, 해방 후에 건국준비위원장을 하셨어요. 여운형이 하고 그분들도 다 보천교에서 비밀리에 군자금을 가져가고 했는데. 얼마 안 가면은 그분이 군자금 보천교에서 삼만 원인가 얼마 가져간 거 나올 것이요. 다른 사람 개인 사적에 나올 테니. 경상남도 김해시에서 배치문이라고 하는 분하고 비밀리에 상해로 군자금 가져가다 고문 당해가지고 그런 분이 있고. 독립투사 비석을 김해에 세 개를 세웠다고. 목포에서도 그런 바가 있고. 많았어요."

그리고 보천교에서는 민립대학 창설운동에도 자금을 댔다고 근대사의 비화들을 털어놓았다. 마지막으로 보천교의 친일문제를 질문하자, 용남 옹은 이렇게 그 사정을 말했다.

"사실은 내가 기자들에게 많이 당했소. 왜정 때도 《동아일보》, 《조선일보》에 교에서 피해를 많이 받고. 저 교에서는 시국대동단결이라고 주창해. 일본 중의원 귀족원, 그때 상하 양원이 있었는데, 그 양원에 가가지고 일본이 현재 중국을 침범하려는 욕심을 가지고 있는데, 만약 중국을 침범해 들어가면 일본은 반드시 망한다, 일본뿐만 아니라 동양 삼국이 다 망하니까 그러지 말고 우리나라를 좋게 내놓아가지고, 조선이나 일본이나 중국 삼국이 서세를 막아라 했어요. 이것이 시국황인종대동단결입니다, 아세아주 대동단결. 그래서 왜정 때 소위 서천태일랑이라고 하는 사람이 조선의 유사종교라는 책을 썼는데, 그 책에도 보천교에서 쓴 시국대동단결론이 나옵니다. 꼭 동포끼리 싸움 붙이고, 교에서도 간부들 매수해서 처음부터 끝까지 민족종교는 아주 적극 없애기로, 박멸하기로 적극 나오기 때문에. 그래서 왜놈이 제일 없애기로 그때 헌 것이, 보천교, 천도교 두 교가 유사종교 책에도 우리나라 지도를 그려가지고, 보천교는 푸른 점, 천도교는 붉은 점으로 찍어가지고 여러 종교를 다 해놓고도 그렇게 해서 놨어. 하여튼 왜놈들 정책에 한두 가지가 아니라. 우리가 많이 당해 봤기 때문에 알아. 교인도 수십 명을 주요 간부들만 매수해가지고, 그참 교묘하게 서로 싸움 붙이고. 교에 역시 혁명이라, 개혁 혁신한다 운동해가지고 경찰이 앞에 타고 무술가들 수백 명 데리고 와서 싸움을 붙이고, 또 교를 그 사람들이 각자 나가서 증산교다 뭐다 해서 각 교를 수십 개를 하도록 해서 교를 분열시키고, 그런 게 굉장히 심했어요. 그런데 아버지 계실 때는 왜놈들이 그렇게 노력만 했지, 적극 대하지를 못하고 나왔다가 아버지가 돌아가신 후에 강제해산을 시켜 나왔는데…."

그의 이야기는 끝없이 이어진다. 그리고 마지막으로 "지금까지 남에게 할아버지에 대해 말한 적이 거의 없어. 무엇보다 갑오년 당시의 움직임을 동학과 연결짓는 게 싫었기 때문이야. 물론 할아버지는 동학교도가 아니었어. 그 수많은 사람들이 일어난 게 어디 동학 때문이겠어. 다 나라와 백성을 위해서지"라고 소감을 피력했다. 그는 드물게 보는 지식인이었다. 따라서 그의 지식을 토대로 과거의 일을 말하면서 자신의 견해가 많이 섞여 있다는 생각도 해보았다.

차경석 출생지 '연기동'

구술자 김은수(2001년 당시 63세)

질문자 안후상

동석자 김재영

일시 2001년 12월 18일(토) 오후 2시

장소 전라북도 부안면 용산리 연기동, 마을회관에서

연기동의 연기사는 화엄종(남악)의 개창조인 백제 연기대사(煙起大師)가 설립하였다고 전한다. 전라남도 장성의 임 감사가 선대의 묘를 쓰기 위해 1650년대에 연기사(烟起寺)를 폐사시켰고, 연기사의 사천왕상은 강과 바다를 통해 영광 불갑사(佛甲寺)로 옮겨졌다고 한다. 차경석이 태어났다고 전해지는 고창군 아산면 반암리 호암마을은 차경석의 탄생지가 아니다. 호암마을에는 강영대라는 '차천자의 제자'가 살았다고 전해진다.

차경석의 출생지 고창군 부안면 용산리 연기마을 집터에는 '통훈대부의려김해김공휘석봉배정부인천안김씨지묘(通訓大夫議閣金海金公諱錫奉配洴夫人天安金氏之墓)'라는 비(碑)가 있다. 집터 주인은 김공배이고, 위 비문은 김공배와 관련이 있을 것으로 추정한다. 김공배의 둘째 아들 은수(63)는 교편을 놓고 연기동에 잠시 머물렀는데, 그때 필자와 김재영(문학박사)이 연기마을을 찾았다. 김은수 옆에는 마을 노인들이 있었다.

참고로, 연기동을 처음 방문한 때(2000년 1월 11일 오후 2시경)에 연기동 마을회관에서 마을의 이장과 노인들에게 들었던 연기동 관련 구술을 간략히 소개하면 다음과 같다.

이곳에 연기사라는 절터가 남아 있다는데?

그렇다. 저 댐막이 공사를 하는 곳의 위쪽에 안골, 내안골, 작은냉골, 큰냉골, 부안골, 남안골, 빈대절타, 절골 등으로 불리는 장소가 있다. 이 가운데 절터인 곳은 안골, 큰냉골,

작은냉골, 부안골, 빈대절터, 절골 등이다. 현재 수몰 예상 지역이다.

옛날의 교통 시설은? 그리고 연기사와 관련된 얘기는?

배나 커다란 바위를 떨어뜨려서, 썰물 때만 건넜다. 이 길은 소요사로 통했다. 그리고 연기사의 사천왕상은 이 물길을 통해서 영광의 불갑사로 옮겨졌다.

위에 커다란 묘가 있다고 들었는데?

장성의 임씨들이 승려들을 몰아내고 그곳에다 묘를 썼다고 한다. 승려들과 거의 전쟁을 하다시피 하였다고 한다.

차경석의 출생지에 지금 누가 살고 있는가?

김지선이라고 하는 개그맨이 있는데, 지선이 할머니가 지금 살고 있다. 이 집은 원래 지선이 선대 김공배가 사들였다. 아래 김이수, 그 아래 김왕식 등이 있다. 원래 전라남도 함평 사람들이다.

그후 차경석은 어디로 갔죠?

신태인, 신태인으로 갔어.

이 뒷산 이름은?

소머리산이다. 풍수가들이 이곳을 소머리 형국이라고 하였다. 소가 물을 만나니 큰 인물이 난다는 풍수설이 있다.

• • •

안녕하세요. 전에 연기동에 한번 와서 마을 이장님을 뵙고, 그리고 연기동과 차경석에 대해서 어느 정도 얘기는 들었어요. 오늘 운 좋게도 당사자를 뵙게 되어 반갑습니다.

아, 그래요. 그때 이장님은? 아, 안 계신가요?

- 중략 -

이 마을에 원래 장성의 임 감사 집안의 묘가 있었다고 하던데요?

임 감사가 아니고 부사였다고 들었네요. 임씨가 이 동네에 피해를 많이 주었던 것 같아요. 절골의 절이 명당이었다고 하여 임씨들이 절을 없애고 묘를 썼다고 하는데, 심지어 절을 지키려는 승려들을 잡아다 기름에 태워 살해했다

▲ 고창군 부안면 소요산. 소요산 바로 아래 연기리에서 차경석이 태어났다.

고 하는 얘기도 있었어요.

아, 조선 후기의 불교가 쇠락했을 때의 얘기로군요. 그런데 반정리라는 마을 이름이 있던데, 반정리는 어디를 말함일까요?

이곳이 옛날 반정리네요. 연기동과 반정리는 같은 동네에요.

아예. 선생님 혹시 차천자라고 들어보셨는가요?

잘 알죠. 그분의 부친은 떠돌이로, 여기에 들어왔다가 아들을 낳고 이곳을 떴다고 들었어요. 그 집이 바로 우리 집이에요. 저기요.

(이때 마을 노인들이 거들었다. '차천자'가 연기동에서 태어났다는 것을 다 잘 알고 있었다.)

이곳을 떠나 어디로 갔다고 들었는가요?

신태인으로 갔다가 그곳에서 대궐을 짓고 천자놀음을 했다고 들었어요.

신태인은 어쩌면 조철제의 무극대도를 말하는 것일 겁니다. 아무튼. 이 앞의 강 이름이 뭐예요?

장수강 또는 주진천이라 불러요. 주진천은 아산, 고창에서 그렇게 부르고. 이곳에서는 장수강이라고 부릅니다.

(문수산과 능가산의 큰 나무를 베어 50, 60리 길이 넘는 길을 홍수가 나 떠내려가더니 선운사 앞 장연강(長淵江) 앞에서 걸렸다는 내용이 있다(최완수의 『명찰순례 2, 426쪽).

이곳은 조수간만의 차의 영향을 많이 받던데.

그렇습니다. 밀물과 썰물 때를 알아야 지금도 이곳에 올 수 있어요. 비가 조금만 와도 침수되기 일쑤죠.

이곳의 생업은? 어업도 있었나?

어업을 하는 이도 어릴 때 있었어요. 지금도 부업으로 조금씩은 해요.

이곳에 '강정'이라는 지명이 있는가요?

이곳은 세 개의 고장이 강을 사이로 인접해 있어 '강정'이라고 하였지요. 바로 요 위가 강정이에요. 무장 강정, 흥덕 강정, 고창 강정이라 했지요.

강정을 중심으로 옛날에 번성했다고 들었어요.

그렇지요. 강정을 중심으로 옛날에 상업 활동이 성행했어요. 연기동 인근 산에서 만든 목탄을 저 부안과 군산으로 건너가서 팔았고요, 군산의 농기구나 생활용품을 배로 실어와 이곳 장수강(長水江, 長淵江이라고도 함)을 따라 올라와 폈어요. 소규모 항구가 이곳에 생긴 것이지요. 그러면 수레꾼들이 싣고서 고창이나 정읍으로 가서 팔았어요. 그래서 이곳은 밥집이나 술집이 많았었지요.

차치구가 살던 집의 규모를 아시는가요?

얼마 전까지만 하여도 그 집 일부가 남아 있었어요. 네 칸 집인데, 앞은 대문이 있는 곳간채가 있고, 옆은 사랑이 있는 집이었습니다. 부유한 집안의 집이었어요. 집이 낡아 작년에 헐고, 그 옆에다가 양옥을 지었지요. 제가 한번 손으로 그려보면 이렇습니다.

(김은수는 손가락으로 집의 구조를 그려 보였으며, 그 그림은 필자가 별도 복원해두었다.)

전에 와서 노인들께 여쭈어보니 차경석이 아홉 살 때 이곳을 떠났다고 하는 얘기를 들은 적이 있어요.

그것은 잘 모릅니다.

선생님 조부님의 함자는요?

김 공 자 배 자네요. 우리 형님은 김이수이고요. 지금 형수님이 살고 계셔요.

(이때 마을 노인들이 코미디언 김지선 김지선 하면서, 김지선이 김이수의 손녀라고 말하였다.)

차경석이 태어난 곳의 정확한 주소는요?

고창군 부안면 용산리 490번지요. 이곳을 연기동이라 부르네요.

차경석의 출생과 '기해농민봉기'

구술자 차용남

질문자 안후상

동석자 차봉남

일시 1990년 2월 5일 오후 3시 / 1990년 7월 30일 오전 10시 / 1991년 1월 1일 오전 11시 / 1991년 1월 21일 오후 3시 / 1998년 7월 22일 오후 1시

장소 전라북도 정읍시 입암면 대흥리, 차용남의 집

도학자이자 특히 역학(易學)에 밝은 차용남(車龍南, 1922~2002)은 차경석의 둘째 아들이다. 한때 대전광역시 카이스트 연구원들을 상대로 역학을 강의하기도 하였다. 차용남에게서 역학을 공부한 제자 일부가 보천교 유지 재단을 이끌고 있다고 한다. 차경석이 타계한 해인 1936년, 16세였던 차용남은 당시 교단의 상황을 생생히 기억하고 있었다. 단, 기억을 되살리기 위해 신문 기사나 여러 객관적 사료를 보여주면서 다음과 같은 질문을 하였다.

• • •

1990년 2월 5일 오후 3시, 차용남의 구술

넝메[진산리]에 사는 안후상입니다. 전에 잠깐 찾아뵈었던…. 부친은 안 석 자 우 자입니다.

아, … 자네 춘장을 내 잘 알지. … 논문을 준비한다고 들었어. 고생이 많구먼.

-중략-

먼저 제가 가지고 있는 이 책(『보천교연혁사』를 들어 보이며), 『보천교연혁사(상·하)』에 대해 다시 한번 말씀해주세요. 언제 쓰였고, 언제 발간되었는지요.

그 책은 1930년대 교단사이네. 그리고 연혁사 속편은 선친의 타계 이후 간부

이영호(李英浩) 씨가 추가로 기술한 것이지. 1930년대에 이의 간행을 시도하다가 왜경(倭警)의 검열에 따른 위기감으로 내용 일부가 수정, 삭제되는 등의 우여곡절 겪다가, 그러다가 1948년에 『보천교연혁사(상 · 하)』를, 1958년에 『보천교연혁사(속)』를 당시에 급하게 내게 되었다고 보면 돼.

▲ 월곡 차경석

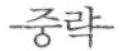

아, 그리고 선친께서 태어났던 고창군 부안면 연기동에 대한 건데요. 선친께서 연기동에서 출생하였다는 얘기를 듣고 연기동 답사를 여러 번 했어요, 연기동은 어떠한 곳인가요?

연기동 안골을 가봤을 것이구먼. 그곳에 연기사라는 절이 있었지. 연기사는 도선국사 옥룡자가 거처했던 곳이기도 하고, 「옥룡자 답사기」에 나와 있어. 도선국사가 이곳에 내려와 있을 때 "이곳에 연기(煙氣)가 나거든 내가 와 있는 줄 알아라"고 하는 말을 하였기 때문에 연기동이라 했다는 설도 있고 보면, 그래 연기동(煙起洞)이라 했겠지.

그 연기동에 조부께서 언제 들어가셨나요?

당시 조부(차치구)께서는 근방에서 명성이 자자하신 분이셨어. 조부께서 조모와 단둘이서 연기동에 들어가 사셨지. 그때가 부친(차경석)을 회임했을 때이니, 경진년(1880) 그 이전으로 봐야겠지. 조모님께서 선친을 가지신 것은 입암 대흥리에서였고 출생은 그곳 연기동에서 했으니.

교단에서 발간한 책에는 연기동에서의 신비한 일들이 기록돼 있던데요.

당시 연기동으로 이사했는데, 저녁만 되면 범이 떼로 나타나 부엌이며 뒤란에까지 웅크리고 있으니, 조부모님께서는 범이 쪼그리고 앉아 집을 지키고 있다고 생각하니, 되레 든든하기까지 했지.

당시 조부님이 사시던 연기동은 임 감역의 집이라고 하던데, 임 감역은 어떤 사람입니까?

임 감역은 여기 근방의 지선동(芝仙洞) 사람이지. 감역은 참봉과 비슷한 관품이라 봐야. 아들이 없는 임 감역은 풍수가 좋다는 연기동으로 지관을 데리고 가서 지리를 본 바, 자리를 잡고 집을 지었지. 당시 임 감역은 지선동에서 천석꾼이었어.

(감역은 감역관(監役官)을 지칭한 듯하다. 감역은 조선 시대 참하관 격인 종9품 관직인데, 주로 건축에 관한 사무를 담당하였다. 참봉(參奉)도 각 관청에 소속된 종9품 벼슬이다. 입암면 지선동 사람들 말에 의하면, 지선동에는 큰 와가(瓦家)가 있었는데, 그 와가가 임 감역의 집이었다고 하였다. 와가는 사라지고 그 터에 수백 개의 돌계단이 있었다고 한다. 지금도 지선동에는 임씨들이 많이 살고 있다.)

임 감역과 관련된 얘기를 자세히 해주세요.

임 감역이 연기동에 들어가 살자 범이 나타나 살지 못하고 조부더러 대신 살아도 좋다고 말하였지. 당시 조부는 근방에 명성이 자자했던 분이시지. 그래서 "내가 집을 새로 지었는데 살고 싶으면 살아라", "전답을 부쳐라", 그러면서 도조를 받아 주는 조건으로서, 조부께서 조모와 단둘이서 들어가 살게 된 거야, 연기동에.

선친께서 출생한 뒤의 얘기를 해주세요.

선친께서는 돌잔치 때 근동을 걸어서 떡을 이웃에게 돌렸을 정도로 성숙하셨지. 안골 절터에 민가가 몇 채 있는데, 당시 그곳까지 걸어서 떡을 돌리셨어. … 이에 임 감역이 다시 욕심을 내 집을 비워두라 하니, 부친은 두말없이 비워주었어. 이에 임 감역이 들어가 사니, 범 때문에 도저히 살 것 같지 않았어. 그런데 아들을 득하고 싶어 계속 참고 있는데, 딸을 하나 낳았어. 그 딸이 성내 칠성골에 살았지.

연기동 집의 원래 주인은 임 감역이지만, 중간에 주인이 바뀐 것 같습니다.

그집 주인이 김이수 씨라고…. 김이수 씨, 도의원을 지낸 김이수를 만나 얘기를 들었어. 임 감역의 집을 김 의원의 조부가 샀다고 들었제. 그 집을 서로 차지하려고 당시 했다고도. 그러나 그 집은 아무나 사는 곳이 아니지. 기운이 있어야 했고. 그 집은 김 의원 조부가 살다가 뒤에 김 의원이 들어간 거로 알고 있네.

조부께서는 선친의 몇 세 때 그곳 연기동에서 나오셨나요?

그러니까… 서너 살 때일 것이네.

조부께서는 언제부터 이곳 정읍 입암면 대흥리에 자리를 잡았는가요?

지난번에 얘기했건만. … 연안차 문절공파 17대손, 시조로부터 37대손이지. 그러니 부친은 16대손, 36대손이여. 증조부 때 정읍 '가는돌' 어귀로 7대부터 고조대까지 이장(移葬)을 하였지. 가는돌 앞에 사시다가 조부님 때부터 대흥리로 들어왔지. 원래 전라도 순천에서 충북 영동 옥천으로, 그리고 여기 정읍 가는돌로 왔다가 이곳 대흥리로 조부 때부터 왔네. … 증조부께서는 3형제를 두었는데, 조부께선 3남이었지.

-중략-

교본소 건물 해체 당시 얘기를 해주세요.

아직 할 때가 아니네. 당시 왜경은 위선인 재산처리위원회를 만들었지. 그 위원들 면면은 이달성, 김낙진, 하무열, 원약재, 김채성 등 총 6인이었지. 1938년 일이네. 이들에게 왜경이 포기 각서를 받아 그냥 처리한 것이지. … 자세한 건 나중에 얘기할 일이 많아.

당시 경복궁에 버금가는 교본소 건축물을 하나도 남김없이 뜯어갔다는 것, 이것 또한 엄청난 일인데요. 안타깝네요.

당시 정읍의 유지들도 교본소에, 이곳에 대학교를 설립하자, 병원을 설립하자 하는 건의를 많이 했지. 하지만, 왜경은 전부 뜯어버렸지. 본소가 우리 도(道)의 사회를 구축하는 상징물이라며.

조부님께서 장성 양반들을 징치했다는 얘기들은 어떤 얘긴지요?

아, 그 얘기. 전에도 뉘신가 와 묻더니, 내 한참 얘기했느니. … 임 감역의 전답을 받아 짓는 너머의 장성 양반들이 도조를 내지 않으니, 임 감역이 부탁한 것이지. 조부님은 사람을 시켜 여러 대의 달구지를 끌고 노령을 넘어 장성으로 들어갔지. 힘이 장사인데다 눈매가 매서워 미친개도 조부님의 노목(努目)을 보면 그 자리에서 나뒹굴었어. 도조를 내지 않는 이들을 불러 모은 조부님께서 그중 건장해 보이는 두어 명의 허리를 꺾어버렸지. 그리고 매섭게 노려보면서 "양반인 주제에 도조를 안 내고 도적질을 하느냐"며 호통을 치니, 그 즉시 나락 가마니가 조부님 앞에 쌓였지. 조부님은 도조로 받은 나락을 다시 그네들에게 돌려주었고, 그중 일부는 인근 빈농들을 찾아다니며 직접 나누어주었지. 그래서 불쌍한 이들이 조부님을 많이 따랐지. 이와는 달리, 근방의 수령이나 이서(吏胥)배들은 조부님을 두려워했지.

그래서 전봉준 장군이 조부님을 찾으셨나요?

거사 들어가기 전에 전녹두가 조부님을 직접 찾아와 거의를 제의했지. 그러나 조부님은 "우리 고을 수령을 내쫓는 일은 할 수 있으나 다른 곳에 가서 거사하면 역적이 된다"며 완곡히 거절했지. 전녹두는 포기하지 않고 백성을 위하고 나랏일이라며 간청한 끝에 조부님의 마음을 돌릴 수 있었어.

동학농민전쟁 이후에 부친께서 1899년 농민봉기에 가담했다는 기록이 있어요. 그 기록에는 부친께서 '거괴'로 나와 있어요. 거괴란 이른바 봉기를 주도한 지도자급인데요? "전라남도고창군취착난당구초동류성거주병록성책』에는 '차관순'으로 표기된 부친이 '거괴통인(巨魁通引)'으로 분류돼 있어요. 부친의 별명이 차관순 맞나요?

차관순이라는 아명도 있지. … 그것은 입암면 왕심리에서 일어난 거의인데, 부친은 사실 나서기를 꺼려 했어. 여기 저 면내의 최익서라는 분이 강권해서 참여하게 되었지.

당시 붙잡히면 죽을 수도 있었을 텐데요?

부친은 관련하여 형사(刑死)라는 극형을 선고받았지만, 형을 기다리다가 집행사령의 호의로 간신히 목숨을 건질 수 있었지. 집행 3일을 앞에 둔 부친의 즉흥시를 접한 장성부사가 찾아와 부친과 운자를 띄워 시작(詩作)을 겨루었는데, 시작을 겨루면서 부친의 뛰어난 인품을 알게 된 부사가 광주목사를 직접 찾아가 부친의 사면을 간청하였다지.

그리고 이건 신문 기사인데요, 태을교인 김혁(金爀)이라는 분이 나와요. 혹시 김혁이라는 분 아시는지요?

알다마다. 그분은 용인 수지 분으로, 만주에서 유○○ 씨와 함께 교단을 찾아와 ○○금을 ○○○셨지. 그 애길 숙부에게 직접 들었어. 그분도 교인이었네. 이름이 외자라 기억을 해. 분명 그분이지, 암.

보천교가 대흥리에서 자작자급운동을 실천했을 당시를 다시 한번 말씀해주세요.

자작자급? … 왜산 물산 안 쓰기? 이곳 대흥리에 평균의 생산 공동체를 형성하고 왜산 물산 안 쓰기 운동을 벌였지. 그 일환이 면방직 공장, 갓 공장, 염색 공장, 농기구 공장 등이지. … 그리고 부친께서는 민족대학 설립도 계획하셨지. 도(道)의 사회를 만드는 일은 왜로부터 벗어나는 일이었고, 그리고 우리끼리 평균의 자립이 우선이었지. 이것 말고도 지금의 유한양행이나 포항제철 등도 당시 선친께서 시도하신 사업에서 기반을 삼아 한 것으로 ○○○○○○.

• • •

1990년 7월 30일 오전 10시, 차용남의 구술

-전략-

전에 선친에 대해 말씀해주신 내용 가운데 …, 언제부터 선친께서 전국을 다니며 사람들을 만나셨나요?

그 당시 아버님은 전주로 다니시면서 송사 일도 하셨지. 그러다가 암울한 세상을 염려하였고, 그래 주유하신 지는 대체로 아버님의 스물넷. 다니시면서 유식자들을 자주 만나셨지. 그 유식자들이 이곳으로 찾아오기도 하고.

적지 않은 신구 지식인들이 아버님을 찾았다고 하셨는데, 그중 조만식에 대해서 말씀해주세요. 조만식은 평양에서 물산장려운동을 하던 개신교와 관련된 분인데, 그분이 보천교에 와서 살았다는 얘기가 있어요. 지금 제가 말하는 분은 개신교 장로 조만식(曺晩植)이에요. 찾아보니 또 다른 조만식이 있더라고요. 《조선일보》를 보니, 성 조(曺)가 아닌 나라 조(趙)의 조만식(趙晩植)이 보천교와 관련돼 있더라고요.

아, 두 분 다 우리 교와 관련이 있어. 나라 조를 쓰는 이는 우리 교의 수호사장이었어. 그이가 서대문 형무소에서 풀려난 이후에 1여 년간 우리 교단에 있다 상해로 나갔지. 그리고 다시 상해에서 들어와 우리 교본소에서 한 달여 있은 직후 왜경에 붙잡혔지. 그 뒤에도 조 씨는 아버님 곁에서 일을 했어. 그분은 여기 바로 앞 왼편 행랑채에서 계셨는데, 내 기억에도 그이가 있어.

아직도 헷갈립니다. 조만식(曺晩植)과 조만식(趙晩植). 어쨌든 신문에는 물산장려운동과 보천교가 깊은 관련이 있더라고요. 여기 이 기사를 보면 보천교 간부들이 조선물산장려회 이사로 참여했고요.

그런 게 기사에 나와?

네. 여기 보세요. (신문 기사를 보여주며) **… 그런데 물산장려운동과 보천교가 어떤 관계였나요?**

물산장려운동은 잘 모르되, 우리 교의 운동이 바로 왜산 물산 안 쓰기여. 여기에 교단이 많이 노력했어. 조만식 씨가 여기에 온 것은 바로 그 때문이라 생각돼.

당시 김해 배씨, 신씨, 김씨 등 독립운동가들이 보천교의 자금 지원을 받았다는 얘기가 있어요. 아마 선생님께서 다른 사람들에게 했던 얘기가 제게 들렸던 것 같습니다. 그 얘기를 자세히 해주세요. 특히 독립운동과 관련해서 보천교의 큰돈이 지원됐다는 얘기도 있어요.

김해 배씨, 그이도 한때는 우리 교단에 있었어. 금마의 임씨도 수호사장이나 형평사장을 지냈었지. 나중에 김해 배씨는 우리 교를 등졌지만, 한때 상해 가정부로 파견할 당시 아버님께서 2만 원을 필금했다고, 숙부께서 하신 말을 내 직접 들었어. 금마의 임씨에게도 큰돈이 건네졌지. 금마의 임씨도 나의 아버님으로부터 큰돈을 받아 상해 가정부로 건넸다는 얘기를 숙부로부터 직접 들었어. … 만주의 독립단에게도 지원했다는 얘기를, 한참 뒤에 한 모라는 간부에게서 내 직접 들었어. 특히 신씨라고, 만주의 교단 책임자였는데, 그 신씨가 홍덕의 신씨들과 관련이 있어. 그분이 아버님과 자주 조우한 것으로 들었어. 또 한 분은 이름이 외자인 김씨여, 그이는 경기도 수지 분인데, 만주에서 우리 교를 적극 알린 이라고 들었네.

당시 대한민국 임시정부에서 활동했던 이중선 선생도 보천교에서 활동하신 적이 있지 않나요?

임정 요인이라 다들 알고 있지. 그분도 교단 일을 오래 했지. 나중에는 아니지만 …. 그분 아들이 저기에 살고 있지, 지금도.

선생님께서 말씀하신 것들은 엄청난 내용들입니다. 그러한 내용이 기록에 남아 있나요? 그

러한 기록이 없으면 학계에서는 대체로 인정을 안 합니다.

인정을 안 해도 그만이지, 암. 이는 교(敎)의 역사이니. … 그런데 당시 인사들은 우리 교의 자금을 받지 않은 이가 없을 정도였지. 그러나 그러한 것을 말해줄 수 있는 기록은 한 줄도 없어. 그러한 것을 왜 남기지 않았느냐 하지만, 남기면 안 돼. 기록을 하게 되면 다 죽게 되거든. 사실 그것 때문에 여기 본소가 없어졌어. 당시 그러한 돈 때문에 많이 다치거나 죽었으니.

그런데 왜 당시에 자금 지원을 받았던 이들이 교단을 배신했나요? 배신한 이들이 한둘이 아니던데요?

당시 우리 교단에서 돈을 받은 많은 이들이 어느 때부터 등을 졌지. 그 가운데 김해 배씨, 그리고 신석우 등은 악질적으로 변해버렸어. 당시 교에 대한 신념이 없었던 이들이지.

• • •

1991년 1월 1일 오전 11시, 차용남의 구술

김철수라는, 부안 백산에 계셨던 분 아시지요? 제3차 조선공산당 책임비서였던 분요?

암, 철수 씨를 잘 알지.

그분의 여기 이 친필노트나 구술에는 보천교에서 받은 1만 엔으로 모스크바 회의에 참석했다고, 돼 있더라고요.

철수 씨도 나의 선친께 3만 원과 2만 원 두 차례에 걸쳐 받았다고, 철수 씨가 이범재(화가, 호가 구당) 화실에서, 그리고 세종문화회관에서 한때 만나 내게 말을 했어. 또한 철수 씨가 당질녀에게 "(차교주께서) 노금을 필금해주었다"고 말을 했어. 그때 이성찬 선생도 함께 있었지.

보천교가 의외의 인물들과 깊은 관계를 맺고 있었다는 신문 기사들도 있더라고요. 여기 이 기사 한번 보세요.

이런 걸 다 찾고 다니니…, 고생이 많군. … 조만식과 고하 송진우, 안재홍 등도 비밀리에 교본소에 다녔었지. 군자금 관계도 김해 배씨, 그이는 한때 목포에 있었는데, 그이가 보천교에서 돈을 타 중국 가정부로 가져갔다는 얘기를 들었어. 그 외 신석우, 변영채 등도 교본소에 자주 다녀갔어.

김해 배씨가 받은 돈이 김철수 증언에 나오는 그 돈이 아닌가요?

그건 달라. 그리고 송진우, 장덕수가 받은 돈도 별도여. 철수 씨가 직접 받은 돈도 또 별도이고. … 난 그렇게 알고 있어. 이런 군자금은 늘 극비였기 때문에 아무도 알지를 못하지, 암. … 나는 그 관계자의 얘기를 직접 들어서 알게 됐어. … 당시 형사가 교본소에 늘 상주했거든. 내 어렸을 때야. 그런데 어디 함부로 군자금이 어떻고 했겠는가. 왜경 4백, 5백 명씩 총을 들이대고 와서 모든 것을 차압해 가는 등 그때는 정말 살벌했던 시기에.

이 기사를 보면 조만식이 나와요. 전에 말씀했던 나라 조 조만식(趙晩植)이에요.

나라 조 조만식은 단총을 소지한 건으로 옥고를 치렀으나, … 조만식 씨는 당시 우리 교단의 간부였지. 수호사장, 즉 외교담당 차석이었어. 당시 그이가 서대문 형무소에 형을 받고 풀려나 1여 년간 여기에 있다가 군산을 통해 상해로 들어갔지. 또다시 상해에서 돌아와 교본소로 왔다가 한 달여 만에 왜경에 붙잡혔지. 그때 단총 서너 자루가 발각되었고, 그래서 김정곤 씨, 한규숙 씨 등이 크게 고문을 당했지.

보천교와 관련이 있는 인사들이 너무 많아, 복잡해집니다. 이게 사실이라면 엄청난 역사이고요. 이것이 역사가 되려면 이러한 말씀이 객관성을 얻어야 하는데. 어쨌든 다시 한번 정리해주세요. 당시 보천교와 관련이 있는 인사들을요.

조만식 씨뿐 아니라 송진우, 조병욱, 신석우, 홍성렬, 안재홍, 김철수, 백남훈, 이씨, 허씨, 변형채, 정순정 등이 다 우리 교인이었어. 아까 김철수 씨는 부안인이고, 또 다른 김철수 씨가 또 있어. 이들은 비밀리에 교본소를 출입하였지. 그런데 조만식 씨만 드러나 다시 붙잡힌 거지.

이러한 내역들이 왜 『보천교연혁사』에는 자세히 나오지 않는 거죠?

그때는 연혁사에 이러한 것을 기(記)해 놓고 교인들을 다 죽일 수는 없다,라는 것이 부친의 입장이었고, 따라서 연혁사는 그런 대목들이 대부분 빠져 있지.

다음은 교본소에 대해서 여쭙겠는데요. 전에 중앙본소를 중심으로 보천교가 자작자급의 원칙을 고수하였다고 하셨는데, 바로 정전제(井田制)와 관련이 있나요? 들리는 얘기로는 보천교의 교기인 정자[井]기의 우물 정[井] 아래 획을 양쪽으로 휘게 하면 공산주의 하는 공자[共]가 된다고들 했어요. 정말 그런가요? 보천교의 자작자급이 공산주의와 비슷한가요?

자작자급이란 말은 내 안 했고, 왜산 물산 안 쓰기라 하였지. 허허. 우리 도(道)는 공산주의와는 달라. 다만 우물정자로 구획한 거리에 공장을 짓고 교인들이 들어와서 생산하고, 물건도 팔았지. 당시 상가나 공장은 3년 무료 임대이며, 3년 후에는 이자 없이 본전만을 갚도록 했어. 그러니 상가나 공장은 교단 소유였지. … 중앙본소 도로변 상가는 교인들이 운영하였고, 이곳에서 얻어지는 이익은 교인들이 함께 나누는 방식이었어. 정자로 구획된 곳에 교인들이 들어왔고, 이들은 공동으로 생산하였지만 분배에는 차이를 두었지.

당시 기산조합은 무엇인가요?

기산조합은 교인들의 생계 수단이지. 그런데 당시 공장과 상가는 매매로 점유되는 것을 허락하지 않았어. 계약과 조건에 따라 교인들에게 임대를 했지. 그리고 계약 조건에 따라 함께 생산하되 나누기는 차별적이었지. 이러한 원칙을 지키기 위해 기산조합이 만들어졌어.

• • •

1991년 1월 21일 오후 3시, 차용남의 구술

-전략-

지난 양력설에 말씀하셨던, 당시 유력 인사들이 교본소에 다녀가셨다는 말씀이, 이게 사실이면 엄청난 역사에요. 다시 한번 말씀해주세요. 당시 김철수나 조만식 등이 아직도 헷갈려요.

허허, 논문을 쓴다고 고생이 많군. … 김철수는 두 사람인데, 한 분은 부안 백산의 철수 씨, 또 한 분은 경상도 양산의 철수 씨인데, 두 분 다 조도전(早稲田)에서 공부했던 분들이지. 부안의 철수 씨가 아버님과 더 밀접했지. 양산 분은 왜산 물산 안 쓰기를 하던 당시 여기에 와 계셨던 분이여. 또 조만식도 동명이인인데, 두 분 다 교본소를 다녀간 분들이지. 아무튼 한규설, 장덕수, 최팔용, 송진우, 백관수, 조병욱, 신석우, 김철수, 또 다른 김철수, 안재홍, 백남훈, 설태희, 임규, 그리고 허씨, 강씨, 김해 배씨 등이 우리 교단 사람들이었어.

이러한 내용들이 연혁사에 기록돼 있더라면, 하는 아쉬운 대목입니다. 그런데 『보천교연혁사』에 대해서 여쭙겠습니다. 『보천교연혁사』의 발간은 1948년이라 돼 있는데, 쓰인 시기는 언제입니까? 당시 간부 민영호(閔英鎬)라는 분이 부친의 구술을 정리한 것으로 돼 있는데요.

『보천교연혁사』는 교단사인데, 당시 아버님의 구술을 기록하고 정리한 것으로, 상본(上本)은 이미 1936년에 완성, 출간을 여러 차례 시도하다가 해방된 뒤라야 빛을 보았지. 민영호라는 분이 집중 정리한 것은 『보천교연혁사』 속편이지.

보천교의 자작자급을 다시 한번 말씀해주세요.

상가나 공장은 3년 무료 임대여. 3년 후에는 이자 없이 본전만을 갚도록 하였지. 물론 상가나 공장은 교단 소유지. 본소 주변 상가는 교인들이 공동으로 운영하고, 이익은 서로 나눴지. 그러니까 공동으로 생산하였지만, 분배는 차별이었지. … 당시 공장과 상가는 매매로 점유되는 것을 불허했지. 계약 조건에 따라 공동 생산을 하되 분배는 차별을 두었지.

혹시 선생님의 유년기에도 이러한 형태의 공장과 상가가 있었나요?

내 어릴 적에도 직조공장을 짓고 염색을 하는 부분이 있었어. 이는 왜산 물산을 거부했기 때문에 나온 것이지.

서울에서 일어난 물산장려운동이 1920년대 초반에 시들해졌는데, 1930년대까지 보천교는 지속되었다는 얘긴데요?

서울의 운동이 토산장려라면 우리 교는 조금 달라. 왜산 물산 거부가 그 취지이지. 서울의 운동도 교본소에서 대부분 지원했다고 들었어. 조경환 씨에게 들었던가, 그때 서울의 토산운동 경비를 교단이 대부분 부담한 것이라고 들었지.

• • •

1998년 7월 22일 오후 1시, 차용남·차봉남의 구술

-전략-

조부가 차치구 님이신데, 조부에 대해서 다시 한번 자세히 말씀해주세요. 신분이랄까, 당시 양반이었나요? 원래 이름은? 조부님은 언제부터 이곳 대흥리로 오시게 되었나요?

양반은 아니었어. 조부님은 나중에 이름을 행중으로 고쳤으며, 신분은 평민이었지. 서당 공부도 제대로 하지 못했고 장가도 늦게 들어, 29세에 가서야 아버님을 낳으셨어. 아버님은 연안 차씨 문절공파 16대손이요, 시조로부터 36대손이지. … 증조부 때부터 정읍 입암의 마석[가는돌] 어귀에 정착하였어. 원래는 전남 순천에 사시다가 충북 영동 옥천으로 이사하였으며, 다시 정읍의 마석으로 이주하셨지. … 입암면 접지리 일명 대흥리로 삶의 터전을 옮긴 것은 조부님 때부터였고.

조부님의 형제는 어떻게 되나요?

(차봉남) 조부님은 3형제 중 셋째로 태어나셨지. … 조부님은 7척 거구에다 힘이 장사이셨지. 당시에 고약한 양반네들을 혼내주고는 하셨던 분이 우리 조부님이셨네.

조부께서도 항일의 선봉장이었고, 따라서 부친도 조부님의 영향을 많이 받으셨으리라 짐작됩니다.

우리 교는 '도의 사회'를 이루려는데, 훼방을 놓는 일본을 싫어한 거지. … 그게 아버님의 생각이셨고.

아, 그리고 보천교가 일본을 저주하는 행위를 했다고도 들었어요. 어떤 행위들인가요?

(차봉남) 일본의 명치[메이지]의 초상을 그려놓고 그곳에다 복숭아 나뭇가지로 만든 화살을 쏘아 맞히는, 그런 의식도 했다고 들었는데, … 복숭아나무로 만든 낙관을 가지고 뭘 했다는 교인을 내가 보았지.

그런 게 무속적인 행위라고 보면 되는가요?

동생의 얘기가 조금 …, 그런 일이 있었는지는 모르겠으나 그건 교(教)의 방침은 그런 일과는 거리가 있지. 우리는 도(道)에 어긋나는 건 모두가 사도(邪道)라 하였으니.

차경석과 '영학당 사건', 그리고 보천교

구술자 차봉남

질문자 안후상·김재영

일시 1990년 2월 5일 오전 10시 / 1999년 2월 8일 오후 6시 / 1999년 6월 28일 오후 3시 / 2000년 1월 31일 오후 6시 / 2000년 2월 5일 오전 11시 / 2001년 12월 28일 오후 5시

장소 전라북도 정읍시 입암면 대흥리, 차봉남의 집

차봉남(車鳳南)은 차경석의 셋째 아들로, 전라북도 정읍시 입암면 대흥리의 자택과 정읍 시내에서 서당을 오랫동안 열었다. 필자도 한때 차봉남 아래에서 『논어』를 읽었다. 차봉남은 필자의 질문에 수시로 응답했고, 기회 있을 때마다 차용남을 만나게 해줬다.

• • •

1990년 2월 5일 오전 10시, 차봉남의 구술

'영학당의 난'을 알고 계신가요? 주모자 최익서?

알지. 최익서라고, 저 면내 분이지.

1889년 5월에 최익서가 이끈 농민군 수백 명이 왕심리에서 봉기하였어요. 당시 봉기를 기록한 『전라남도고창군취착난당구초동류성거주병록성책(全羅南道高敞郡就捉亂黨口招同類姓居住竝錄成冊)』에는 '차관순(車寬○)'으로 표기돼 있고, '거괴통인(巨魁通引)'으로 나와 있어요.

'영학의 난'에 선친은 참여하지 않으려 하셨지. 거의 강제로 끌려가셨어. 풀어헤친 머리를 끌고 갔어. 어쩔 수 없이 참여하신 것이지. … 그리고 '관순'은 이

름이여.

소극적이었는데, … 기록에는 '거괴통인' 즉 두목급으로 나와요.

난 자세히 모르네. 형님께 여쭈어봐.

• • •

1999년 2월 8일 오후 6시, 차봉남의 구술

탄허 스님의 부친 김홍규에 대해서 얘기해주세요. 목방주?

김홍규 씨는 부친이 김제 만경에서 살다가 ○○○ 어려서 이곳 대흥리로 이주하였어. 한때 군자금을 모금하여 상해 가정부로 보내려다가 발각되어, 고생 많이 했지. … 동란 때 그분은 입암면위원장을 지내기도 하였어. 택빈(김홍규의 차남을 가리킨 것으로 보인다)은 대흥리 마을위원장을 지내기도 하였고. 그렇게 활동하다가 김홍규 씨는 입암 천원으로 가는 도중 군인들에 의해 처형을 당했어.

6·25 때 처형요? 좌익 활동을 한 것이네요.

글쎄, … 워낙 예민한 거라서.

김홍규의 아들 승려 탄허에 대해서 아시나요?

알다마다. 탄허는 절 이름이여. 원래 택선이여. 택선 씨도 유년기를 보천교에서 보냈어. 여기서 많은 공부를 하였지. 택선 씨의 조카는 나와 같은 나이고. 택선 씨는 상당히 괄괄한 성격의 소유자여. … 그래서 대흥리에서 출가한 자가 상당수인데, 모두 택선 씨를 보고 간 것이지. 모두 교단의 사람들이 오대산으로 택선을 따라 출가한 것이지.

• • •

1999년 6월 28일 오후 3시, 차봉남의 구술

-전략-

신본소 건축물의 행방을 알고 싶어요. 특히 십일전과 보화문(普化門)의 행방을요. 그리고 심사일은 어떤 분이에요?

보화문은 부안(扶安)의 만석꾼 김상기에게 경매되었다가 해방 이후에 쌀 50가마를 받고 내장사에 되팔아, 현재 대웅전으로 복원되었다고. … 부안에서 내장사로 옮길 때 도편수가 심사일인데. 십일전을 맡기도 한 사람이지. 심사일은 경상도 출신이지. 그런데 보화문 건축은 도편수를 포함해 전부가 전라도 사람들이었어. 경상도와 전라도 출신의 목수끼리 그 재주를 한판 겨뤄보라는 선친의 뜻이었다고 보아야지.

십일전과 보화문은 지금도 남아있어 볼 수 있어요. 그런데 보화문은 2층 누각인데, 지금 내장사 대웅전은 단층입니다.

보화문은 건축 당시 2층 누각이었는데, 내장사 대웅전으로 복원하는 과정에서 단층 건물이 되었어. 평지에 지어졌던 보화문은 높은 기단 위에 일부 기둥을 빼고 다시 지어 현재 내장사 대웅전으로 된 것이지. … 십일전이나 보화문을 지을 때 공포는 고창 무장 출신의 유익서(庾益瑞)가 했어. 화려한 공포를 할 줄 아는 이는 그이뿐이거든.

• • •

2000년 1월 31일 오후 6시, 차봉남의 구술

연기동 사람들은 조부님과 선친께서 고창군 부안면 연기동에서 신태인으로 갔다고 하던데요.

잘못됐네.

연기동에서 호암리로는 안 갔습니까?

안 갔네. 호암리가 유명하니 그곳 얘기가 나올 수 있지. 조부님께서 대흥리로 오셨네.

조부님은?

조부님은 대흥리에서 나셨네. 부친은 낳기는 연기동에서 낳으셨는데, 서너 살 자서 이곳으로 오셨네.

입암면 지선동 임 감역이라는 사람은?

지선동(芝仙洞. 당시 흥덕군) 임씨 가운데 감역이라는 벼슬을 한 사람이 살았어. 천석꾼이었지. 부자라고 풍수를 보아 연기동까지 가서 집을 지었어. 그리고 주위 전답도 사들였지. 살려고 했지. 그런데 밤에는 도깨비와 호랑이가 나타나고 낮에는 뱀이 나타나 도저히 살지 못하고 돌아왔어. 농사를 짓는 선자(先資)를 받아내려니 우리 조부님이 필요했던 거지. 조부님은 장사여. 조모님께서는 그 집 뒤란의 평평한 돌 위에 정안수를 떠다 놓고 공을 들였지. 그래서 낳은 아이가 부친이네. 어려서 숙성하고 빠르고 특이하셨지. 돌잔칫날 부친께서는 달음박질을 했고, 당신 손으로 동네 사람들에게 떡을 나눠주곤 했어. 이에 '텃바람으로 낳은 아이다' 해서 임씨가 그 집에 들어가니 다시 호랑이가 나타났던 거지. 그래서 기필코 애를 낳았는데, 바로 그 아이가 딸이었는데, 성내 칠성골로 시집을 가서 살더라는 얘기를 들었어.

연기동에서 대흥리로 오신 나이는요?

서너 살 때이지.

그럼 호암은 어떤 곳인가요?

'천하지대지'라는 얘기를 들었어. 인촌 김성수 생가도 그곳에 있지.

• • •

2000년 2월 5일 오전 11시, 차봉남의 구술

연기동에 집을 장만한 임 감역은 어떤 사람입니까?

임 감역은 지선동 사람이지. 임 감역은 풍수가 좋다는 연기동으로 지관을 데리고 가서 지리를 보고 집을 지었지. 임 감역은 지선동에서 천석꾼이었네. 임 감역이 그곳에 들어가 살자 범이 나타나 살지 못하고 조부더러 대신 살아도 좋다고 해서 들어가셨지.

▲ 부안면 연기동의 차경석 출생지. 정면 묏자리 앞에 생가가 있었다.

• • •

2001년 12월 28일 오후 5시, 차봉남의 구술

-전략-

조부 차치구 님과 부친 차경석 님이 힘이 장사였다는 얘기가 있어요.

조부님과 선친은 힘이 장사셨어. 대흥리 신씨들이 하는 말이 있어. 선친께서 마을에서 나락 한 섬을 한 손으로 가볍게 들어 올렸다고.

신씨들이요? 대흥리 신씨?

아, 요 위에도 신씨여, 대흥리 신씨들과는 원래 사이가 좋은 관계는 아니었지. 신참봉댁이라고, 그이는 재산은 있어도 심통이 아주 안 좋아. 하루는 중부(차윤경이라고 나중에 언급한 바 있다)께서 마당의 나락을 쪼아 먹는 닭을 향해 돌을 던졌는데, 그만 닭다리 하나가 부러진 거지. 이에 닭 주인인 신씨들이 몰려와 숙부를 몰매질을 하기 시작하였어. 이때 선친께서 나아가 신씨들의 멱살을 한 손으로 잡고서 내동댕이쳤지. 그 이후로는 신씨들이 꼼짝을 못했다고. 뒤에 보천교가 번성하자 신씨들과 사이가 좋아졌지.

조부님과 지선리 임 감역은 어떤 관계였나요?

조부님과 임 감역과는 막역했지. 우리 선산도 지선리에 있어. 선산에는 조모님 묘 곁에 조부님 묘가 있지. … 임 감역의 손자가 임덕익(?)이라고. 그이는 선친과 나이가 같았어. 임 감역의 후손 중 하나가 현재 성내에 산다고 들었어.

혹시 흥덕현감 임석진과 임 감역은 어떤 관계였나요?

관련이 없지, 암. 현감 임석진은 원래 경기도 출신자여. 이 자는 아들들 모두 죽고 딸들만 남아있을 거여. 성내 백씨가의 출신 여자가 형수로 왔었는데, 백씨들 중에는 임석진과 잘 아는 이가 많았어.

아까 윤경을 언급했는데요, 윤경은 누구입니까? 그리고 '윤경의 전언'도 아까 전에 언급하셨는데.

나의 중부인데, 이복이여. 중부 말에 의하면, 선친은 강경과 전주에서 동학과 관련하여 큰 싸움을 벌였어. 이때 선친이 전주 감영으로 들어가려고 나섰는데 감영에서 이를 완강하게 막은 거지. 이때 선친은 돌팔매로써 감영에 맞섰어. 뒤를 돌아보니, 사촌 동생 하나만 따르고 교인들은 모두 줄달음을 쳤지. 하지만 선친은 날아오는 돌팔매를 피해 감영으로 들어가, 감사 앞에 섰지. 그리고 감사 앞에서 호령을 하였어. 이때 감사가 움츠리며 아버님을 회유하려고 하였어. 중부의 말씀은 대강 이런 얘기여.

당시 동학을 하셨다는 건데, 동학과 보천교는 다르잖습니까?

다르지. 아버님의 도(道)와는.

그럼, 아버님의 도는 '강증산의 도'와 같습니까?

강증산은 광인이었어. 한때 그랬는지 모르지만, 보천교는 강증산과 관련이 없어. … 그것 때문에 교단이 분란이 심했는데, … 으흠.

그럼 보천교 즉 '선친의 도'는 어떤 것입니까?

선친이 추구하였던 것은 '삼황오제의 도(道)'이지. 유도(儒道)도 아닌, 천하를 구하려는 도이지. 아무튼 그렇게 알고만 있어.

전에 '영학의 난' 때 선친께서 장성으로 붙들려가 사형을 앞두고 집행사령의 호의로 풀려났다고 하셨는데, 정암(차용남) 선생님은 장성부사와 시를 짓다가 풀려났다고 합니다.

난 자세한 건 잘 모르지. 형님이 잘 알고 계셔.

이곳 구본소는 누구의 소유로 돼 있나요?

현재 내가 살고 있는 집과 땅은 종손(큰조카)의 소유로 돼 있어. 그리고 형님께서 살고 있는 곳은 교중(敎中) 소유로 돼 있을 것이여.

선친께서는 구본소 어디에 거주하셨나요?

아버님은 내가 기거하는 방 바로 옆에서 기거하다가 나중에 안채로 옮기셨지.

선친을 당시 '천자'로 불렀습니다. 정말 천자로 알고 계신가요?

허허허허. 천자는 교중천자(敎中天子)여. 이거 가지고 세상이 하도 말들을 하니….

선친께서 당시 엄청난 분들과 교유했더라고요. 라용균, 김철수 등.

아버님이 국회의원 했던 라용균 씨와도 잘 지냈어. 언제가 라용균 씨를 만난 적이 있었는데, 아버님의 도움을 크게 받았다는 말을 직접 전해 들었어. 우리 형님이 김철수 씨를 만났는데, 철수 씨도 그런 얘기를 했다고 들었어.

당시 유력한 독립운동가들에게 큰돈을 지원했다는 얘기를 여러 곳에서 들었어요.

아버님께서 교금을 중국의 가정부에 전달해드린다는 얘기를 형님(차용남)이 철수 씨에게서 들었지. 내가 들은 것은 이런 것이지. 정읍에서 한번 철수 씨를 만났는데, 당시 금마 사는 임씨가 영원면의 라씨에게 전달했는데, 라씨가 절반만 전달하고 나머지는 유학비로 썼다는 얘기를 철수 씨와 같이 계신 분, 그러니까 그분의 이름은 생각 안 나지만, 그분이 했어. 그때 철수 씨도 같이 있었지.

지선동 임 감역에 대해서 말씀해주세요.

임 감역은 지선동(芝仙洞) 천석지기여. 지선동은 전에 홍덕이었지. 원래 양반은 아니여. 그런 그이에게 고질적인 문제가 있었어. 전라남도 장성(長城)의 경작자들이 지대(地代)를 몇 해째 내지 않고 있는 것이지. 고심 끝에 임 감역이 조부님을 찾아와 "장성의 잔반들로부터 도조(賭租)를 받아 마음대로 쓰게나"라고 한 것이지. 그래서 가서 양반들을 혼쭐내었지.

공주 우금치전투에서 패퇴한 전봉준 장군을 조부와 부친께서 이쪽으로 안내했다는 얘기도 있어요.

조부님과 아버님이 직접 산성(입암산성)으로 피신시켰지. 이어 조부님도 요 뒤 광조골로 피신했다가 붙잡히신 거지. 홍덕현감 윤석진(尹錫禛)에게. 지금도 생각하면 분하지.

동학농민전쟁에서 조부님은 어떤 위치였나요? 윤석진과는 어떤?

당시 고영숙이 홍덕현감 윤석진에게 붙잡혔다는 전갈을 받고 조부님은 정예군을 이끌고 고영숙을 구출하고 윤석진을 생포하였지. 조부님이 윤석진의 목을 베려고 하였으나 고영숙이 극구 말렸어. 마지못해 고영숙에게 맡기고 돌아왔는데, … 그 윤석진에게 그만 당했어.

차치구와 최재칠

구술자 안영승(1991년 당시 76세)

질문자 안후상

일시 1991년 1월 22일 오후 7시

장소 전라북도 정읍시 진산리, 안영승의 집

안영승(安永承)은 필자의 집안 어른이다. '보천교'에 대해서 궁금해하자 필자의 선친 안석우(安錫尤, 1923년생)는 필자에게 다음과 같이 언급한 적이 있었다. "나는 6·25 이전이나 그 직후에 공산주의자들을 많이 알고 있었다. 그런 분 중에 김철수 씨의 동생 광수 씨와 친하게 지냈다. 정읍에 늘 살았고, 네 큰아버지(안용택)와도 아주 잘 아는 사이다. 그런 분들의 보천교의 교기는 '정자(井字)'인데, 정자 아래 삐침을 좌우로 휘면 '공자(共字)'가 된다,는 말을 들었다. 보천교가 공산주의와 같다는 근거로서 그런 말들을 하였을 것이다. 일리 있는 얘기는 아니다만, 당시 광수 씨는 보천교가 공산주의에 한때 합류했다는 얘기도 했었다. 당시에 나는 보천교가 문제가 있는 종교라고 그렇게 얘기했건만, 광수 씨는 다르게 얘기해서 이상하다는 그런 생각을 했었다. 모르긴 모르되, 모두들 아전인수 격으로 하는 얘기라고 나는 생각하였다."

필자가 보천교를 주제로 석사학위 논문을 쓴다고 하자 선친은 다음과 같은 얘기도 덧붙였다. "왜 그런 걸 가지고 논문을 쓰느냐! 보천교? 그 사람들 좀 우스운 사람들이다. 요령이 있어서, 어떻게든 돈을 모으고 그 돈으로 큰 집을 짓고 하는, 상식과는 동떨어진 이들이라고 나는 본다. 그런데 독립운동을 했다는 기록이 있다니, 자세히 봐야겠지만, … 지금까지 난 보천교 사람들을 일반 사람하고는 다른 사람이라고 생각했었다. 즉 보천교는 사람들을 정상적으로 생각하게 하고 정상적으로 살아가는 것을 방해하는 이들이다. 종교하는 사람들이 다 그렇지만."

필자는 꼭 그런 것만은 아니라고 하자, "그렇게 글을 쓰고 싶다면 웃넝메 여산할아버지를 만나 뵈라. 한때 너희 할아버지(安必承)와 수성 할아버지(安斗承), 여산 할아버지(安永承) 이렇게 세 분이 수년간 매일 새벽에 청수 앞에서 주역(周易)의 서전서문을 외고, 그리고 주역을 공부하셨다. 아울러 종교도 공부하셨던 분들이다. 아마 여산 할아버지께서는 보천교 건축일도 하셨다고 내 들었다. 찾아뵙고 한번 여쭈어봐라." 그러한 계기로 안영승을 찾아가 들은 얘기이다.

• • •

-전략-

보천교 교주 차경석과 그의 부친 차치구에 대해서 알고 계시다고 해서 왔어요. 혹시 아시는 거라도 ….

누가? 아비가 그러더냐?

예.

허허허. 그려. 아, 최재칠의 아들 최운익(자가 운익, 이름이 錫龍) 씨는, 내가 (그분의) 내종 조카여. 그 운익 씨에게 들었던 얘기여. 최재칠과 차치구는 의형제 맺을 정도로 친했었지. 난리가 끝나갈 무렵 치구가 저기 저 넘어, 소성 광조골 최재칠의 집에 숨어 있었어. 그때 관군들이 재칠의 가족을 인질로 삼고 겁을 주었지. 그래 (차치구가) 스스로 나와 붙잡힌 게, 그리고 홍덕에서 죽었다는 거야.

차치구가 죽은 그 내막을 자세히 말씀해주시지요.

차치구는 지금의 정읍시 소성면(所聲面) 광조동(光照洞. 광주골)의 최재칠(崔在七)의 집에 숨어 있던 중 관군들을 피해서 (입암면) 대흥리 뒷산 국사봉으로 피신하였지. 그러자 홍덕의 현감 임아무개가 관군을 보내 최재칠의 가족을 잡아놓고서 겁을 주니 치구가 버틸 수가 있었겠는가. 그래서 스스로 걸어 나와서 관아에서 죽었지.

차치구가 죽은 시기는 1894년 12월 29일이에요.

난리 이후라고 들었응게. 차교주가 그때 몇 살인지는 잘 몰라. 아무튼 (차경석이) 찾아가서, 홍덕에서 찾아와서 부친 장사를 지냈어. 그렇게 알고 있어.

보천교에서 일을 하셨다고 들었어요. 어떤 일을 하셨어요?

뭐, 일이라고까지…, 그때 내가 젊었을 때야. 십일전 공사를 한다고 수백여 명이 달라붙었는데, 그때 내가 거기서 일을 좀 했지.

보천교 종교는 안 하셨어요?

암, 종교와는 무관하지. 일만 했지. 교인들은 철저히 자기들끼리 모여서 살았응게. 나는 그런 사람들 잘 몰랐어. 교제도 안 했지. 다만, 수성양반이라고, 너에게 가까운 분이지. 그분이 그쪽에 관계된 분이시제. 자아도인이라고, 너도 알지?

예. 그리고 보천교 십일전의 규모를 기억하시나요?

엄청났지. 기둥 하나하나가 조그만 집채만 했으니. 그걸 다듬고 세우고, 그리고 금색 기와를 올리고 하는 것을 내 다 봤지. 그 당시 그곳이 서울이고, 천자가 머물 곳이라고들 말했응게. 당시 그 말을 누가 의심허것는가, 암.

동학농민전쟁의 차치구와 최재칠, 그리고 차경석

구술자 최학주(1949년생. 주소는 전북 전주시 덕진구)

질문자 안후상

일시와 장소 2022년 9월 3일 오후 1시(동석자 김재영, 전라북도 정읍시 정읍역사문화연구소)

2024년 8월 22일 오후 3시(전라북도 전주시 인후동 한신휴플러스아파트 앞 찻집)

구술자 최학주(崔鶴柱)는 전라북도교육청 교육행정 서기관으로 있다가 정년퇴직하고, 대학의 전임·초빙·특임교수와 대학 사무처장, 대한체육회 장애인승마협회 사무국장, 전라북도청 및 전라북도교육청 결산감사위원, 전주상산학원 이사 등을 역임하였다. 아울러 풍수에 조예가 깊어 각지의 문화강좌에서 풍수를 강의하고 있다. 2024년 8월 22일 전라북도 전주에서 최학주를 만나 아래 구술 내용을 재확인하였다.

차치구(車致九)는 보천교 차경석의 부친이다. 차치구는 동학농민전쟁 당시 정읍의 접주였으며, 전봉준(全琫準)을 도와 공주 우금치전투까지 참여한 용장이었다. 그런 그가 전봉준을 순창 피노리까지 안내하고 돌아와 정읍군 소성면 광주골 최재칠(崔在七)의 안내로 근처 산속에서 은신하였다. 기록에는 동적수포유사(東賊捜捕有司) 김재구(金在九)가 주변의 민병을 인솔하여 산속에 은신한 차치구를 붙잡았다고 돼 있다.

• • •

2022년 9월 3일 오후 1시, 최학주의 구술

보천교 차경석의 부친 차치구와 최 선생님의 재칠 증조부님과 어떤 관계인지? 그리고 증조부님은 어떤 분인지 말씀해주시겠어요? 자세히 말씀해주세요.

예. 안 박사님께서 전에 집안 어른인 안영승 씨의 구술을 들었다고 했지요?

(예) 바로 그 안영승 씨가 바로 재칠 증조부 자제인 운익 최석룡의 처조카입니다. 즉 저희 선친의 외가가 되고 저에게는 진외가가 되는 것이지요. 이번 일을 계기로 후손들끼리 서로 알게 되었다는 것도 참으로 신기합니다.

네. 저도 영승 할아버님께 들었어요. 재칠 증조의 아들, 그러니까 최 선생님의 조부님 운익이 영승 조부님의 고모부가 된다더라고요.

네, 그렇습니다. 안영승 씨의 아들들인 일권, 사일, 덕일 등도 제가 어렸을 때 자주 만나곤 하였습니다.

제가 오래전에 집안 안영승 할아버님을 찾아뵙고, 재칠 증조와 관련된 얘기를 전해 들었어요.

안 박사님의 그 구술이 여러 논문에 인용되었던 것을 저도 봤어요. 인용된 바로 그분이 저의 증조할아버지 최재칠(崔在七)입니다. 이번에 재칠 증조부님을 동학농민혁명 참여자로 신청했습니다. 선대 최재형(崔在衡, 1853~1914)께서는 정읍시 소성면 중광리(광조동) 104에서 사셨어요. 자가 재칠(在七), 개명 후에는 재문(載文)입니다.

증조부께서는 본관이 경주이고 최치원 시조의 29세손이며, 정유재란 때(1597년 8월) 남원산성 전투에서 부자(父子)가 함께 장렬하게 순절하셔서 남원 만인의 총에 봉안되신 17세 부위공 최준(崔準)의 12대손이자 부위공의 아드님이신 18세 의경공 최보의(崔寶義)의 직계 11대손으로, 후에 재문(載文)으로 개명하였습니다. 증조부께서는 한학에 조리가 있어 주변인들이 최진사로 호칭하였어요. 특히 친분이 있는 사이에서는 주역점, 일칭 팔괘점 등 명리학에 능통하여 세간의 궁금증이나 운세를 풀이하는 등 7가지 재주가 있다 하여 자(字)를 재칠(在七)이라 불렀다고 합니다.

증조부님의 성품도 전해 들어서 알고 계시겠네요. 제가 알기로는 주변의 신망이 매우 두터우셨다고 들었습니다.

예, 그렇습니다. 증조부님께서는 항상 의리를 중시하는 훤훤장부이자 대쪽 같은 선비의 성정을 지녀 주변의 신망이 두터웠습니다. 인근의 지선동 천석군 감역(監役) 임철상과 깊은 교제를 하였는가 하면, 국사봉 문드님이재 넘어 마석골에 사는 한학에는 조예가 깊지는 않았지만 기골이 장대하고 검술에 뛰어난 장사 차치구(車致九, 1851~1894)와는 말 그대로 생사고락을 같이한 막역지우로, 그 두 분은 의리로 뭉쳐진 고귀한 벗으로 형제처럼 가깝게 지낸 사이였다고 전해 들었지요.

이런 얘기를 누구로부터 전해 들었는가요?

할머니와 집안 어르신들로부터 어렸을 때부터 귀가 아프도록 들었습니다.

동학농민전쟁 당시 정읍 접주이자 차경석의 부친 차치구와 얽힌 내용이었는가요? 들었던 얘기가?

네, 맞습니다. 그분입니다.

그렇다면 차치구와 증조부님과의 관계를 소상히 말씀해주세요. 특히 전봉준과 관련한 일화도 있다고 제가 들었습니다만.

1893년 가을 무렵에 전봉준 장군(1855~1895)이 자가 중필인 차치구 장군을 동학군 선봉장으로 삼고자 그와 수 차례 대면하였는데, 차치구는 완강히 거절하였다고 합니다. 이에 난감해진 전봉준 장군이 차치구의 절친인 증조부 재칠의 말이라면 거절하지 못할 것이라는 소문을 듣고, 전봉준 장군이 광조골 재칠 증조부님의 사랑에 직접 들러 그 뜻을 전하였고, 이에 재칠 증조께서 차치구를 만나 "전봉준 장군이 도모하는 일이 목숨을 바쳐도 아깝지 않은 구국을 위한 길이니 크게 맘먹고 한번 나서보게"라고 하면서 간절하게 설득한 결과, 이에 차치구는 동학교도로 입적하지 않는 조건으로 쾌히 승낙했다고 합니다.

혹시 증조부님께서도 동학농민전쟁에 직접 참여하셨나요?

이듬해인 갑오년(1894) 2월에 동학농민군 선봉에 나선 차치구 장군은 병사 1천 명을 이끌고 무장과 홍덕현을 비롯한 호남 일대의 현을 접수한 후 1894년 4월에 마침내 전주성을 함락하는 데 선봉장으로서 혁혁한 공을 세우게 되었습니다. 이때 재칠 증조께서는 독자로 태어나 노부모를 모시고 어린 독자 아들 하나를 부양하는 탓에 함께 출정하지 못했고, 대신 자신의 삶터인 광조골 대나무 임자들의 도움을 받아 죽창 1,000개를 깎아 차치구 장군에게 전달했다고 합니다.

그 외에도 차치구를 끝까지 숨겨준 일화가 있다지요?

예. 그로부터 반년이 지난 후 갑오년 늦가을, 즉 1894년 11월에 동학농민군이 2차 봉기하여 한양으로 진군하던 중 공주 우금치전투에서 예상하지 못한 일본군의 개입으로 대패하게 되자, 전봉준 장군은 차치구 장군 호위 하에 입암산성을 거쳐 순창 피노리로 피신하기에 이르렀는데, 전장군을 순창으로 모신 차치구 장군이 다시 산을 넘어 칠보를 거쳐 입암면 대흥리 고향집에 다니러 잠깐 자리를 비운 사이, 시중들던 자가 과천(果川)인 김경천의 밀고로 피체되어 한양으로 압송되었습니다. 이 소식을 대흥리 고향집에서 전해 들은 차치구 장군은 황급히 재 넘어 재칠 증조를 찾아서 피신해 왔습니다. 이에 재칠 증조께서는 증조모님조차 어딘지 모르게 차치구 장군을 숨긴 채 엄동 섣달그믐, 즉 음력 12월 29일까지 한 달여 동안 광조동 뒷산 토굴에 은신시키고 매끼 밥을 나르며 보호하였다고 합니다.

그런데 어떻게 차치구가 관군에게 붙잡히게 되었다던가요?

어느 날, 차치구 장군과 절친한 재칠 증조를 의심한 홍덕 현감 윤석진(尹錫禛), 김제 죽산인이라고 합니다. 그 윤석진이 관군 김준서를 대동하고 광조골 재칠 증조의 집을 급습하고 재칠 증조를 붙잡아다가, 지금의 작천마을 대로에 있는 주막 앞마당에서(지금은 철거되고 고추밭이 되었음) 주리를 틀게 하는 등 치명적인 고문을 가했으나 자백하지 않고 의연하게 견디며 끝끝내 자백하지 않자, 급기야 증조모를 읔박질러 이에 마지못한 증조모께서 "여보 친구가 중하오, 당신 목숨이 중하오?"라고 한마디 건네자 버럭 역정을 내시면서, "여편네가 집안일이나 할 일이지 여기가 어디라고 와서 쓸데없는 말을 하고 있는 거요?"라고 호통을 치면서 일언지하에 내치셨다는데, 이 사태 조사에 입회하던 일본군 입회 참위(參慰)가 "하~, 조선에도 이런 의인이 있었다니 참으로 경외스러운 일이 아닌가!"라고 탄식하듯 감탄했다고 합니다. 이때가 재칠 증조의 나이 42세 때입니다.

그럼, 누가 불어서 차치구가 붙잡히게 되었나요?

이처럼 선대 증조부께서 고초를 겪는 사태가 벌어지자 광조와 작천마을은 물론, 인근 원천, 기정, 광산 등의 모든 마을 사람들이 이를 지켜보게 되었어요. 재칠 증조부께서 너무나 참혹한 형벌을 당하는 것을 안타깝게 여기던 마을 사람이, 차치구 장군의 은신처를 눈치챈 어느 마을 사람이 이러다 생사람 죽이겠다며 황급히 발설하여, 마침내 차치구 장군이 은신하고 있던 동굴에서 붙잡히게 되었다고 합니다. 이때 차치구 장군은 곰방대를 등에 꽂고 허리춤에는 장칼 하나만을 차고 있었다고 전해지고 있습니다.

제가 듣기로는 증조부님과 증조부님의 가족을 붙잡아 악형을 가하니 차치구가 스스로 나와 붙잡혔다고 들었습니다.

그런 얘기도 있지만, 제가 듣기로는 그렇습니다.

차치구가 붙잡혀 간 뒤로 어떻게 되었나요?

차치구 장군이 작천주막, 그러니까 차치구 장군의 피체지까지 나오자 관군 김준서가 포박하여 선조 재칠과 함께 홍덕현으로 압송하였습니다. 홍덕 현감 윤석진은 1차 봉기 때 차치구 장군과의 구원(舊怨)에 격분한 나머지 당연히 재판 절차를 거치려던 일본군 입회 참위의 만류에도 아랑곳하지 않고, 자신이 허리춤에 차고 있던 장칼로 차치구 장군의 가슴 부위를 찔러 즉결 처형했다고 합니다. 그때가 갑오년 음력 12월 29일입니다. 재칠 증조는 눈앞에서 벌어진 절친 차치구 장군의 처절한 모습을 보고 공포감에 휩싸인 채 죽음을 각오하고 체념하고 있던 차, 뜻밖에도 채칠 증조의 의로움에 감동한 일본군 입회 참위의 호의에 의하여 참형을 면하게 되었다고 합니다.

인간사 새옹지마라 했던가! 뒤돌아보면 420년 전 부자지간 두 분의 선대께서 오직 충절 하나로 왜놈들의 창검에 맞서 장렬하게 순절하심에 아직도 한 맺힌 응어리가 풀리지 않고 몸서리쳐지고 있는데, 그로부터 300년 후인 1894년에 또다시 일제의 먹구름이 삼천리 강토를 뒤덮어버린 갑오혁명기에 선대 재칠 증조께서 지조와 의리로 점철된 군자다운 풍모로 일본군 참위를 탄복케 한 나머지 목숨이 경각에 처한 상황에서, 그 참위의 호의에 의하여 극적으로

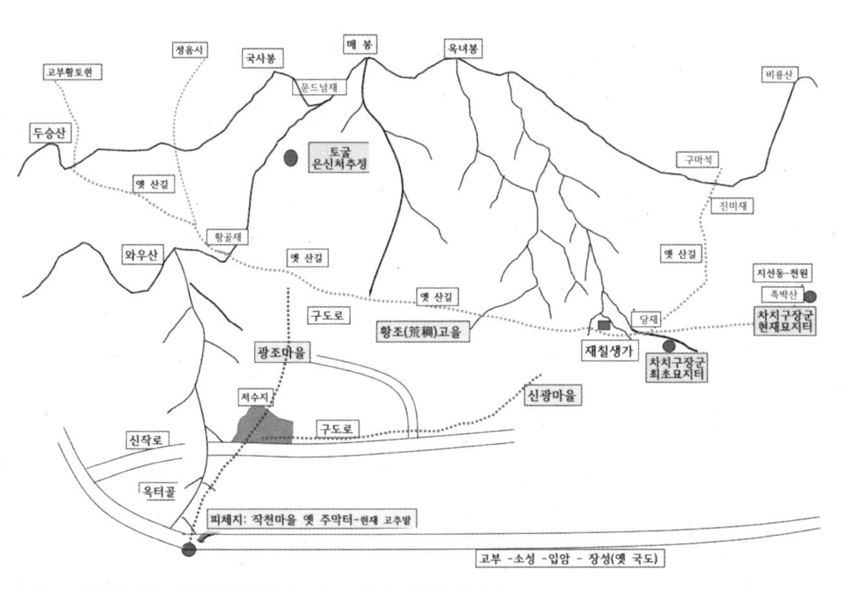

▲ 최학주가 그린 차치구의 은신처 및 피체지 (정읍시 소성면 광조골)

위기를 모면하기에 이르렀다니 참으로 형언할 수조차 없는 회한이 서릴 뿐입니다.

인간이 삶을 원하고 죽음을 두려워하는 것은 가장 원초적인 본능입니다. 그러나, 선비는 생명을 버리더라도 인의(仁義)를 취하는 것을 삶의 근본으로 여겼지요. 바로 나의 증조부께서 이런 삶을 사셨습니다. 인간답게 살고자 하는 도덕적 삶을 추구하는 의지(意志)의 삶이 아니겠는가! 바로 나의 증조부께서 이런 삶을 사셨다는 사실이 나를 전율케 합니다.

예, 그렇군요. 그 이후의 얘기도 해주세요.

이렇게 극적으로 참형을 면한 선조 재칠 증조께서는 불편한 몸을 이끌고 평소 자식같이 따르던 차치구 장군의 장자 차경석, 당시 15세였던 차경석을 흥덕현으로 불러서 일본군 입회 참위가 동행한 가운데 소달구지로 20리 길을 차치구의 시신을 운구하여, 당시 민보군 감시를 피하기 위해 광조골 남쪽 장사나무 등자락 선조 재칠 증조의 선산에 임시로 황급히 안장하였습니다.

차치구의 묘는 지금 거기가 아니잖아요?

네 맞습니다. 그뒤 6·25동란 직후인 1955년경 보천교(普天敎) 선전부장을 역임한 차경석의 누이동생 차윤숙이 선친 영술의 집을 찾아와 산제(山祭)를 올린 후, 지금의 족박산에 이장한 것으로 알고 있습니다. 이는 제가 여덟 살 무렵에 사랑채에서 목기를 닦는 차윤숙 선전부장을 직접 목격했습니다.

최재칠 증조부님 이하 가족들에 대해서 말씀해주시지요.

네. 제 조부는 2대 독자 최석룡(1875~1954)이라는 분이에요. 족보상 용석이고 자가 운익(雲翼)입니다. 풍체가 좋고 성격이 호방하여 별호가 호랑이라고 불렸지요. 제 부친은 3대 독자 최영술(1898~1976)이고요, 한학자로 풍수와 주역 팔괘점 등 재칠 증조부 못지않게 명리학에 능통하신 분입니다.

최 선생님께서도 전라북도 교육행정을 맡으시면서도 풍수에 능하시잖아요?

예, 저도 그쪽에 관심이 많았어요. 선친의 풍수론을 이해하기 위해 최창조 교수와 현지 답사 등을 하면서 정통 풍수지리학을 체득하기도 했지요. 지금은 선친께서 관리해 오셨던 종중 회장을 맡아오고 있습니다.

선대 가족분들은 그 뒤로 어떻게 지냈나요? 차경석 님 가족분들과는 연락이 없나요?

아무튼 조부님은 일제 압박과 소위 친일 민보군의 온갖 핍박을 견디며 고단한 삶을 영위하셨습니다. 차지구 장군의 장자 차경석은 제 맏형님 최판주가 출생한 년도인 1936년에 파란만장한 생을 거두었습니다. 1980년대 무렵에 차경석의 손자 차진문이 제 둘째 형님 최항주와 79세 동갑내기였고, 교류도 있었습니다. 최근 2011년 초가을쯤에 차치구 장군의 증손자 차진만(서울영일고등학교 교사)과 함께 차치구 장군 손자 차용남(1923년생)의 동학혁명 기념행사 기고 자료 수집 차 저의 본적을 직접 답사하고, 전화로 제게 문의해온 적이 있어 관련 정보를 주고받았습니다. 그리고 명리학과 풍수에 일가견이 있었던 제 선친, 자는 명선, 본명 영술과 차용남이 만난 적도 있다 들었습니다.

최 선생님 집안과 보천교와의 관련은 없나요?

저의 외조부 이종연(李鍾燕. 1873~1946)은 당시 위세를 떨치던 차경석의 보천교 재정담당 집사를 지내셨고, 그분의 여식 이월순(李月順. 1912~1995)이 제 어머니입니다. 그러니까 저의 부친 영술의 본처 김일숙이 손이 없어, 이월순을 둘째 부인으로 맞이합니다. 당시 조선팔도 모든 유명사찰에 벽화를 남기실 만큼 유명했던 동양화가 손위 외삼촌 이추학(李追鶴. 1907~1980)은 외조부 뒤를 이어 대흥리에 위치한 차경석의 보천교 사당에서 기거하시다가 중풍으로 1980년에 작고하셨습니다. 지금 대흥리에는 팔순의 둘째 외사촌 이희도 형님이 개인 주택에서 살고 계십니다(2023년 노환으로 별세).

이러한 가족의 역사를 어떻게 듣고 다 기억하시는지요?

이 모든 내용은 누구보다도 기억력이 좋으신 저의 선친(최영술)께서 사랑에 오신 손님들과 마을 어른들, 그리고 집안 경사 때 취기가 오르실 때면 온 식구들에게 한자로 된 삼국지 얘기와 함께 자주 들려주신 내용들입니다. 제가 공직에 입직한 후에 물론, 전부터 예삿일이 아니라고 생각하여 틈틈이 가승을 정리하면서 수집해 놓은 자료들을 토대로 말씀드리는 겁니다. 제가 들은 대로, 그대로입니다.

지금은 증조부님을 동학농민전쟁 참가자로 신청할 예정이시지요?

그렇습니다. 후손의 도리로서 차치구 장군과 생사를 넘나드는 백척간두의 위기에서 사생결단의 순간에도 의연하게 맞섰던 막역지우 간의 우정을 기리기 위해서라도, 현재 전봉준 장군과 차치구 장군은 물론, 명예 회복 차원에서 동학농민혁명 참여가 인정된 무명용사들의 위패도 함께 모시고 있는 정읍시 덕천면 소재 구민사에 제 증조부 재칠의 위패도 차치구 장군의 영령과 함께 봉안되기를 염원해 왔기에, 이 내용을 토대로 다음 주중에 동학혁명참여자 유족등록을 신청하려 합니다.

끝으로, 동학농민전쟁과 관련해서 집안 어른들께 들었던 이야기를 해주세요. 특히 순창 피노리의 과천 김경천 얘기는 최 선생님을 통해서 익히 널리 알려졌더라고요.

이건 정사(正史)라기보다는 제가 어렸을 때 사랑방에서 집안 어른들께 들었던 방담(放談)이라고 해야 할까, 야사(野史)라고 해야 할까. 그런 얘기입니다.

전봉준 장군이 1894년 11월 동학 2차 봉기 때 무려 4만 병력을 투입한 공주 우금치전투에서 생환자는 600여 명에 불과합니다. 그 처절한 패전으로 급기야 차치구 장군 호위 하에 순창 피노리로 피신하였으나, 그해 12월 초 당시 수발을 들던 김경천, 자가 과천(果川)인 김경천의 밀고로 피체되기에 이르렀습니다. 이러한 패전의 원인으로 엄동설한인 11월 2차 봉기가 시기상 전략적 실패였음이 지적되고 있는 대목이기도 합니다. 당시 전봉준 장군이 전주성을 함락하고 한양으로의 진격을 위한 대책을 강구하면서 혁명군 체제상의 정보 부족으로 국제 열강 간 세력 다툼의 정세와 아울러 국내 사정에 밝지 못한 데다가, 농민군으로 구성된 동학군이 보릿고개 시기와 모내기철이 겹쳐 불가불 농민군의 생계를 돌봄이 최우선 과제라 여겼었고, 군량미를 확보할 수 있는 추수기도 필요했기 때문에 한양 진군을 멈추고 관군과 휴전하기에 이르게 되었다는 것이 정사의 흐름입니다.

그러나, 그 이면에 전봉준 장군의 개인적인 사정도 개입되었다는데, 실제 동학군의 기세가 당초 생각했던 것보다 너무 크게 확대된 데 대한 두려움이 있었고, 더욱이 당시 조정에서는 고부농민혁명을 역모로 몰아가고 있던 터라 경거망동할 수 없는 형국이었다는 것이며, 이처럼 혼란스러움을 겪을 때 시의적절한 처방을 찾기 위해 평소에 가끔씩 점쳐왔던 주역점(팔괘점)을 펼치게 되었다는데, 때마침 점괘가 조과천(操果川. 과천을 조심하라)으로 나왔고, 이에 전봉준 장군은 과천(果川)의 지형이 당시 한양의 바로 발밑 요충지, 지금의 제2 종합청사 자리인 점을 떠올리고 이 점괘를 군을 움직일 때 신중하라는 경고로 풀이하여, 마침내 한양 진군 유보의 결심을 굳히게 되었다는 것입니다.

이러한 사실은 전주성 함락 후 휴전 중에 고향 대흥리에 내려온 차치구 장군이 선대 재칠 증조께 전하면서 알려지게 되었다는데, 차치구 장군은 이런 얘기를 전하면서 "한낱 점괘 하나에 현혹되어 진격을 멈추다니 까닭을 모르겠다"고 조금은 불만스럽게 투덜댔다고 합니다. 이에 선대 재칠 증조께서 "예로부터 '충청, 전라, 경상 등 하삼도에서 한양에 들어갈 때에 과천(果川)부터 기어라'는 속설이 있지 않던가? 아마 전봉준도 부지불식간에 그 말을 떠올리고 한양을 함부로 범접하지 말라는 경고로 받아들였는지도 모를 일이지. 한양 진격이야말로 천하를 도모하는 일인데 고심 끝에 내린 결단이 아니겠는가!"라고 말씀하셨다 합니다.

그런데 뜻밖에도 전봉준 장군이 우금치전투에서 패퇴하여 순창 피노리에서 은

신하던 중에 경천동지할 일이 벌어지고 말았다는 겁니다. 당시 피노리 은신처에서 전봉준 장군의 수발을 들고 있었던 밀고자 김경천의 자(字)가 바로 점괘로 나온 조과천(操果川)과도 한자음이 같은 '과천(果川)'이었고, 전봉준 장군이 평소 김경천을 대할 때에도 '과천(果川)!' '과천(果川)!'하고 다정하게 불렀다는 겁니다. 사정이 그러했음에도 이를 눈치채지 못하고 점괘와 아무런 연관을 짓지 못한 채 의심 한번 하지 않고, 무심코 숙식을 함께하며 지내다가 그만 허망하게 참변을 당하고 말았다는 겁니다. 이를 두고 세간에서는 점괘가 암울한 자신의 운명을 암시해준 것임에도 이를 깨닫지 못하고, 오로지 한양 진군에만 몰입한 결과 빚어진 일이라면서 안타까워하고 애석해했다고 합니다. 참으로 '등잔 밑이 어둡다'는 속언과 '인명은 재천'이라는 말이 새삼 의미 있게 다가옵니다.

이에 전봉준 장군은 "하늘이 나를 버렸구나!" 하고 비탄을 금치 못하셨다고 하고, 참형 직전에 죽력고 한잔을 원하셨다고 전해집니다. 이를 두고 선대 재칠 증조께서도 "정성이 부족했던 탓인가! 동학의 하늘님이 그 점괘에 답을 주셨음에도 인력으로는 감히 어쩌지 못했다는 것인가!. 시부지(時不至) 불가강성(不可强成)이라 했는데 너무 이른 거사란 말인가!" 하고 크게 한탄하셨다고 합니다.

비록 개인사적 일화라 하지만, 제 선친으로부터 이러한 일련의 이야기를 전해 들은 나 또한 고달프고 암울한 민중의 애환을 홀로 가슴속에 품은 채 장렬한 죽음으로 생을 마감한 불운한 한 개인의 삶에서, 420여 년 전 정유재란 때 남원산성에서 부자가 함께 장렬하게 순절하신 선대 조상님들의 삶이 새삼 의롭고 거룩하게 재조명되었습니다. 아마 선대 재칠 증조부께서도 이처럼 숭고한 얼을 물려받았을 것으로 생각하면 가슴이 먹먹해지고 숙연해지면서 전율이 흐릅니다. 우리 집 가훈을 '의연하게 살자'로 삼아온 것 또한 다름 아닌 내 조상들의 얼에 연원하고 있기 때문입니다.

오랜 시간 재미난 방담까지, 너무나 고맙습니다.

안 박사님, 중언부언한 제 말을 잘 들어주셔서 고맙습니다.

앞으로 자주 만납시다. 제 말을 잘 다듬어 기록하기 바랍니다.

• • •

2024년 8월 22일 오후 3시, 최학주의 구술

지난 2022년 9월 3일자 구술을 정리해 메일로 보내드렸어요. 그리고 얼마 전에 최 선생님께서 일부 빨간색으로 수정한 구술을 제게 보내셨고요. 그것을 지금 출력해왔는데, 몇 가지 여쭐게요.

예, 그래요.

동학농민혁명 유족회 신청인가요? 그때 하신다고 하셨지요?

예. 동학농민혁명 유족회는 2021년 9월 7일 자로 신청되어, 2022년 11월 22일 자로 동학농민혁명 유족회에 등록됐습니다. 등록된 결과가 문화재청에서 왔어요.

참가자는 증조부님, 재칠이고요. 증조할머니는요?

증조모는 유족으로 안 들어가고, 그 직계 손만 들어갔지요.

뒤에 야사? 야사는 아버지나 할아버지께 들었던 이야기예요?

예. 그리고 혹시나 증조부님 관련 얘기가 있을까 해서, 이이화의 『파랑새는 산을 넘고』라는 책을 읽으면서 축적된 것들입니다. 내가 그동안 역사책을 좋아했거든. 혹시나 증조부님이 있는가, 하고 읽으면 차치구, 전봉준이 나오고 했거든요.

(나머지 구술 내용은 위 구술 내용과 중첩되기에 생략한다.)

차윤덕과 보천교, 그리고 전봉준

구술자 차진수(1950년생, 경기도 안양시 만안구 석수동)

질문자 안후상

일시 2024년 9월 27일 오전 10시(전화 통화)

차진수(車鎭洙)는 보천교 차경석의 넷째 동생이자 보천교 북방주(北方主) 차윤덕(車輪德, 1893~1967)의 손자이다. 당시 교단의 중요 인물 차윤덕은 어려운 때 사비를 들여 차경석의 장례를 치렀다. 참고로, 차진수는 서울 강남 차정민(의학박사)과는 사촌 간이다. 이 구술은 몇 차례의 전화통화 가운데 맨 마지막 통화 내용을 정리하였다. 될 수 있으면 통화 내용 그대로를 옮기려고 노력하였다. 구술을 정리하는 과정에서 차진수는 조부 및 보천교와 관련한 귀한 사진이 들어간 '나의 가족사' 원고를 보내왔다. '나의 가족사'는 이 글 맨 뒤에 다 게재한다.

• • •

-전략-

차 윤 자 덕 자 분이 할아버님이시죠?

예, 저는 조부님의 넷째 아들 원남(轅南)의 장남입니다.

할아버님에 대해서 좀 몇 가지 여쭙고자 합니다.

예, 예.

혹시, 제가 녹음을 해도 괜찮을지요?

예. 관계없습니다마는 제가 드릴 말씀이 있을지 모르겠네요.

~~중략~~

우선 선생님의 연세가, 지금 어떻게 되시는지요?

1950년생이에요.

1950년생이고, 주소는 어떻게 되는지요?

예, 안양시 만안구 석수동이요.

이름의 한자가 어떻게 되신지요?

진(鎭)은 쇠금 변에 참진, 수(洙)는 물가 수예요.

~~중략~~

할아버님의 출생과, 혹시 사망 연도를 아시는지요?

1893년 3월생이시고요, 1967년 12월에 돌아가셨어요.

네. 그리고 조부님께서는 차치구 증조할아버지의 셋째 아들인가요?

차치구 증조할아버님의 자손은 장남 윤홍(輪洪), 차남 윤경(輪京), 삼남 윤칠(輪七), 사남 윤덕(輪德)으로, 조부님은 넷째 아들이며, 딸이 한 분 있어, 4남 1녀입니다.

그럼, 할아버님께서 막내인가요?

예.

그리고 보천교에서 차 윤 자 덕 자 할아버님이 1930년에 북방주를 했더라고요. (예, 예) 북방주면 굉장히 높으신 수위 간부이시거든요.

예.

그때 보천교가 거의 세력이 굉장히 약화했을 때, 그때 북방주를 하셨어요, 제가 알고 있는 것은 북방주라는 것만 알고 있었는데, 혹시 이제 선생님께서 조부에 대해서 알고 있는 부분이 있으면 한번 이야기를 해주시지요.

언제부터인지 연대는 정확히 모르겠는데, 제가 알기로는 남방주셨어요.

마지막에는 남방주였다?

예, 남방주셨고. 그래서 댁호도 '남방'이에요.

-중략-

남방주이셨구나. 그러면 그때 당시에 어디에 사셨어요?

정읍 대흥리, 대흥초등학교와 본소 사이에서 사셨습니다.

대흥리에 사셨고, (예) 그러셨구나. 그러면 이제 선친께서도 보천교에서 일을 하셨겠네요?

제가 어렸을 때 《연진》이라는 교단 잡지가 나왔는데, 《연진》 간행소장을 하셨어요. 교 일을 전담해서 하시지 않았지만, 할아버지댁의 직물공장을 관리하시고 고창에서 별도로 직물공장을 직접 운영(1943~1948)하셨고, 작은아버님은 고창 산업조합에 그때 다니셨습니다.

아버님께서요? (예, 예) 아, 《연진》 간행소장을 하셨구나. (예) 《연진》은 1950년대에 나왔던 잡지거든요.

창간호부터 발행을 맡으셨고요, 《연진》 발행인으로는 차원남(車爰諵; 車轅南)이십니다. 마지막에는 자금이 부족하여 인쇄하지 못하고 프린트하였고, 그마저도 중단되었습니다.

네. 차원남. 《연진》 책을 보니까 굉장히 어렵고, 읽기가 상당히 현학적이고 철학적이고, 굉장히 어떤 뭐랄까 『주역』의 내용을 가지고서 많은 풀이를 해놓으셨던데, 선친께서도 이런 한학에 많은 조예가 있으셨나요?

아니요. 깊지는 않으시고. 한학을 한 10년 정도 공부하셨습니다. 할아버지 댁에 독서당이 있어서. 5형제가 그 독서당에서 한문 공부를 하셨고. 《연진》에 글 쓰신 분들은 교인 중에서도 학식이 있는 분들이라고 얘기를 들었어요. (네)

혹시 박문기 씨라고 아시죠?

예. 진등에 살았던?

그분이 이제『한자는 우리 글이다』, 이런 책을 내시고 그랬는데,『본주』라는 책도 내시고. 혹시 박문기 씨에 대해서 아시는 내용이 있으세요?

잘 모르고,『본주』는 읽었습니다. 박문기 씨 어머님이 진등에서 환자들이 용하다고 찾아오면, 입암산을 보고 절을 시키고 병이 호전될 것이라고 얘기하셨다는 것을 들었어요.

최영단 여사?

예, 그분이 어느 날 꿈에 시아버지께서 좁쌀 한 되를 주며 이만큼의 아픈 사람들의 병을 고쳐주라,고 하였다는 얘기를 어른들에게 들었습니다. 그 후에 갑자기 병 고쳐준다고 소문이 나고 찾아가는 사람이 많았는데, 저도 국민학교 다닐 때, 그분이 경찰서에 불려 다니며 정읍 신흥동에 사시는 대흥리에서 이사한 지인분 집에서 머물렀는데, 바로 그 집으로 사람들이 찾아왔던 적이 있어요. 그때 저도 머리에 기계독이 심하여 부모님이 보내 찾아갔던 적이 있어요. (아, 네) 아마 박문기 씨가 애기였을 때일 거예요. 박문기 씨가 저보다는 연하인 것 같았은데.

혹시 그러면 선생님께서도 유년기에는 대흥리에 사셨는가요?

아니요. 저는 6·25 전에 임암산 빨지산 때문에 정읍으로 피난 나와 장명동에서 태어났고, 어린 시절에 정읍 오거리 부근에서 살았으며, 학교 들어갈 무렵에는 정읍 호남중·고등학교 밑 초산동에서 살았어요. 그러나 대흥리 할아버지댁을 자주 다녔고, 명절이나 크고 작은 집안에 일이 있을 때 아버지가 데리고 다니셨으며, 봉남 당숙댁 뒤에 사당이 있을 때 사당 참배도 데려가셨습니다. 그래서 집안의 친척 어른들과 6촌, 8촌들을 많이 알고 있어요. 아마 남방 자손 중에 집안 사정을 가장 잘 알지요. 아버님이 넷째인데 큰댁 형님이 미국에 사시는 관계로 제가 종손으로 봉제사하고 있고, 집안 전체를 아우르는 일을 하고 있습니다.

아, 그러셨구나.

예, 예.

보천교가 그동안에는 사이비, 유사종교, 사교 등 이렇게 폄훼돼 있다가 이제 역사적인, 객관적인 자료들이 이제 속속 나오면서 상해임시정부에 5만 원, 김좌진 계열에 2만에서 5만 원이 지원되고, 이런 내용들이 자꾸 나오고, 보천교 관련해서 이제 판결문이 수백 건 나왔어요. (예) 이제 그런 것을 가지고 제가 학위논문을 쓰고, 책으로 냈거든요.

예, 어릴 때 그런 이야기를 자주 들었지만 …, 어찌됐건 보천교에 대한 까닭모를 자부심을 갖고 있었습니다. 지금도 부끄럽게 생각하지는 않습니다. 교에 관심을 가지시고 열심히 노력하시는 것에 감사드립니다.

그런데, 그런 어떤 객관적 근거 자료가 나오면서 이제 보천교 관련 인사들이 한 150여 명이 국가보훈처로부터 독립운동 유공자로 추서를 받았고요.

예, 예. 안 박사님 덕분이지요. 감사합니다.

그런데 사실은 관련 교단에서 어떤 기록도 없잖아요. 그때 당시 기록을 남겼으면 바로 일제 경찰의 수사 대상이 됐을 테고, 해서. (예) 혹시 아버님이나 그런 분에게 들었던 이야기는 없을까요? 독립운동과 관련해서요.

독립운동에 관한 얘기는 못 들었는데, 제 아우 차진택(1964년생)이 국사를 전공

했는데, 대학 시절 방학 때면 대흥리 본소에 가서 봉남 당숙에게 한문을 공부했고, 그리고 독립운동과 관련하여 용남 당숙의 도움을 받아 대학 논문을 썼다고 하는데, 아쉽게도 그 논문을 찾지 못했습니다. 오래전 일이라 기억도 없다고 합니다. 그 자료를 찾지 못한 것이 아쉽습니다. … 그리고 당시 어른들에게 주로 전봉준 장군 얘기만 들었어요.

아, 어떻게요?

보천교 본소 성전 앞은 정암(용남) 당숙이 사시던 집으로, 우측에 조그마한 머리방이 있었어요. 원래 증조할아버님(차치구)이 기거하셨고, 이어서 월곡 중앙 선생님(차경석) 그리고 정암 당숙(차용남)으로 이어져 오고, 지금은 당숙 딸이 살고 있습니다. (예, 알아요)

용남 선생님이 사시는 집 머리방? 머리방이라면 어떤?

예, 옆으로 붙어 있는 방이 하나 있었는데, 총정원 쪽에서 오면 바로 먼저 보이는 곳입니다. 전봉준 장군이 피신을 떠나실 때 그 방에서 이야기를 나누고, 차치구 증조부님이 순창 피노리까지 같이 모셔다드리고 헤어졌다고 합니다. 전봉준 장군이 딴 데로 가시면서 같이 가자는 것을 증조할아버지는 돌아오시며 피신하셨다고 합니다.

순창 피노리까지 모셔다드리고?

예, 예.

그때 여기 정읍에서 나오는 이야기는 차경석 님도 같이 따라갔다고 그래요.

글쎄, 《한겨레신문》에 소개된 「동학 인물 열전(차치구 편)」에 그렇게 소개된 글을 읽었습니다.

아, 그러니까 머리방에서 전봉준 장군이 잠깐 들리셨다?

예. 평소에도 가끔 들리셨는데, 피신 가신 날 오셔서, 증조부님하고 같이 순창 피노리까지 동행하셨고, 증조부님은 돌아오시는 길에 광조골 토굴에 피신하셨다가 체포되고, 고초를 겪으시다 돌아가셨다고 그랬어요.

증조할아버지께서는 소성 광조골에 계시다가, 숨어 계시다가?

예, 순창 피노리에서 마석의 뒷산인 국사봉 아랫마을 광조골 토굴로 가셨다고 들었어요.

네. 그러면 이제 정암(용남) 선생님이 사시던 집하고 붙어 있는 머리방이라는 거죠.

그 집 정면에서 봤을 때, 오른쪽 끝에 방이 하나 있었어요.

아, 집이 상당히 컸는데, 길고. 컸으니까, 긴 끝 쪽에가?

네, 방이 있었어요.

사랑방으로 쓰시던 방이구나.

네. 사랑방으로 쓰셔서, 손님이 오시면 모셨고, 그 방에 따라 들어가 어른들 얘기 듣고, 그랬던 방이 있어요.

이 내용은 거의 알려지지 않은 내용이거든요. 중요한 내용입니다. 그러셨구나. 그리고 차윤덕 할아버님은 이제 보천교의 기록에 의하면, 북방주를 1930년에 했고, 뒤에 남방주를 하셨군요. (예) 그리고 이제 보천교에 어떤 일을 주로 하셨는지요?

이제 월곡 중앙선생님! 저희는 어렸을 때 월곡 교주님을 중앙선생님이라고 불렀는데, 선생님이 집을 떠나서 외지로 가실 때 교 일과 세 집(중앙선생님, 윤칠 중조부님, 조부님) 살림을 도맡아서 하시는 그런 일을 맡으셨다고 합니다.

음, 그러셨구나. 경상도 강원도 쪽에 계속 은피하셨잖아요. 그때 살림을 맡아서 하셨구나. 상당히, 그러면 차경석 님으로부터 신뢰를, 거의 전적으로 신뢰를 받은 분이네요. 동생이지만은.

증조부님이 조부님 두 살에 돌아가시면서, 조부님은 증조할머님과 장형님(월곡중앙선생님) 손에 자라며, 나이가 13살이 차이가 나서 부모같이 따랐고, 17세인 1909년 1월 3일 보천교가 태동함에 따라 보천교 일에 직접 간여하게 되셨고, 22세 때인 1914년경부터는 보천교 일로 인하여 경찰에 불려가거나 구금되는 일을 반복하게 되었다고 합니다. 저는 경찰서 호출을 받아 다닌 것은 몰랐고, '연혁사'에 보니까 그게 있더라고요. 그래서 알게 되었습니다. 중앙선생님이 감시 속에 사시고 출타가 잦으니, 교 일은 물론 집안 살림을 도맡아서 하셔서 경찰서에 불려 다니신 것으로 보이며, 아마 중앙선생님 부재 이유가 아니었을까, 20대 때인데.

네. 그리고 이제 거의 1936년 차경석 님께서 돌아가시고 보천교가 강제로 해체되잖아요.

예, 예.

해체되고 나서 이제 윤 자 덕 자 할아버님은 어떻게, 어떻게 처신도 하고, 어디에 또 사셨는가요?

정읍 대흥리 대흥초등학교와 보천교 본소 중간 부근에 계속 살았고, 직물공장을 하셨는데 아버님이 도왔고, 잠실이나 복숭아 과수원과 같은 전답 농사일은 남을 시켜서 하셨습니다.

네. 돌아가실 때까지 거기 살았습니까?

예. 마지막에 돌아가시고 나서 그 건물이 내장사 여승들 요사채로 한다고, 뜯어서 이축했다는 소리만 들었어요.

아, 내장사 요사채? (예) 그러니까 윤덕 할아버님이 사시던 그 집을 뜯어다가?

예.

요사채를 했구나. 그것도 강제로 뜯어간 거 아닙니까?

아니, 1968년이니까. 그건 강제는 아니고 팔았지요. 중앙선생님 장례에 관한 아버님 구술인데요, 즉 "큰아버님인 중앙선생님(차경석)께서 1936년 3월에 돌아가셨을 때 일이다. 아버님(차윤덕)께서는 교에는 당장 돈이 없으니 유족들이 장례비용을 조달하여 장례를 치르면 뒤에 교에서 그 비용을 처리하겠다고 약속하여서, 왕심리에 사는 일천 당숙 지인에게 아버님이 채무자가 되고 일천 당숙이 보증을 서고 돈을 빌렸습니다.

장례는 15살 평암 당숙(차용남)의 강력한 주장으로 4철 의복과 이부자리 폐물 등을 준비하는데 많은 돈을 들여 훌륭한 장례를 치렀다. 장례 후 교권 장악을 위한 싸움이 일어나며 장례비용을 내어놓지 않고 채권자로부터 빚 독촉이 심해지자 결국 채무보증을 서신 아버님께서 논과 밭 13마지기와 집 6채(지방 교인 숙소 추정)를 처분하여 채무를 정리하셨다. 그러면서 살던 집과 논밭 겨우 7마지기만 남아 어려운 생활을 하시게 되셨지"라고 하셨습니다.

전답도 팔고 집도 팔아서 장례 비용?

기거하는 집 하나는 놔뒀고. 남방주시니까 관리하는 교인들이 본소에 오게 되면 숙소로 사용하는 집이 더 있었는데, 그 집들을 팔고, 논도 상당히 많이 팔았다고 얘기를 들었어요. 그러니 어렵게 사실 수밖에 없었지요.

네. 그리고 이제 그렇게 하고, 중앙본소하고 대흥초등학교 중간에 있는 집은 사시던 집이었는데, (예) 나중에 어려워서 또 파셨군요.

예. 돌아가시고 나니까, 그때 사시면서 저희 아버님 형제분들이 그렇게 잘살지 못하시고, 다 힘들게 사셨어요. (네) 교가 월곡 선생님이 운명하시며 힘이 없어지다 보니까, 할아버님도 어렵게 사시며 결국은 빚을 지셨어요. 할아버님께서 그 빚을 갚을 길이 없고 자식들도 형편이 없어, 할아버님이 돌아가신 후 그 집이라도 팔아 정리를 하는 게 맞다고 가족회의에서 결정하였다고 얘기

들었어요. 제 고등학교 2학년 때였습니다.

음, 그래서 그 집이 내장사 비구니 스님 요사채가 됐다 이거죠?
정확한지는 모르겠고, 요사채가 됐다고 얘기만 어른들한테 들었어요.

그러니까. 1936년에 중앙선생님이 돌아가시고, 1937년, 1938년에 보천교 건축물이 다 해체되거든요. (예) 그중에 십일전은 내장사 대웅전이 되고, 지금 남아 있고요.
아니요. 내장사 대웅전은 불났어요.

네, 맞습니다. 불 나서 없어지고, 그 얘기는 제가 알고.
예.

십일전이 조계사 대웅전으로.
조계사 대웅전은 남아 있고.

그 이후로 조부님 형님 되시는 분들도 많이 계셨잖아요. 윤 자 칠 자도 있고요. 윤칠 되시는 분은 1919년도인가, 그때 일제 경찰에 잡혀서 고문으로 돌아가신 걸로 제가 알고 있어요.
예. 그랬다고 저도 '연혁사'에선가 본 것 같아요, 그 할아버님 아들 희민(喜民) 한산 당숙이 계셨는데, 동대문에서 살으시고, 화수회(花樹會)에 나오셔서, 20대 때 그 당숙을 가끔 뵀어요. 그리고 거기에 진용이라는 아들이 있었고요. 그 위 윤(輪) 자 경(京) 자 쓰시는 할아버님 자손 당숙들이 저 어렸을 때 정읍 대흥리에 사셨어요.

네. 음, 대흥리 계셨구먼요.
예, 그분들은 대흥리에 사셔서 봤고, 집안들이 서울로 많이 올라오니까, 서울에서 1970년대 언제부터인가 화수회 모임을 가졌었어요. 그래서 집안 어른들을 뵙고 그랬었어요.

네. 뭐 더 들려주고 싶은 이야기 있으면 좀 해주시고요.
예. 저희 할머님도 교 병방주(丙方主)셨어요. 참고가 될 것 같아서 ….

병방주?
네. 갑, 을, 병에 병(丙).

병방주셨구나. 여방주제라는 게 있었거든요. (예) 그리고 여방주의 병방주였구나.
예. 그렇고, 얘기를 듣기로는 할아버지 누님 되시는 분이 내정원장이셨다고 들었습니다.

차 누군데? 누님 되시는 분이 혹시 차윤숙인가요?
성함은 잘 모르겠어요. 부안 은씨 집안으로 결혼하셨고, 사실 저 어렸을 때 뵙기는 했는데. 풍채가 좋으시고 남자같이 호탕하시고 그러시더라고. … 그 정도입니다.

제가 이제 정리를 해가지고, (예) 책으로 내기 전에 한번 프린트해서 보내드리든가, 아니면 메일로 한번 보내드리면 보완할 것도 보완하시고, 또 잘못된 부분은 또 이렇게 수정해 주시고 하면 되겠습니다. 선생님 고맙습니다.
아니요. 저 자손들이 나서서 노력해야 되는데, 이렇게 다 흩어져 살고 관심들이 없어서 부끄럽습니다. 사실은 본소에 자손들이 알 만도 한데, 내용을 잘 아는지 모르겠네요. 6촌들은 워낙 외부에서 이용하려는 사람들이 많아, 외부인을 매우 경계하며 접촉을 꺼립니다.

제가 청년기에 차봉남 선생님 밑에서 『논어』를 읽었습니다. 그때 ….

아, 그러셨어요?

네. 그런 인연으로 보천교에 대해 이야기를 많이 들었고, 또 차봉남 선생님 소개로 차용남 선생님을 자주 뵙고 이야기를 많이 들었어요. 그래서 그 이야기도 이번 책에 정리를 하거든요.
예. 정암 당숙한테 저는 『대학』을 배웠어요.

아, 그러셨구나.
농협에 다니던 20대 후반쯤 나주에서요.

나주요?
예. 아버님이 1961년부터 나주로 오셔서 저는 광주에서 고등학교를 나왔습니다. 당숙이 나주까지 오셔서 강독(講讀)해 주셨습니다. 고마우신 스승님이셨습니다. 허허허!

아, 여러 차례 그러셨구나. 너무나 우리 한국의 근대사에 또 일제강점기의 역사에 보천교가 엄청난 역할도 하고, 나름대로 또 사회에 관심도 받고 했는데, 그 역사에 대한 평가는 아주 인색해요, 학자들이.
아니 그럴 수밖에 없죠. 왜 그러냐면 일제강점기에 교(教)에 경찰·헌병이 주재하다시피 하면서 그렇게 움직이지 못하게 만들어놓고 했던 때라. 교가 홍보할 수 없는 입장이라, 그나마 서울대 윤이흠 교수님이 책을 쓰셔서 소개하며 알려지지 않았나 생각도 됩니다. … 그리고 저희 부친의 보화문 앞에서 찍은 사진이 한 장 있는데, 보니까 댕기머리시더라고요.

예, 제가 윤이흠 교수님과 함께 그 책(『일제의 한국민족종교 말살책』)을 썼어요. 보천교 파트는 제가. (예, 그러셨구나.) 그리고 혹시 댕기머리 그 사진을 제가 좀 받아볼 수 있나요?
예. 드리지요. 뭐.

네, 선생님, 그 사진하고요, 선생님 사진하고. 보화문에서 찍은 부친 사진 꼭 좀 보내주시면 좋겠습니다.

예. 그러면 보내면서 귀한 사진일지 모르는데, 할아버지 사진도 흑백 사진이지만, 보천교 간부 복장 사진이 한 장 있어요. 그것도요.

아, 네. 아주 좋습니다.

내가 다른 분들은, 언제 한번 대전에서 누가 연락하여 사진을 좀 달라고, 그래서 없다고 하고 안 줬었는데, 그거 뭐 챙겨가지고 한번 보내보겠습니다. 저 보기 힘든 사진일 거예요. 보화문이 철거되기 1년 전인가, 찍으셨더라고요.

아, 네, 그러셨구나. 일단은 책 제목이 '보천교 독립운동 구술사'이니까, 아마 그게 나중이 되면 역사책이 될 거예요.

예, 그러겠죠.

네. 그래서 제가 정성껏 해서 사진도 이렇게 잘 실어서 책으로 내는 데 노력하겠습니다. 그리고 제 부족한 책이지만 제 박사학위 논문을 책으로 냈는데, 그 책을 선생님께 한 권 보내드리겠습니다. 이 주소로요.

예, 감사합니다. 잘 읽어보고 간직하겠습니다.

-후략-

나의 가족사를 말한다

— 차진수

나의 조부, 남방주 차윤덕

나의 조부 차윤덕(車輪德, 1893~1976)은 보천교 남방주로, 휘 병하(炳夏) 호가 유단(柳壇)이며, 댁호가 남방(南方)이다. 할머니 김성녀(金姓女, 1899~1972)는 보천교 병방주(丙方主), 사남인 차원남(車轅南: 1920~1995)은 교단 잡지《연진(硏眞)》 소장을 지냈다.

조부님 차윤덕은 두 부인 슬하에 장남 기남(綺南), 차남 성남(成南), 삼남 종남(綜南), 사남 원남(轅南), 5남 용운(龍雲)과 장녀 복순, 차녀 수남 등 5남 2녀 7

▲ 나의 조부 차윤덕

◀ 남방주의 자색 복장을 한 나의 조부 차윤덕

남매를 두셨다.

조부님 차윤덕은 1967년 음력 12월 11일(양력 1968.1.10)에 운명하셔, 정읍 입암중학교 부근 은행정 선영에 당신의 조부 운오(雲五)와 부친 치구(致九) 외 종친이 모셔진 곳 바로 아래에다 모셨다.

조부님은 두 살 나시던 해에 동학에 참여하셨던 아버님인 치구(治九)께서 관군에게 붙잡혀 돌아가셨으며, 어머님과 장형인 월곡(月谷)의 도움으로 자랐다.

조부님은 17세인 1909년 1월 3일에 보천교가 태동함에 따라 보천교 일에 직접 간여하게 되셨고, 22세 때인 1914년경부터는 보천교 일로 인하여 왜경에 붙들려 가거나 구금되는 일을 반복하시었다. 25세인 1917년 9월 19일에는 모친의 회갑을 맞았다.

일제의 보천교에 대한 간섭과 압박이 더욱 심하게 되어, 교의 일이나 가정사 모두가 어렵기만 하였다. 1917년 10월에는 중앙선생님(차경석)께서 "지금부터 가솔(家率)의 살림을 책임지고 잘 처리하라"고 당부하고는 7년의 은둔생활에 들어가셨다. 얼마 후 위의 형님(휘 윤칠)은 일제에 항거하다 독살(毒殺)을 당하셨다. 따라서 조부님은 형편이 어려운 세 집안 살림을 도맡으셨으며, 조부님 나이 29세인 1921년 11월 17일에 모친마저 별세하셨다.

조부님 차윤덕은 힘이 장사셨다. 골격은 6척 거구셨으나 탈장으로 고생하셨다. 당신이나 자식들 모두 어렵게 살았기 때문에 수술조차 제대로 하지 못하고 고생하셨다.

조부님 차윤덕은 혼란기의 보천교 해체를 지켜보셨고, 해방과 6·25동란 등 어려운 격동기를 보내면서 직물공장, 누에치기와 복숭아 과수 농사, 전답 농사 등을 지으시며 1960년대를 보내셨다. 한때는 토끼를 키워보았으나 일에 익숙하지 않아 남의 손에 의지하셨고, 돌아가시기 전까지 어려운 생활을 하셨다.

조부님이 사시던 주택과 '본소'와 '남방' 가족들

나의 조부님 집(남방)은 교본소 및 십일전터와 대흥초등학교 가까이에 있었

▲ 대흥초등학교 아래 타원형이 할아버님 집터(위의 좌측 타원형)

다. 대지가 300평 정도로 넓었으며, 중앙 뒤쪽으로 집터를 높이60×두께30×길이120cm의 대리석으로 둘렀고, 흙으로 메꾸어 7간 반 접집 30간이었다.

30간 집이면 초가 3간의 10배이고, 부잣집에 있다는 6간 대청이 있었다. 평수로는 30평이니 아파트에 비하면 그렇게 큰 편은 아니지만, 한옥으로는 상당한 집이었다.

외지에서 기와공을 데려와 기와를 만들어 올리려는데, 교 간부 일부가 교주님 아우가 기와를 올리면 호화 주택이라고 말썽이 날 수 있다 하였다. 따라서 그 집은 기와 대신 초가였으며, 그 후로는 형편이 어려워 기와집으로 개조하지 못했다.

남방 사랑채에는 차계남 선생님(당숙이자 차경석의 사남) 가족이 사셨고, 다음 사진은 그곳에서의 모친 회갑연 사진이다. 해당 사진은 친척들이며, 뒷줄 남자 두 번째가 차계남 선생님, 옆이 복용 당숙, 맨 끝이 봉남 당숙, 앞줄 중앙이 차계남 선생님의 모친, 그리고 양복 입으신 분이 나의 부친(차원남)이다.

차계남 선생님은 중앙선생님(차경석)의 사남이다. 장남 희남, 차남 용남, 삼남 봉남, 사남 계남, 오남 복용이며, 딸이 두 분 계셔서 5남 2녀이다.

▲ 회갑연 사진(남방 댁에서)

'본소'와 '남방' 두 집은 사이가 좋았으며, 사촌 간에 친해서인지 육촌 사이도 1960년대까지는 친하게 지냈다. 일가들이 고향을 떠나면서 멀어진 것이다. '본소' 가족들은 대흥리에 남아 있어도 '남방' 가족들은 80년대에 모두 대흥리를 떠났다. 안타깝게도 당숙(차계남)은 여러 해 전에 돌아가셨고, 당숙모(2017년)와 아들(2022년)도 차례로 고인이 되셨다.

중앙선생님(차경석) 장례에 관한 나의 아버지의 얘기는 대강 이러하다. 중앙선생님께서 1936년 3월에 돌아가셨을 때 일이다. 할아버님(차윤덕)께서는 교에는 당장 돈이 없으니 유족들이 장례비용을 조달하여 장례를 치르면 뒤에 교에서 그 비용을 처리하겠다고 약속하여서, 왕심리에 사는 일천 당숙의 지인에게 조부님과 일천 당숙이 보증을 서고 돈을 빌렸다. 장례는 열다섯살의 평암 당숙(차용남)의 강력한 주장으로 사철 의복과 이부자리 등 온갖 폐물을 준비하는 데 많은 돈이 들어가, 훌륭한 장례가 되었다.

장례 후 교권 장악을 위한 싸움이 일어나 교에서 장례비용을 내어놓지 않으면서, 채권자로부터 빚 독촉이 심해지자 결국 채무보증을 선 조부님(차윤덕)께서 논밭 13마지기와 집 6채(외부 교인 숙소 추정)를 처분하여 채무를 정리하셨다.

그러면서 살던 집과 논밭 겨우 7마지기만 남아, 그 뒤부터 어려운 생활을 하셨다.

조부님(차윤덕) 은 형편이 어려웠으나, 자손들 또한 생활비를 지원해 줄 능력이 없어 빚을 내 썼는데, 그 빚이 쌀 40여 가마가 되었다. 조부님 장례 후 자손들은 빚을 청산할 길이 없었다. 그러던 어느 날 내장사 여승들 요사채로 사용키 위해 조부님이 사시던 건물(남방)을 팔기 위해 여러 차례 접촉하여, 가족회의 끝에 그곳에 매각하였다. 2000년 초 내장산에 가는 길에 살펴보니 그 요사채는 흔적을 찾아볼 수 없었다.

나의 아버님(차원남)과 대흥리 본소에 들러, 평암 당숙(차용남) 집 머리방에 손님이 와 계시면 그 좁은 방에서 손님들은 전봉준 장군과 관련된 이야기도 자주 나누셨다. 증조부님(차치구)이 집강소 정읍지구 접주를 맡고 있어, 전봉준 장군이 가끔 논의를 위해 찾아오시면 이 방에서 의견을 나누고는 했다는 얘기를 듣곤 하였다.

나의 증조부(차치구)는 전봉준과 만나서는 처음에는 우리 관할의 일이 아니고, 남의 지역 일에 관여하는 것은 옳지 않다며 참여를 않겠다고 했지만, 전봉준 장군의 끈질긴 설득에 참여하였다는 그런 이야기를 어른들이 하셨다. 그리고 증조부(차치구)께서 전봉준 장군과 함께 입암산을 지나 순창 피노리로 가서 피신시킨 일을 무용담으로 이야기하곤 하셨다.

결국 그 길에서 돌아오시며, 원사봉 광조골의 토굴에 숨어 지내시다 관아에 잡혀 압송되셨고, 그리고 돌아가셨다. 정보가 어두운 때라, 외지에서 사람이 오면 새 소식을 듣기 위해 총정원에 있던 교인 중에 친한 교인이 나를 따라와 같이 이야기 나누고는 했었다.

나의 아버지(차원남)는 50년대 후반 보천교의 《연진(硏眞)》 간행소장을 맡으셨다. 이렇게 어려워진 교의 활동을 부흥시켜 보고자 없는 돈을 총동원하여 교인들의 교육용으로 《연진》을 정기적으로 발행해 볼 계획으로 창간호를 1958년 10월에 내셨다. 4호까지는 인쇄본을 만들었으나, 5호(1960년 5월)는 그나마도 어려워 필경으로 쓴 등사본을 만드는 등 열심이었다. 그러나 더 지속하지 못하고 발간을 중단하고 말았다.

《연진》을 만들 때 차계남 선생님도 적극 참여하셨고, 글도 쓰셨다. 차계남 선생님은 '남방' 한 울 안에 살아서인지 아버님과 다정하게 지내셨다. 당시 교인들이 《연진》을 받아보고 아버지께 감사의 말씀을 하는 것을 여러 차례 보았다.

이러하듯, 애정이 담긴 교이기에 아버님께서는 돌아가시는 날까지 교의 부흥을 애타게 갈구하시며, "후천 세계의 번영과 보천교의 번영이 맞물려 있다는데, 후천 5만 년은 이미 도래되어 번창하고 있는데 우리 보천교는 언제, 누가 나타나 융성하던 때의 모습을 찾아내려는지?"라는 탄식을 하셨다.

보관 중인 《연진》을 포함한 '연혁'과 보천교 관련 자료를 내가 가지고 있기보다 교 일을 하는 진만(봉용 당숙 아들) 동생에게 더 필요하겠다는 생각으로 진만에게 기증하였다.

증조부의 사랑채와 전봉준, 그리고 '보화문'

증조부님(차치구)은 1851년(신해년) 정읍군 입암면 마석리에서 탄생하셨고, 본명은 중필(重弼)이며 자는 치구(治九)이다. 키가 7척 거구였으며, 기개 또한 남달라 장수감으로 소문이 자자하셨다.

▲ 차치구와 전봉준이 자주 만났던 방(원 안)

위 사진의 건물은 성전(聖殿)으로, 치성을 드릴 때 음식 준비를 위한 마루가 보인다. 뒷 건물은 증조부님(차치구)의 거처 건물이다. 우측의 사랑방(원 안)이 전봉준 장군과 증조부님이 만났던 방이라는 이야기를 들었고, 어릴 때 아버님과 함께 본소를 들르면 가끔 여기서 그러한 이야기들을 하시는 얘기를 들었다.

월곡(차경석) 교주께서 1936년 음력 윤3월 10일(양4월 30일)에 서거하셨다. 아래 사진의 촬영일은 서거 한 달쯤 후인 '1936년 6월 1일'이다. 그리고 1937년 5월 5일 십일전(十一殿)이 해체 완료되었으니, 사진 촬영 후 1년도 안 되어 십일전이 조계사로 이축되었다. 아래 보화문 사진에 태극도(太極圖)가 보인다. 보화문은 뒤에 '내장사 대웅전'이 되었다.

▲ 보화문 앞에서의 사진 한 컷 (1936년 6월 1일)

위 사진 뒷줄 좌측 끝의 묶은 머리가 나의 아버지(차원남, 사남)이고, 우측 끝 묶은 머리는 태인 큰아버지(차종남, 삼남)이며, 앞줄 우측 끝은 용성당 고모부이시다. 나머지 분들은 교인이시다.

차윤덕과 '차씨 가계'

구술자 차정민(1964년생)

질문자 안후상

동석자 강영일

일시 2024년 8월 29일(전화 통화) 오전 10시 / 2024년 8월 30일 오후 3시(동석자 강영일)

장소 서울시 강남구 봉은사로 211, 5층(논현동, 그림바우빌딩)

차정민(車政旻, 의학박사)은 한글콘텐츠산업주식회사 대표이사로, 한글콘텐츠를 활용한 다양한 사업(건강 관련)을 진행하고 있다. 보천교 차경석 아우 차윤덕의 손자인 차정민은 사촌 차진수(車鎭洙)를 소개하기도 하였다. 서울에서 있은 두 번째 구술 자리에 월곡차경석기념사업회 이사 강영일과 함께하였다. 구술은 녹취된 내용 그대로를 옮기려고 노력하였다.

• • •

2024년 8월 29일 오전 10시, 차정민의 구술(전화 통화)

-전략-

서울 강남에서 어떤 일을 하시지요?

그 이후로 이제 그분들은 동학혁명으로 증조할아버지(차치구)는 조국을 위해서 활동하셨고, 차경석 할아버지는 이제 국민의 정신적인 지주가 되면서 우리나라 독립운동에 자금 63퍼센트를 후원하면서, 그렇게 조국과 민족을 위해서 또 활동을 하셨고, 그런 부분들이 이제는 앞으로 세상은 건강에 대해서 문제가 생긴다고 저는 보고, 건강에 관련한 준비를 해서 사람들을 구해야 된다고 해서, 이제 그쪽 관련한 일들을 좀 하고 있습니다.

-중략-

저는 여러 가지, 꼭 독립운동이 아니더라도, 보천교 관련해서 알고 있는 후손들이나 또 당시 교인의 후손들 이렇게 찾아다니면서 구술을 받아요.
네.

그래 이 구술이 책으로 나오면 이게 역사책이 또 되거든요.
예, 그렇겠죠. 당연히.

그러면 차진수라는 분은 지금 연세가 어떻게 돼요?
지금 74세 정도 되셨죠.

지금 그분 어디 사시나요?
경기도 안양 쪽요.

연락처는 혹시 가지고 계세요? (그럼요.) 좀 알려주시면 고맙겠습니다. 제가 내일 서울을 가는데 ….
네.

한번 뵙고 싶은데, 그리고 차정민 씨도 한번 뵙고 싶어요.
저는 강남에 있습니다.

강남에, 그러면 일단은 내일 뵐게요.
언주역 지하철역 앞에 바로 있어요.

-중략-

그러셨구나. 어떤, 아니 이쪽하고 무슨 연관이 있길래?

전 전혀 관련이 없습니다. 저는 종교도 불교이고, 제가 한때 조계종연구소에서 밥을 먹고 살았어요. 저는 불자입니다.

예. 저는 어려서는 기독교, 그다음에 고등학교 때는 천주교에서 세례받았는데.

그러면 정읍에서 안 사셨어요?

아니요. 저는 정읍에서 안 살았죠. 저는 태어난 곳이 나주예요.

나주에서!

예. 그리고 서울로 올라오는 거는 육영수 여사 시해되던 날, 그때 초등학교 4학년 때 서울을 올라왔고, 생활은 서울에서만 했죠.

그러셨구나.

예. 그래서 항상 제가 이제 처음 들었던 거는 차진수 형님으로부터 우리 교수님(안후상) 얘기를 들었어요. 집안에 관련해서 정읍에서 이렇게 활동하시는 분이 계시고, 이분이 역사에 대해서 제일 그래도 많이 알고 계시는 분으로 제가 소개를 받았어요. 그래서 이제 처음 제가 그 성함을 듣게 되는 계기가 됐고요. 네, 그리고 나서 이제 유튜브나 이런 매체를 통해가지고 이렇게 활동하는 모습을, 간혹 이렇게 접하시는 그런 모습을 보면서 방금 질문드렸던 내용에 대한 궁금한 사항이 돼서, 무슨 연유가 있으셨을까, 이런 생각이 들었었죠. 아무튼 꼭 감사드린다는 말씀을 전해드리고 싶었어요.

아무튼 내일 뵙고, 또 더 많은 이야기 또 나눕시다

네, 그러시죠.

• • •

2024년 8월 30일 오후 3시, 차정민의 구술(강영일 동석)

-전략-

… 또 기여를 하셨고, 이제 염려하시는 부분들이 앞으로는 건강과 관련한 부분에서 세상에 어려운 시기가 다가오니, 그러한 부분들을 위해서 저보다 이제 준비를 하고 거기에 기여를 하기를 바라시는 그런 입장으로 제가 뜻을 전달 받았어요. 그래서 지금 저희 아까 말씀드렸던 한글을 가지고 한글 음을 가지고 발성과 호흡을 활용해서, 이걸 가지고 우리나라 국민뿐만 아니라 전 세계 사람들의 건강을, 그렇게 구할 수 있는 그런 준비를 하라, 그런 사명을 전달을 받은 거죠. 그러다 보니까 본의 아니게 제가 이쪽에 전자공학을 준비하던 중에, 이제 제가 지금 현재는 이렇게 의학박사로서 지금 공부를 하고, 지금 준비를 하고 있는 입장이 됐고요.

이렇게 전달을, 이렇게 넘어오는 상황에 저도 갈등이 되게 많았고, 그러면 이렇게 되려고 하면은 조상님들이 처음부터 저를 철학 공부를 하게 하거나 역사 공부를 하게 하거나 종교 공부를 하게 하지, 왜 이 공부를 하다가 이렇게 이제 건강 쪽 관련한 이런 것들을 하는데, 지금 이렇게 메시지를 전달해서 보천교에 대한 인식과 사명에 대한 부분을 저한테 전달을 하십니까? 거기도 또 나이가 또 이렇게 들어가지고, 지금 어느 정도 이제 인생 후반기에 접어드는 지금 와서 저러다가 어쩌라는 얘기입니까,라고 하는 의문점 및 궁금한 점이 되게 많아서, 약간 원망 섞인 어떤 하소연을 좀 했었는데, 이제 인도하셨던 스님의 말씀으로는 보천교를 살리라는 얘기가 아니다, 조상님들이 이렇게 구국 활동을 그때마다 필요에 의해서 하셨던 것처럼 앞으로는 이러한 방법이 구국 활동의 또 하나의 일환으로서 준비해야 될 부분이라서, 그거를 대비시키고 있는 거다,라고 얘기를 해서 이제 제 의문점이 풀리게 되는 그런 상황이 된 거예요.

그러니까 근데 이제 제가 그 부분에 대해서 아니 왜 이 공부를 한 저한테 보천교를 지금 와서 전달하느냐,라고 이제 그랬었는데, 이 일을 쭉 하다 보니까 어떤 일이 생기냐면 세종대왕이 한글 창제를 해서 국민들한테 이거를 전파를 하려고 했는데, 그 사대부들하고 양반들에 의해서 굉장한 저항을 받게 되는, 국민들이 글을 알아서 뭐 하느냐, 그렇게 해봐야 우리의 통제가 안 되기 때문에 지식이 있을수록 우리의 권위도 우리도 잃게 되니, 그렇게 전달을 국민들한테 글을 가르치면 안 된다, 이렇게 해가지고 굉장히 저항을 맞이했던 그런 시기였고, 그 방법을 못 찾고 있었는데 그러한 부분을 전달하게 한 것이 동학혁명이었대요.

그러니까는 농민들이 동학혁명을 단합해서 일으켜야 하는데 소리 없이 비밀리에 그것을 전달을 하려고 하니, 그때 한글이 필요했던 거예요. 그래서 동학혁명에 의해서 한글이 전파가 됐고, 그게 보천교를 통해서 전 국민한테 보급되는, 크게 기여하는 상황을 맞이했다 하더라고요. (그 얘기를 어느 스님이 그래요?) 아니요, 그 스님은 이런 얘기를 전혀 한 바는 없고, 이제 제가 지금 한글 가지고 이렇게 건강 관련해서 일을 추진을 하다 보니 수천 명을 만났어요, 그동안에. 근데 어느 한 분이 자기가 원래 영어 선생이었는데, 종로학원 원장이셨었는데, 그분이 영어를 하셨는데, 한글에 관심을 또 갖게 되시면서 한글의 역사를 쭉 파고 올라갔더니 방금 얘기했던 이런 역사의 흐름이 있더라,라고 하면서, 제가 어느 집안의 자손인지 알고 얘기하신 게 아닌데 동학혁명에 차치구 할아버님 얘기가 나오고, 그다음에 보천교에 대한 차경석 할아버지에 대한 얘기가 나오더라 이거죠.

내가 얼마나 놀랐겠어요. 전화 통화로 얼굴도 못 봤던 사람으로부터 처음 듣는데, 자기가 한글 공부를 하다 보니 이러이러이러하더라라고, 얘기를 하는데 집안 어르신들의 성함들이 나오니까, 아니 이 과정에서 왜 이분들의 성함이 나옵니까? 나에게 왜 그러냐고 묻더라고요. 그래서 이분들은 다 저희 집안 어르신들입니다,라고 이제 얘기를 하게 됐고, 그로 인해서 이제 얘기를 풀면서 제가 항상 가졌던, 항상 그렇게 하면서 제가 왜 제가 지금 스님을 통해서 조상님들의 뜻이 국민들의 건강을 이렇게 케어해야 된다,라고 하는 부분에 대한 거기까지는 이해를 했는데, 왜 도대체 한글은 뭐길래 한글이 나하고 직접적으로 연관이 돼가지고, 이렇게 연관을 지어서 내 한글 관련해서 이렇게 일을 추진을 하게 만드느냐, 그게 또 하나의 굉장히 큰 의문이었거든요. 그랬는데 뜬금없이 제3자로부터 그런 얘기를 들으면서 또 하나의 의문점을 풀게 되는, 그 원인과 인과관계에 대한 연계성을 갖게 되는 하나의 또 계기가 됐던 거죠. 그래서 야, 이게 정말 신기하다, 이게 누가 어떤 말을 듣고 어떤 목적에 의해서 이런 말을 전했다고 하면 이유가 있어서 그렇겠지만, 전혀 관련도 없고 얼굴 한 번도 본 적이 없는 사람을 통해서 이런 얘기를 듣게 되니, 제가 또 그 하나의 또 다른 믿음을 갖고, 또 어떤 인연에 대한 부분을 또 생각하지 않을 수 없는 그런 시간들이 연계된 거죠.

-중략-

아까 스님께서 말씀하시는 그런 부분들이 있다 보니 그때 저는 저 입장에서는 믿거나 말거나 하는 그런 상황이 있었죠. 처음에는 뭐 그래서 이제 이 부분을 어디까지 실제적으로 받아들여야 되나, 그렇게 했고, 이러한 부분들에 대해서 제가 말씀드렸던 그 큰아버지의 큰아들이신 그 차진수 형님께 상의 말씀을 드렸고, 그로 인해서 이렇게 조상님들이 뜻하시는 바가 있는 것 같다, 그랬더니 그분이 그러면 내가 그동안에 나름 정리해 놓은 그런 자료가 있으니 그 자료를 너한테 보내주겠다 해가지고, 그 자료를 이제 메일로 제가 받아가지고 있는 게 있고요. 그래서 이런 자료들을 그러면 누가 더 가지고 있습니까, 라고 했을 때 그때 이제 우리 교수님에 대한 성함도 나오고, 이런 분이 계시다고 하는 얘기도 듣기도 하고, 그때 그랬어요.

차정민 선생님의 그 할아버지가 차 윤 자 덕 자이시지요?

예. 윤 자 덕 자.

이 이름이 증산교의 『대순전경』에도 자주 나와요.

그렇습니까?

예, 자주 나오고, 그런데 이제 차치구 님의 넷째 아들이라고 그랬죠?

네 그렇습니다. 제가 그래서 이제 그게 궁금해졌어요. 저의 위치가 어느 위치인지, 그래서 제가 '집안 계보도' 그거를 조금 만들어가지고 차진수 형님께 이 부분에 대한 것들을 좀 보완을 해달라, 가족에 대한 그 계보도를 만들어놓은 것을.

-중략-

지금 제가 알고 있기로는 큰고모님하고 작은고모님이 계셨고요. 그다음에 큰아버님하고 저희 아버님하고, 이렇게 알고 있습니다.

그럼 2남2녀, 일단은 그렇게 생각하면 되겠네요.

근데, 이제 그게 예전 분들은 다 그러셨지만, 집안에 왜 본부인과 또 둘째부인, 이런 부분에 대해서 저희 아버지하고 작은고모가 이렇게 관련이 돼 있어요.

-중략-

월곡차경석기념사업회에 차길진이라고 하는 분이 계셨지요.

예, 이름 들어봤어요. 예.

영매자라고도 하고 문화가라고, 그분도 차경석 님의 소실 아들이 차일혁 경무관이라고, 6·25때 빨치산 토벌대장, 그분의 아들이에요. 그래서 그분이 이걸 만든 거예요. 월곡 차경석 기념사업회.

그분이 저기 무슨 어디 프로야구?

예.

구단주였던가요.

예, 맞습니다.

제가 전해서 듣기는 했어요.

~~중략~~

네, 근데 이제 제가 전해드린 바로는 방금 말씀주셨던 그분이 그런 것들에 관련해가지고 말씀은 있었으나, 이제 저희 집안 쪽 입장에서 보면 인정을 안 한다고 그러죠.

그쪽 집안에서는 인정을 안 하죠. 그래서 저도 저희 외삼촌, 큰외삼촌이 송 봉 자 섭 자라고, 정읍농업학교 다닐 때, 지금 정읍제일고등학교인데, 아무튼 거기 다니실 때 6·25가 터졌습니다. 그래 제가 그때를 여쭤봤죠, 큰외삼촌한테. 6·25 당시에 학도병에도 지원했다고 그러니까, 물어봤어요. 그래서 잘 아시더만요. 차일혁이라는 사람을 잘 알아요. 저희 외삼촌이나 저는 뭐 보천교하고 전혀 관련이 없어요. 근데 저희 외삼촌이 하는 말이 차일혁이라는 분을 따라다녔대요. 그때 짐 같은 걸 들어다 주고 심부름도 하는 학도병인데, 그때 차일혁이라는 사람이 보천교 본소에 들어가서 자기를 받아달라 그러니까 거기서 내쳤다는 거예요. 그런데 외삼촌은 차경석 아들인지, 차경석 아우의 아들인지는 모르겠다 그러더라고요. 제 외삼촌이 그 이야기는 하셨어요. 그리고 이제 몇 년 전 돌아가시기 전 1년 전인가는 고직이에 차경석 님의 아드님이 사셨어요. 고직이, 전라북도 고직이, 정읍 묘소 있는데, 지금 차경석 님의 묘소 있는 데에 그 아드님 한 분이 계셨거든요.

잠깐만요. 제가 그러면은 조직도를 한 번 출력을 해갖고, 보면서 얘기를 하면은 이해가 조금 쉬울 것 같으니까.

근데, 그때 차길진 님이 고직이 그분 머리카락 한 올만 저한테 구해달라고 그랬어요. 머리카락, 그래가지고 유전자 감식을 해보겠다고. 근데 제가 차마 못 하겠더라고요. 그거 범죄잖아요. 그런가요? 못 하겠더라고요. 저한테 몇 번 신신당부를 했었어요. 머리카락 한 올만 갖다 달라고.

아니 근데 뭐 서로가 그런 게 필요하다면은 궁금증을 풀면 되는 거 아닌가. 내가 너무 단순하게 생각했나?

그런데 워낙 그쪽에서는 강고하더라고요. 그게 고직이, 정읍에 계시는 차경석 님의 아들들도 제가 듣기로는 배가 다르다고 들었거든요. 배가 다르다고.

지금 이 표거든요. 여기서 차원남 이분이 이제 저희 큰아버님이시거든요. 그다음에 차용훈이 저희 아버님이시고. 제가 이제 맨 아래 차정민 막내로, 이제 3남 3녀의 막내로 태어났고요. 그리고 차복수는 저희 큰어머니, 차수남은 저희 작은고모, 그리고 이제 차기남, 차성남, 차중남은 큰아버지로, 저는 이렇게 알고 있는데. 그러면 그래서 어렸을 때 그냥 이렇게 잠깐잠깐 뵌 분들입니다.

-중략-

그러죠. 저도 이제 의심이, 역사학자라서 의심이 많아서 그런데. 이제 외삼촌도 그런 이야기를 하고 또 차길진 법사가 저한테 머리카락 한 올만이라도 갖다 달라고, 유전자 감식을 해보겠다고.

-중략-

그리고 여기 이제 생각나네, 고직이 차복룡이라고, 그 당숙님의 아들 차진만이는 서울에서 고등학교 교사를 해요.

그분 이름도 많이 들었어요. 지금 고등학교 교사를 한다고 하셨잖아요.

-중략-

저기 우리 교수님(안후상), 우리 뵀을 때가 그때가 언제인가요?

2018년인가, 서울 프레스센터에서 학술대회 때요.

그때 이 친구(차진만)도 거기 왔던 걸로 제가 기억을 하거든요. 그래서 이 친구가 저기에 관심을 많이 갖고 조금 움직인다는 얘기는 들은 것 같아요.

그러면 차 윤 자 칠 자, 그분의 후손은 잘 모르시나요? 이 분은 일제의 고문으로 돌아가셨어요. 1918년 법정사 항일항쟁 중에 그때, 고문 당해가지고 형독으로 돌아가셨어요.

그래요. 그래서 자손이 없으신 거예요.

-중략-

그러니까 딱 맞네요. 이분이 희남, 차희남(車熙南), 큰아들은 교통사고로 돌아가셨어요. 왜정 때. 그러니까 이제 차천수(車千壽) 한 분만 남기고 돌아가셨죠.

예, 희남은 월곡 선생님 큰아드님이시고, 천수는 월곡 선생님 손자입니다.

-중략-

차용남 선생님은 유명하신 분이에요. 『주역』의 대가이시고, 그래서 이제 이분한테 『주역』을 공부했던 카이스트 박사들 몇이 보천교 유지재단이라고 해서, 지금 움직이고 있어요. 지금 보천교는 지리멸렬해 있는데, 그나마 차용남 선생 제자들이 하고 있는 것 같아요.

그때 수염 이렇게 기르고, 갓 쓰고 다니시고.

예, 그분이 차용남 선생님이에요. 맞습니다.

그분을 국동당숙 또는 평암당숙이라고 그때 불러서.

-중략-

차계남 선생님은 나 어렸을 때 초등학교 교사였고요.

예, 차계남? 인피당숙! 예 저 인피당숙도 그나마 다른 분에 비해서는 제가 서너 번 뵀던 분이십니다. 그리고 여기다 이름은 다 거론은 아니지만, 그 아들인 차진선 밑에 여동생도 둘 있고요, 이게 그러니까 지금 전체적으로 완전하게 다 표시된 건 아니고, 저도 차진수 형님의 기억에 의해서 전화 통화로 이 차트표를 만들어 놓은 거라서. 그러니까 그 저희 족보를 보면 좀 더 자세히 아실 수는 있어요.

-중략-

할아버지에 대한 얘기를, 아버님을 통해서라도 들을 기회가 없었어요?

저희 아버님이요? 예, 아버님이 이제 돌아가신 지 꽤 되셨죠. 근데 할아버지보다 차경석 할아버지에 대한 이야기를 많이 들었어요. … 오히려 많이 들은 건 아니고, 그나마 이제 오히려 저희 쪽은 사실은 어떻게 보면 그 조상님들에 대한 정보가 좀 없는 편이고, 오히려 차원남, 저희 큰아버님 쪽의 진수 형님이 제일 그나마 관심이 좀 많이 있는 편이셨죠.

-후략-

“나의 할아버지와 보천교”

구술자 박수옥(2024년 현재 87세)

질문자 안후상

일시 2024년 10월 4일 오후 7시

장소 전라북도 정읍시 정읍사로(시기동 78-3), 새미찬

박수옥(朴秀玉)은 현재 보천교중앙총정원(일명 보천교 구파) 원장이다. 박수옥의 조부 박상기(朴尙旗)는 차경석 생존 당시에 육임과 선화사를 지냈다. 박수옥의 18세에 조부가 작고하였고, 그때부터 박수옥은 보천교에 관심을 갖게 되었다. 조부로부터 들은 흐린 기억을 더듬으며 구술하였는데, 건강도 발음도 좋지 않은 까닭에 구술을 정리하기가 어려웠다.

• • •

-전략-

우리 할아버지도 결혼을 일찍, 20살에 하셔가지고.

할아버지 함자가 어떻게 되세요?

상(尙) 자 기(旗) 자예요.

원래 부산에 사셨어요?

원래 할아버지, 우리 고향이 밀양입니다. 예, 밀양에서 몇백 년은 살았어요. 우리 대대로 내려왔어요.

그러면 본은 어디세요? 밀양?

밀성이죠. 우리는 밀양이라 안 하고 밀성이라고 합니다. 왜 그러냐 하면 밀성대군 ○○○ 첫째 왕자가 밀성대군이거든요. … 밀양이 아니고. 그렇기 때문에 우리는 그 후손들이 지금 밀양을 쓰는 사람도 많이 있습니다.

지금 원장님께서는 올해가 이제 87세이잖아요. 그러면 몇 살 때부터 보천교 신앙을 하셨어요?

저는 열여덟 살 때부터 했습니다. 왜 그러냐 하면 우리 할아버지가 저 열여덟 살에 돌아가셨는데, 그 이제 문중일이라든가 이런 걸 전부 다 아버님은 농사 지으시고 하니까, 그래서 제가 일을 다 봤거든요. … 그러다 이제 삼종숙이 이제 그 성품이 아주 박정희 대통령과 같다 하는 분이거든요. 새마을 사업을 해가지고 밀양군 전체 1등 했다 아닙니까. 그분이 새마을. 그래가지고 그런 분인데, 그분이 이제 삼종숙이 할아버지 작고하고 나서 오셔가지고 뭐라 그러냐면, 조카 니가 이제 니가 이 문중 일도 보고 할아버지대로 일도 봐야 된다, 이럽디다. 그래서 저는 제가 어리고 제가 뭐 아무것도 모르고 하니까 지금 못 봅니다, 이케하니까는 막 뭐라 하시냐면서, 그럼 니가 농사지을래, 아버지대로 니가 농사지으라 하면 아버지 모시고 … 그래 할 수 없이 제가 그럼 따라 다니겠습니다. 그래 열여덟 살부터 다녔어. 문중 일도 보고 이제 보천교도 그냥 이어 나가고.

그때는 밀양에 사셨어요?

예, 그때는 그랬는기라.

그때 그곳에 보천교 교당이 있었어요?

밀양에는 보천교 그게 없었어요. 없었고요. 없고, 옛날에는 밀양에 이제 종교 이제 뭐라카노, 무슨 번뜩 생각이 안 나네. (진정원?) 뭐 진정원인가 있었어요. 있었는데, 뭐 그거 하고, 뒤에는 없어. 해방되고 나서 전부 다 보천교 신앙하던 분이 전부 거의 다 보천교 비방하고 그런 분이 많을 거 아닙니까. 신앙하던 분도 비방…, 참 옳은 교인은 비방 안 하지만, 그냥 다른 사람 신앙하니 같이 따라오는 분들은, 신앙하는 분도 비방하는 사람이 있었습니다.

그러면 원장님께서는 열여덟 살에 보천교에 입교를 해가지고, 이제 다른 업을 하면서 이렇게 신앙을 했을 게 아니에요.

예. 이제 아버지 농사짓는데 일도 도우고, 그리고 다른 일도 하고 문중 일도 보고, 전부 다 했죠. 그래서 이제 명리학 그것도 또 하고. 명리학이라 하면 사주 명리학에 들어가는 게, 지금 이제 관상, 풍수, 사주, 풍수 지리학 전부 다 들어가거든.

그걸 하셨구나. 할아버지께서도 그것(명리학)을 하셨어요?

예. 할아버지 때도 하시고 했는데, 저는 그걸 안 하려고 했는데 아까 얘기하던 우리 삼종숙 아저씨가 니 할아버지대로 안 하면 안 된다고, 자꾸 그래서 억지로. 예, 할아버지한테 기초는 배워놨으니까, 그걸 할아버지 하시는 걸 받들어 나가고, … 열여덟 살부터 이제.

그러면 왜정 때도 이렇게?

일제 때는, 제가 해방될 때 여덟 살이었고.

아, 그 이후에 하셨구나. 그러면 이제 할아버지 말씀을 많이 들으셨겠네요. 할아버지께서 보천교 간부도 하셨어요?

예. 할아버지께서 보천교 간부를 하셨어요. 보천교 큰 간부는 안 했었고, 육임 했었어요. 월곡성사 생전에는 육임밖에 안 하셨어요. … 그때 육임이면 ○○○○○전에 육임이면 요새 방주 하는 거보다 더 그거 했어요. 그때는 그때 육임도 아무나 못 했다카이.

그러셨구나. 육임을 하시고.

육임 하시고, 선화사 하시고.

선화사. 이제 차경석 교주 있을 때 육임, 선화사 하시고. 그때 가산을 다 팔아가지고 대흥리로 와서 살았나요?

아닙니다. 아니고, 이제 그냥 막 왔다 갔다 ….

제가 박사학위를 받은 게 보천교 독립운동이거든요. 보천교 관련 인사들이 한 155명이 국가독립유공자예요. 혹시 할아버지께서도 독립운동?

우리 할아버지는 이제 독립운동은 그때는 독립운동 한다고 할 수도 없고, 서류가 우리 할머니가 전에 할머니 얘기 들어보면, 이제 할아버지한테 야단을 많이 맞았어요. 왜 그러냐 하면은 왜놈들이 이제 전부 보천교인 좀 책임 있는 분들한테, 전부 계속 조사를 하는기라, 그러니까 (왜놈 순사가?) 예, 그래가지고 이제 서류, 보천교 중요한 서류를 항시 감추어 놓는기라. 그래 감추는데, 할아버지가 나가심시로 이제 가마솥, 소주끼리라는 가마솥이 있거든요. 가마솥 부엌 안에다 넣어놓고 할머니한테 얘기를 안 했었어요. 그거 넣어놨으니까 그걸 내고 불을 때라, 이래야 될 낀데 잊어버고 그냥 가셔가지고, 이제 그걸 다 태워뿥고, 증거 서류를.

그 서류가 어떤 서류였어요? 부뚜막에 넣어놓은 서류가 어떤 서류인가요?

아, 그 보천교 뭐고 월곡성사(차경석)께서 이제 훈시 같은 거 이런 거 전부 다 중요한 서류죠. 그거 전부, 그게 다 있으면 월곡성사 말씀하신 거 전부 다 그거 했다 해도 과언이 아니지. 붓으로 기록한 것도 있고, 이제 저거 이제 저거 한 것도 있고, 인쇄한 것도 있고.

그런데 왜놈 순사들이 그걸 왜 이렇게 찾았었나요?

그걸 이제 그거 하면은 이제 저거 하는 거지. 그때 책임에 따라서 징역 몇 년 몇 년 그게 있다 아닙니까. 그래 징역도 살릴 수도 있고 감옥 살 수 있고, 그런 거. 그러니까 이제 보천교로 신앙을 해도 나는 뭐 별거 아니다, 이런 식으로. 왜냐하면 나는 거짓말하고 다니니. 내가 간부를 맡아 그 한다 이래도. 근데 그 서류가 있으면 이제 찾아내면 거짓말할 수도 없다 아닙니까.

그러니까 이제 그 서류가 나라를 세운다, 뭐 그런 서류이겠죠?

나라를 세운다, 하는 그거는 아니고요. 보천교 십일전 그거 전부 뭐 저거 한다 하는 거, 전부 천자(天子) 하는 거는 거짓말이거든요. 그거는 외부 사람들이 하는 거지, 책에도 없을 뿐 아니라 할아버지한테도 내가 몇 번 물어봤다 아닙니까. 참말로 그 월곡성사께서 천자를 하시고 그걸 등극하시려고 했느냐고? 무슨 얘기를 하느냐 ○○○, 그런 도성덕립하는데 그런 거는 생각을 안 하신다 이기라.

왜냐하면 순사들은, 나라 세운다고, 조선총독부가 있는데 왜 나라를 설립하느냐고?

그래가지고 십일전을 철거해가지고, 철거하고. 그거는 보천교 망치려고 시작한기라.

그러면 왜놈 순사들이 왜 그랬을까요? 자기들이 조선을 지배하는 데 아무 문제가 없는데?

문제없는 게 아니고, 보천교를, 600만이 넘으니까 교도가 600만이 넘으니까 이래 안 된다고, 이래서 그래 해체한 거를, 할아버지 말씀 들어보면 이거는 뭐 등극을 안 해도 등극하는 것과 한가지라고!

등극하는 것과 똑같다!

예. (두려우니까?) 예, 600만이 넘어 저 일본 놈들이 두려우니까.

혹시, 보천교에 돈을 많이 냈어요?

교주가 내라 한 게 아니고, 자진적으로 냈어요. 우리 할아버지도 그때 1원 2원 … 그때 당시에 100원이면 가장 큰돈 아닙니까? 100원을 여러 번 냈어요, 우리 할아버지도. 우리 할아버지 동네에서 큰 부자는 아니라도 한 2, 3등 안에, 1등 할 때도 있었고, 2등 3등 안에 늘 들었다 하시거든요, 젊을 때는. 또 촌에서 그 ○○○ 별 건 아니지만.

그렇게 자진해서 돈을 냈는데, 그 돈이 다 독립운동가들에게 들어갔다는 거 아니에요?

그 뭐 600만이 넘는 분들이 전부 다. 우리 집안에도 이제 할아버지, 우리 할아버지 말고 할아버지 여러분 계신대, 물어보면 돈을 많이 냈다 그래요. 많이 냈는데, 그 돈이 어떻게 됐는지 그걸 모르고, 표승장 받아놓은 게 있어요. (표승장이 뭐에요?) 표승장, 그때 돈을 내면은 (표승장?) 예, 표승장. 그게 천 원을 냈으면 천 원 표승장, 100원 냈으면 100원 표승장. 지금도 표승장 냅니다. 그것 때문에 보천교회는 돈이 에누리 없다는 아입니까. 국정감사를 받아도 원만하게 받을 수 있다고. (정확하게?) 예, 서류가 정확하지요.

그런데 당시 판결문에는 김좌진 장군에게도 2만 엔이 들어가고 대한민국 임시정부에도 5만 원이 들어가고, 또 사회주의자 독립운동가들에게도 1만 엔이 들어가고, 그게 나오거든요.

그렇지.

그, 그런 돈은 왜 줬을까요, 보천교에서?

그거는 확실한 건 모르겠고, 여간 그런 거는 암암리에서 한 거지, 공개적으로 하지 못하니까. 공개적으로 활동하면 바로 왜놈들이 바로잡아가든지 할 게지. 근데 방주 징역 살다 온 사람들 많아. 할아버지 말 들으면, 징역 살아다가 감옥에서 세상 버린 분도 있고.

감옥에서 돌아가신 분?

예, 있어요.

-중략-

그래서 이제 그 판결문에 보면 보천교가 새로운 나라를, 새로운 국가를 설립하려고 한다, 그래서 그 돈을 모아가지고 대한민국 임시정부에 전해주기도 하고, 또 스스로 나라를 건립하기 위해서 그런 작업을 했다, 그렇게 해서 수백 명 수천 명이 잡혀 들어갔잖아요?

예. 그런데 이제 실질적으로는 우리 할아버지 말씀 들으면, 실질적으로는 이거 나라에 그거 하려고 한 게 아니고, 십일전에 이제 옥황상제님을 모시고. 왜 그러냐면 책자에 보면 저 천계를 무시신강이라 해놨어. 마지막 ○○ 이제 선천에는 천상옥경이 하늘에 있었지만, 호천금궐이 하늘에 있었지만, 후천에는 이제 땅에 있다, 땅에 있다 무시신강이라 해야, 호천금궐의 무시, 없을 무(無)자 때 시죠. 때 없이 아무 때나 왔다 갔다 할 수 있다. 호천금궐이. (상제가 계시는 곳이 옥경이고?) 그렇지요. (이제 옥경을 지상에 만들려고 했다?) 그게 책자에도 그렇고, 할아버지 말씀도 그렇고, 왜놈들 하는 건 전부 보천교 말살시키려고 하는 거지 뭐 다른 의도가 하나도 없다, 이러시더라고요. 보천교가 있으니 보천교 해산 시기까지 전부 단체 보천교를 완전히 해체시켜버리려고.

그러면 이제 옥경의 주인이 강증산 상제님이네요.

지금 우리 여기 모시는 데는 제일 복판에가 증산천사입니다. 천사인데, 전에도 내가 말씀드렸지만 생전에는 증산천사이지만은. 내가 옥황상제라고 직접 말씀을 했었고, 그렇기 때문에 우리는 화천(化天)하고부터는 옥황상제로 모십니다.

그러면 일월성에 있는 거예요?

예, 이거는 천지일월성(天地日月星)이거든요. 천지일월성!

천지일월성 중에 어느 분이 증산 상제예요?

복판에. 우리가 3단이거든, 예. 3단인데, 복판에가 이제 옥황상제고, 옥황상제가 증산천사 아닙니까? 그 생전에는 천사고.

일월성신?

이 위에 오른쪽에는 이제 천지, 그냥 일월성신이 아니고 천지일월성신. 그러니까 후천지자거든요. 오른쪽에는 그러면 저 끝에 왼쪽에는 이제 칠성지자고, 북두칠성을 모시는 그건 이제 ….

그러면 일월성이 증산 상제님이에요? 해와 달과 별이?

천지, 그게 처음에 이제 일월성을, 그림은 일월성을 해놨지만 우리가 책자에는 전부 천지입니다, 천지. 하늘과 땅!

하늘과 땅?

그렇죠.

하늘과 땅이 증산 상제님이에요?

아니죠. 그러면 상제님은 내나 그게라 …, 옥황상제.

-중략-

일월성 그 자체가 증산 상제님이에요? 아니면은 일만 상제님이에요?

그건 이제 복판에, 복판지자가 그러니까 달에 속하지 달.

달에 속한다! 그러면 해는?

해가 아니고, 그건 천지지. 해뿐만 아니고 천지거든요. 우리 이거 우리는 천지라고 그런다.

천지!

예, 천지일월성이거든요. 그러니까 하늘과 땅, 해 같이 들어가 있고, 이제 달은 이제 우리 옥황상제, 칠성은 이제 칠성 맨 끝에. 어떻든지간에 우리 복판에 옥황상제인기라. 우리 사당을 모시라는데, 그것 때문에 단을 우리가 복판에 제일 먼저 드리고, 그다음에 오른쪽에 드리고, 왼쪽 칠성은 이제 마지막에 드립니다.

그리고 전에 한번 원장님 할아버님께서 한자도 우리 글이다, 뭐 그렇게 말씀하신 적이 있으시다고 하셨죠? 한자!

한자(漢字), 한자는 우리 글이 확실하고요. 왜 확실하냐, 한자는 동이족 글이거든요. 동이족, 동이. 우리가 대한민국 국민은 이제 동이족 사람입니다. 원래 그런 거는 동이족 사람이기 때문에, 한자 이거는 조금 공부 안 해도 우리 그런 거 알 수 있다 아닙니까? 중국이나 일본은 전부 글자 한 자나 두 자 써 놔놓고 발음이 나가고, 두 자 써놓고도 발음이 나가. 우리는 한 자는 써 나고 뜻은 여러 가지로 나가지만 발음은 하나밖에 안 나갑니다. 즐거울 락 자, 간단하게 쉽게 말하면, 즐겁다 하면 즐거울 락 자가 되고, 좋아한다 하면 좋아할 여 자가 되고, ○○○○ 하면 악 자가 된다 아닙니까? 그렇지만은 발음이 두 개, 세 개 나가는 게 와 있다 아입니까?

일본은 어떻냐 하면, 간단하게 얘기합시다. 큰 대 자 언덕 판 자, 오사카 대판(大阪)은 큰 언덕 아닙니까? 일본말로 하면 경사졌다. … 그러니까 언덕 경사라고 하거든. 기운 거는 이제 사가, 우리 말로는 경사고, 사가 지었다 하면 일본말인데, 오사카 큰 언덕이라 이 말이거든. 글자 두 자 쓰고 발음이 세 개 나간다 아닙니까? 간단히 중국 말도 위 상(上) 자 바다 해(海)잖아. 상해라, 우리는 상해라 그러는데 저 사람들은 글자 두 자 써놓고 상하이란다. 이 상하이, 그러니까 바람이 세 개 나간다. 그것만 보면 대부분 알 수가 있어. 어느 나라 거인지. 우리는 그거 보고 모른다 하면 공부를 더 해야 되고.

한 자로 표현을 한다. 하나 한 자로?

그렇죠. 우리는 책을 읽어도 그렇고, 복희씨부터 … 한자(漢字)로 만들었고, 계속 한자는 우리 글입니다. 동이족 글이거든. 또 중국 본토에는 거의 없었답니다. 우리는 … 기록에도 그 옛날 고대 기록에도 나와가 있긴 있어. 있는데 할아버지 말씀이 그렇지. 중국 본토에는 본래 글이 없었는데, 우리 동이족을 인용해 그 사람들이 이제 몽골하고 그거 해서 논쟁을 해 몽골이 졌다카더나. 그리해가지고, 저거 한자 한나라 때 그 한자로 만들어 버렸어요. 한자가 아마 그래 글로 갔다가, 글인데, 본래 이름이 뭐 한자라고 만들어버렸어.

아, 그 외에도 또 할아버지께서 말씀해주신 '동이족(東夷族)'에 관한 이야기는 또 없어요?

동이족 말씀, 여러 가지 말씀이 있어. 다 잊어번 것도 있고. 그런데 동이족은 이제 이 동이가 중국에서는 옛날에 동이 서영 남만 북적 이래가 사방 그거를 했는데, 거기 이제 동이(東夷)는 오랑캐 이자가 아니고, 이게 이제 동방의 밝은 빛이라요.그 대공 아닙니까? 큰 대 자 활 공 자 밝을 이 자도 하고, 여러 가지 뜻이 나오는데, 그것 때문에 우리가 대한민국 사람이 … 활을 잘 쏜다 아입니까, 우리 할아버지도 그런 말씀을 하셨습니다.

-중략-

어떤 … 말씀하신 거예요?

예, 말씀하신 게 이제 오랑캐, 오랑캐인데. 오랑캐가 지금 옛날에가 아니고 오랑캐가 지혜가 밝아가지고 상당히 많이 문명이 발달된다, 그런 말씀이시죠. 서양 문명이 들어와가지고 동양에 이제 그걸 한다 아닙니거, 발달된다고. 본래 서양 문명은 이제 『주역』의 원리를 인용해가지고 과학을 발달했다 그러거든, 우리 할아버지 말씀에. 그래서 과학이 발달돼가지고 과학이 이제 점동이 되는기라, 점점 동쪽으로 와 커져가지고, 이제 발달해. 그래가지고 이제 세계가 막 과학화가 돼버린기라.

한자(漢字)가 우리 글이라고 하는 사례는 또 있습니까?

어 그게, 여러 책자에 여러 군데 나옵니다. 뭐 『환단고기』에도 나오고, 또 그 무슨 조그마한 책자가 있는데, 그거 내가 이름 생각 안 나네. 그거 보면 전부 우리 글이라고 다 해놨어요. 책자 두께가 얼마 안 돼 잘 ○○○는데, 이름이 또 생각이 안 나네. 그거 내가 본 지 오래돼서 ….

전에, 답사 갔을 때(함양 답사) 한자가 우리 글이다,라고 하는 말씀을 원장님께서 많이 하셔서. 독특해서 여쭤봤어요.

우리 발음 나오는 건 봐도 확실하다 아닙니까. 안 그렇습니까?

발음?

예, 발음. 발음이 아까도 말씀드렸지만 다른 나라는 전부 글자로 삼아놓고 발음이 몇 개 나오고 그렇지만, 우리는 한 자 쓰나 발음은 하나뿐이라요. … 또 일본 사람 말로 두 자 써놔 놓고 오사카, 두 자 써놓고 상하이 이런 거는 없다 아입니까. 상해면 상해고 대판이면 대판이고 동경이면 동경이고, 전부 그렇지. 북경이면 북경이고 전부 그렇지. 우리는 발음에 글자 두 자 써놓고 발음 세 개 하는 게 절대 없습니다.

그러네요.

그것만 보면 한자가 얼마나 그런지 대번에 대부분이 알 수 있다 아입니꺼. 일본 한자는 우리 한국에서 한국어 한자를 인용해가지고 쓰는 거고, 그거는 확실하다 아입니까. 그건 자기네들도 그래 알고 있고. 중국은 이제 중국 본토는 동이족 한자를 인용한 거고. 그래 우리 대한민국은 전통적으로 동이족 사람이기 때문에 인용할 것도 없고, 그대로 …. 대한민국, 그럼 우리는 세계 1등 글자를 두 개를 가지고 있다고 자랑을 해야 됩니다. 한자도 1등 글자고 한글도 1등 글자고. 한글은 세종대왕이 창조했지만.

18세에 할아버지께서 작고하셨네요. 열여덟 살에?

아, 예. 열여덟 살에. 7월 초이튿날 돌아가셨습니다.

할아버지께 들었던 이야기가 또 있나요?

이제 들은 것도 좀 있고, 본 것도 있고 좀 있고 그렇습니다. 책이 있으니, 책자만 다 있었으면 책만 봐도 아는데, 왜놈들 때문에 불에 다 태워불고, 이제 조금, 그 뒤에 불태우고 나서 받은 책이 조금 있어요. 그게 몇 권 안 되고. 『이사전서』하고 그런 거, 그거는 뒤에 해방 후에 나온 것도 있고, 그렇거든요.

왜놈들이 그 책을 보면 왜?

책을 전부 구루마에, 그때 소달구지 거기에 몇 차로 싣고 가 나가고, 그래 불태워불고, 일본에도 가져가고, 그랬던 거 할아버지 말씀 들어보면 그래요.

-후략-

‘증산원불교’와 강증산 탄생지

구술자 강석환(1920년생)

질문자 홍범초·안후상

일시 1990년 1월 2일 오후 4시

장소 전라북도 정읍시 덕천면 신월리 신송마을, 강석환의 자택

1990년 1월에 홍범초(당시 공주대 교수이자 증산교 지도자)와 함께 강증산의 양아들로 알려진 강석환(姜石幻, 1920~1993, 姜炅馨)을 만났다. 강석환은 홍범초와는 잘 아는 사이이지만, 필자는 당시 그를 처음 만났다. 당시 그는 쇠약해 보였지만 말씀만큼은 정정하였다. 강석환은 자신의 자택이 강증산의 탄생지라며, 별채에다 강증산의 진영과 위패를 모셔 놓고 있었다.
지금은 강증산의 탄생지가 ‘전라북도 정읍시 덕천면 신월리 436’으로 정정돼, ‘정읍시 향토문화유산 제22호’ 및 ‘전라북도 종교문화유산 제1호’로 선정돼 있다. 그러나 원래 전라북도 정읍시 덕천면 신월리 504번지에 ‘강증산상제강세지(姜甑山上帝降世地)’라는 현판이 걸려 있었으며, 따라서 이곳을 강증산 탄생지로 여겼었다. 신월리 504번지는 바로 옆 지번인 412-1번지와 합쳐져서 ‘신송길 32’로 돼 있지만, 원래는 강석환이 살던 한 집이다. 강석환의 구술은 강증산의 위패와 영정이 모셔져 있는 신월리 504번지에서 이루어졌다. 그 내용을 기록해 보관하던 노트를 꺼내 이 책에 소개한다.

• • •

(홍범초) ○○○○○○○○○ …, 왜 그랬어요?

… 통사동 재실에서 김광찬이 주먹을 휘둘렀지. 그때 박공우 어른의 재종간인 박중빈이 왔어. 박공우를 따라서 온 거야.

▲ 강증산 탄생지. '전라북도 종교문화유산' 제1호.

(안후상) 왜 왔어요?

아, 왜 오긴, 공부하러 …. 박중빈은 보천교를 믿었어. 얼마 뒤에 박공우의 소개로 증산교 신자인 송도군도 만나게 되었지.

(안후상) 박공우의 소개로 박중빈이 누굴 만나요?

송정산이라고. 송도군도 증산교인이야.

(안후상) 그럼 원불교와 증산교는 그 뿌리가 같네요.

그래서 원불교를 '증산원불교'라고 한 거야.

(정읍문화원장을 지낸 최현식의 『증보 정읍군지』(1974)에도 원불교를 '증산원불교'라고 표기돼 있다.)

(안후상) 이런 얘기를 누구에게 들으셨나요?

아, 박공우 어른께 들었지. 송도군을 소개한 박공우 어른이 선돌부인을 모시고 경상도 성주에 가서 공사도 드렸고. … 그리고 원광대 김삼룡 총장 조모가 증산교인이야. 그분이 송도군을 화해리로 데려간 거야. 화해리 노인들 얘기가 다 그래 ….

-중략-

(안후상) **강증산 선생님은 어디에서 태어나셨나요?**

이곳이지. 이 집이야.

(강석환이 가리킨 곳은 당시 강석환의 집인 전라북도 정읍시 덕천면 신월리 504번지이다.)

(안후상) **동네 어른들께서는 이 우물 바로 위에서 태어나셨다고 하시던데요?**

여기야, 여기 영정 모신 곳에서 태어나셨어. 여 위도 상제님 집이고 … 다 같은 집이었지.

-후략-

보천교의 후천선경 신정부 건설운동

“제주 법정사 항일운동 관련자 상당수는 주소를 전라북도 정읍에 둔 적 있다”

구술자 이대수(1995년 당시 51세)

질문자 안후상

일시 1995년 12월 20일 오후 5시

장소 제주도 제주시 청사로 59, 제주보훈지청(현 제주특별자치도 보훈청)

제주보훈지청에 근무하던 이대수(李大壽)는 필자에게 여러 차례에 걸쳐 제주 법정사 항일운동 관련자 상당수는 전라북도 정읍에 주소를 둔 이들이라고 언급하였다. 이를 확인하기 위해서 몇 차례 더 만나거나 또는 전화 통화에서 앞의 내용을 확인, 정리할 수 있었다.

• • •

-전략-

아까 나이 많으신 어르신께서 법정사를 '법쟁이'라 하면서 절이 아니었다고 하셨는데, 어떻게 이해해야 합니까?

저도 많이 들었어요, 법정사가 절이 아니었다고. 나무나 풀로 만든 집이었다고. 옛날에 그쪽에 화전민들이 대부분이었는데, 그 화전민들을 왜정 때 산림수탈을 위해서 화전 경작을 금지시켰거든요. 그래서 그 불만이 고조되어 일어난 것이라고 들었어요.

그럼, 법정사가 절이 아니었다면, 그러면 승려들이 주도한 항일운동이 아닐 수도 있겠네요.

뭐 … 그렇게도 볼 수 있겠지만, 승려들도 있었겠지요. 하지만 당시에 법정사 항쟁에 참여했던 분들을 보면, 주소가 전라북도 정읍군 입암면으로 돼 있는 분들이 상당수 있거든요. 한번 호적을 보시면요. 따라서 보천교가 개입된 것

▲ 제주 한라산 중턱의 법정사 터

은 분명하고요. … 저는 여러 어르신들의 얘기를 자주 듣고 얘기하는 거예요.

실제로 법정사 항일항쟁에 가담했던 보천교인들이 꽤 계시잖아요. 박주석 외에도.

그렇지요. 강창규 어른도 사실은 정읍 보천교에 계셨던 분이라고 하셨거든요, 여러 어른들께서요. 그런 분들이 많다고 해요.

그럼 김연일은 어떤 분으로 얘기하시던가요?

어른들 말하기를 도술을 부리는 분이라 하던데요. 기록에 술사라고 돼 있듯이, 천둥을 몰고 오고 예언을 하고 하는 그런 분이라고 했습니다.

그럼 김연일은 순수한 승려가 아닐 수도 있다는 거네요.

그거야…. 아무튼 어른들께서 그러시니까요, 어른들께서. 하지만 일제의 기록은 승려로 돼 있잖아요.

그럼 정통 승려는 아니다, 이런 거네요.

그거야 ….

경남 함양 지곡면의 '대황산록 고천제' 장소

구술자 서상수(2019년 당시 66세)·서옥철(2019년 당시 68세)·서만삼(2019년 당시 85세)

질문자 안후상

동석자 이훈상, 김재영, 강영일 외

일시 2019년 1월 21일 오후 2시 / 2019년 1월 22일 오후 3시

장소 경상남도 함양군 지곡면 덕암리 양지 주암마을

정읍역사문제연구소와 월곡차경석기념사업회가 2019년 1월 21일 경상남도 함양 답사 중에 경상남도 함양군 지곡면 덕암리 840번지(양지 주암마을)에 거주하는 서상수(66세), 서옥철(68세), 서만삼(85세) 등 3명을 만났다. 그리고 보천교의 대황산록 고천제와 관련한 구술을 듣게 되었다. 이때 '대황산록 고천제' 장소를 확인할 수 있었다. 당시 월곡차경석기념사업회에서 이곳을 녹화하였고, 필자는 별도의 구술 내용을 확보하였다. 필자가 확보한 구술 내용을 소개하면 다음과 같다.

• • •

2019년 1월 21일 오후 2시, 서상수·서옥철·서만삼의 구술

여기가 덕암리 마을회관 앞이고, 제가 수년 전에 와서 구술을 듣고자 했지만 실패하였습니다. 덕암리 동쪽이 대황산록입니다. 이쪽에서 1919년 대황산록 고천제를 지냈을 것으로 추정하며, 당시에 60방주가 하늘에 고했을 것입니다. 마침 마을 분이 오시네요. 한번 여쭤보겠습니다. 안녕하세요? 저희는 서울에서 온 보천교 연구자들입니다. 일제강점기에 보천교라는 종교 단체가 이곳에서 고천제를 지냈다는 기록이 있습니다. 여기에 서만식, 서만영 씨의 집 후원에서 단을 쌓고 하늘에 제사를 지냈다는 기록이 있어요.

(마을노인) 아, 예. 그런데 보천교라는 이름은 잘 모릅니다.

일제강점기에 독립운동을 하기도 한, 동학과 관련 있는 종교 단체인데요, 이곳 함양에서 두 차례나 고천제를 지냈어요. 그런데 고천제 장소를 기록에는 서만식, 서만영 씨 집 후원이라고 돼 있어요. 혹시 이곳에 서씨 집성촌이 있습니까?

(마을노인) 예. 있어요. 저쪽 주암에 서씨들이 많이 살아요. 잠깐만요, 제가 아는 … 전화를 해볼게요. (전화를 한 뒤에) 맞아요. 서만영 씨의 손자 되는 분이 주암에 사시는데, 그분과 통화했어요.

고맙습니다. 주암은 어디입니까?

(마을노인) 여기에 조금만 가면 됩니다. 주암도 같은 덕암리예요.

(우리 일행은 마을 노인이 가리키는 데로 가보았다. 그리고 양지 주암에서 서만영의 손자 서상수 씨를 만났다.)

일제강점기 자료에 의하면 보천교라는 종교 단체가 이 근방에서 고천제를 지냈다고 합니다. 혹시 보천교, 차경석, 차천자 등의 이름을 들어보셨나요?

(서상수) 아니오. 들어보지 못했습니다.

이 기록(『보천교연혁사』)에는 서만식, 서만영 형제의 집 후원에서 고천제를 지냈다는 기록이 있어요. 혹시, 서만식, 서만영이라는 이름은 아세요?

(서상수) 압니다. 서만영은 저희 할아버지입니다.

아, 그러세요. (연혁사에 나와 있는 성명을 가리키며) 이 한자도 맞습니까?

(서상수) 예, 맞아요.

▲ 경상남도 함양군 지곡면 덕암리의 '대황산록 고천제' 장소

그런데 할아버지께서 보천교를 하고 고천제를 지냈다는 얘기는 듣지 못했나요?

(서상수) 그렇습니다.

그럼, 서만영 씨, 조부께서 사셨던 집은 어딘가요?

(서상수) 바로 저깁니다.

아, 저기군요. 혹시 저 집의 지번은?

(서상수) 지번이 덕암리 840번지입니다.

혹시 이 집은 몇 년이나 되었나요?

(서상수) 한 100년은 되었을 겁니다. 지금은 빈집이라 허름합니다. … 제가 관리하고 있어요.

예, 잘 알겠습니다.

(우리 일행은 집 둘레를 관심 있게 둘러보았다. 고천제 지냈던 곳이 후원으로 보이는 50여 평 되는 밭으로 추정된다. 밭 옆집 사람에게 다시 질문하였다.)

안녕하세요. 저희는 서울에서 온 종교 연구를 하는 사람들입니다. 혹시 보천교, 흠치교 등을 들어보셨나요?

(서옥철) 예, 들어봤어요. 서만영이라는 이름도 들어봤고요.

혹시 서만영 씨에 대해서 아는 얘기가 있으면 얘기해주세요.

(서옥철) 옛날 숟가락을 걷어서 종을 만드는 종교에 재산을 갖다 바치고 집안이 쪼그라들었다는 얘기를 많이 들었어요. 종교 해서 집안 망했다고.

서만영 씨가 살았던 집이 이 집이에요?

(서옥철) 예, 분명히 이 집이 맞습니다.

지금 어르신께서 사시는 집은 얼마나 됐나요?

(서옥철) 한 70년 됐을 겁니다.

이 집 뒤에 돌로 축대를 쌓은 자리는 어떤 자립니까?

(서옥철) 거기도 집이었습니다. 근래 누가 축대를 쌓고 가파른 곳을 깎았지요.

(이때 마을에 어느 노인이 불편한 몸으로 걸어오신다.)

어르신 안녕하세요. 저희는 종교를 연구하는 사람들이에요. 왜정 때 계셨던 서만영이라는 이름을 아세요?

(서만삼) 알아요.

혹시 어르신 연세는?

(서만삼) 85세래요.

만자 돌림이라, 서만영 씨와 같은 항렬이네요.

(서만삼) …. (끄덕끄덕)

보천교나 흠치교 들어보셨나요?

(서만삼) 흠치교 … 들었지요.

혹시 서만영의 집 후원에서 큰 제사를 지냈다고 한 얘기를 들어보신 적이 있나요?

(서만삼) 흠치교 …, 집 뒤에서 종교 하는 사람들이 모여서 뭣을 했다고 하지요, 예.

이 집(서옥철 씨 집)이요, 아니면 저 집(서만영이 살던 집으로, 덕암리 840번지)이요?

(서만삼) 이 집(덕암리 840번지) 뒤에요.

(서옥철) 집안 어른(서만삼)이신데, 파킨슨병으로 기억이 왔다갔다해요.

어르신 고맙습니다. 보천교가 지금 독립운동을 했다고 하는 연구들이 나오고, 관련 책도 나오고 그래요.

(서상수) 저희 할아버지께서 독립운동을 하셨다는 얘기는 첨 듣는데요.

혹시 마을에서 이와 관련된 얘기를 잘 아는 분이 계실까요?

(서상수) 있을 겁니다. 제가 한번 물어보겠습니다. 연락처를 주시지요.

예, 고맙습니다.

• • •

2019년 1월 22일 오후 3시, 서상수의 구술

(2019년 1월 22일 오후 3시, 서상수 씨와 통화한 내용은 아래와 같다.)

안녕하세요. 어제 방문했던 안후상입니다.

(서상수) 아, 예. 아까 전화드렸더니 통화중이라 안 받더라고요.

어제 말씀하신, 그분 만나보셨어요?

(서상수) 예 만났어요. 그 부분을 잘 아는 사람이 문중 일을 보는 사람인데, 저보다는 두 살 아래예요. 그분이 잘 알고 있더라고요. 저희 할아버지 서만영, 그리고 큰할아버지 서만식 어른께서 상투에 두루마기를 하고 '흠치'라는 주문을 외고, 전라도에 가서 그 활동을 하셨다고 들었다고 하드래요.

고천제에 대해서도 얘기하시던가요?

(서상수) 예, 어제 보신 그 집 뒤에 또는 돌로 축대 쌓은 곳에서 모여서 여러 가지 일을 하셨다고 하드래요.

예, 고맙습니다.

예.

-후략-

'왜산 물산 안 쓰기 운동'과 보천교

구술자 최종섭·최원팔(최종섭의 아들)

질문자 안후상

일시 1991년 1월 23일 오후 1시(최종섭) / 1991년 7월 15일 오후 5시(최종섭) / 2018년 10월 14일 오후 3시(최원팔. 이동화 동석)

장소 전라북도 정읍시 입암면 접지리 대흥리, 최종섭의 자택 및 문화마을 모정

부친에 이어 보천교 간부를 지낸 최종섭(崔鍾燮, 1917~1994)은 당시 보천교의 실상을 가장 잘 아는 분으로 알려져 있었다. 필자는 당시 최종섭의 구술을 노트에 받아적었고, 그 즉시 구술 내용을 정리하였다. 당시 필자는 최종섭의 구술 내용을 차경석의 2남 차용남의 구술 내용과 함께 큰 의구심을 가졌었다. 필자가 알고 있는 보천교와는 너무도 다른 얘기였기 때문이다. 30여 년이 지난 뒤에 필자는 최종섭과 차용남의 구술이 역사적 사실에 가깝다고 판단했고, 따라서 최종섭의 아들인 최원팔(崔元八. 2018년 당시 65세)을 2018년 10월 14일 전라북도 정읍시 입암면 접지리 일명 대흥리 문화마을 모정에서 만나, 아래 '최종섭의 구술' 내용 중 몇 가지를 확인하였다.

• • •

1991년 1월 23일 오후 1시, 최종섭의 구술

-전략-

안녕하세요? 저는 여기 넝메에 사는 안후상입니다. 기정양반 아들입니다.

아, 석우 씨. 알지.

▲ 1920년대 보천교 중앙본소의 총정원 건물

어르신 함자가 최 종 자 섭 자 어르신이시지요? (어이!) 저는 역사 전공자이고요, 보천교를 주제로 석사학위 논문을 쓰고 있어요. 주변 어른들께서 보천교를 제일 많이 아시는 분이 어르신이라고 말씀하셨어요. 어르신께서 당시에 보천교 간부까지 지내셨다고 들었습니다.

내 아는 것이 없는디….

여기저기 다니면서 구술을 들으려고 하는데, 사람들이 어르신을 추천하더라고요. 제일 많이 아신다고.

알기는 뭐 …, 허허, 나보다는 제 아버님이시지. 아버님께서는 교의 높이 하신 간부이셨지.

선친 함자가 어떻게…?

최 병(炳) 자 대(大) 자이셨네.

보천교에서 선친의 지위는요?

뭐? 지위? 아, 교단에서 뭐하셨냐고? 총정원장을 하셨지.

예. … 보천교가 그간에 사이비종교 집단, 또는 차경석을 사기꾼 등으로 인식하였잖아요. 그런데 제가 당시 신문기사나 일제 공문서 등을 보니까, 지금 인식하는 것과는 많이 다르더라고요. 독립운동을 했다는 신문기사도 있고, 당시 독립운동가, 특히 최팔용, 김철수 등에게 독립운동 자금을 주었더라고요. 혹시 이 부문에 대해서 아시고 계신 내용이 있나요?

누구? 김철수? 그분은 내 잘 알지. 여기 백산 사시는 분인가 …. 사실 나는 직접은 모르고, 제 아버님께서 잘 아셨지. 제 아버님으로부터 들은 얘기로는 철수 씨, 장덕수 씨, 그 뭐야 조만식 씨, 그리고 신 뭐야 ….

혹시 신채호 씨요? 저도 옛날 자료를 읽다가 신채호 씨와 관련이 있다는 내용을 읽었거든요.

신채호? 몰라. 아무튼 그런 분들이 연결돼 있다는 얘기만 들었지.

신채호라면 『조선상고사』를 쓰신, 독립운동가입니다. 보천교가 대한민국 임시정부, 즉 상해 가정부와도 관련이 있다는 얘기를 못 들으셨어요?

몰라. 훨씬 후에 내가 우리 아버님이 아닌 다른 분에게 들었지. 금마에 사시는 분, 그 누구냐, 아무튼 그분이 하신 말을 누군가 내게 전해줬고. … 생각이 잘 안 나는구먼, 아무튼 들었어. 가정부에 상당히 큰돈을 보냈다고, 내 들었어. 그러니까 만주의 독립단에 아버님과 잘 아시는 기흥의 순익이라는 분이 있어. 아버님께서 하신 말씀을 들어 알고 있지. 그분은 경기도 기흥의 김씨인가 하는 분인데, 이름이 외자야. 그분이 오래전부터 교단 일을 하셨던 걸로 알고 있어. 그런 분들이 보천교와 얽혀서 그런 운동을 했다고 봐야지, 암.

그것과 관련해서 구체적인 자료가 있나요? 교단에서 기록한 건 없나요?

아, 없어. 그게 남아 있겠어? 김홍규 씨라고, 거 뭐야 승려 탄허이지. 당시는 김금택이야. 그분의 선친이셨는데, 그분이 가정부에 깊숙이 개입하셨어. 그분이라면 써놓을 수도 있지. 워낙 쓰기를 좋아하셨으니.

아, 김홍규 사건은 신문에, 당시 신문에 상해 가정부에 보낼 10여만 원을 마루 밑에 숨겨놓았다가 일경에 발각됐다는 얘긴데요.

그때 교단이 난리 났었지. 우리 아버님도 정읍경찰서에 끌려갔지. 가정부 말고도 교단의 의금(義金)이 그런 분들에게 많이 갔었다고 들었제.

구체적인 근거가 있나요? 독립운동 자금으로 건너갔다는.

근거가 있으면 다 죽었게. 아, 누가 그런 것을 남겨놔!

김홍규 씨는 어떤 분이셨나요?

교단의 재정 담당○○, ○방주라고. … 그런 분이 나중에 좌익 활동을 해. 그래서 돌아가셨지.

언제요? 좌익 활동을 언제 하셨다는 거예요? 언제 돌아가셨나요?

아, 보천교가 없어지고 난 뒤에 조금씩 했고, 그리고 인공 때 적극 했어. 그때 돌아가셨어. 왕심리 아래에서 총에 맞았지.

어떤 연유로 어디에서 돌아가셨는가요?

아, 정확히는 알 수 없지만, 인공 때 좌익을 했으니 그랬겠지.

탄허, 김금택은 교본소에서 차천자의 후계자라는 얘기도 있었다고 하더라고요?

그랬지. 어려서부터 이곳 대흥리에서 공부했고, 머리가 비상했응게, 그렇게들 얘기했었어. 그런데 차교주의 후계자라는 말은 근거 없는 소문이여.

아, 그리고 조만식이라고, 어떤 분이셨나요?

아, 그분은 여기 대흥리에서 조금 살았어. 내 어렸을 때 나도 보았는데, 얼굴 시커멓던 분이여.

교단에서 그분은 어떤 일을 하셨는가요?

당시 그분이, 조만식인가 하는 분이 여기에 계실 때, 아무튼 교단에서 왜놈들 거 안 쓰기를 작정했었는데, 그때 수직기가 들어왔지. 아버님이 그 일을 맡으셨어, 그 일을. 목베틀로 처음 시작한 것이지. 차차 수직기를 들여오고 했겠지만. 교인들 옷감에 염색도 하고, 직접 하고 하는 일을 많이 했지. 그때 그분이 여기에 계셨지. … 아, 누구 말에 의하면 저기 만주에서 그거 하는, … (독립군이요?) 응, 그거하고도 연관이 있다고도 했어. 누구더라, 아, 요 아래 벳공장 하시던 이의 조부이신가? … (한규숙이요?) 아, 그려. 그 방주 양반이라고 하는, 높은 분과 잘 어울렸다 들었어. 그분의 ○○○ 저 아래에서 벳공장을 하지.

당시 대흥리는 공장이 많았었는가 봐요? 어떤 공장들이 있었지요? 뭘 만들었지요?

벳공장이 가장 많았고, 염색도 했고, 갓등도 만들고, 초자나 담뱃대 같은 것도 만들고, 옥으로 단추도 만들고. 안 만든 게 없었어. 삽이나 괭이도 만들고 해서, 당시 교인은 살 만큼 살았어. 그거를 자작자급(自作自給)이라 했어. 스스로 자작해서, 그런 말들이 있었어.

언제부터 그런 공장들이 들어섰나요? 1920년대 물산장려운동을 보천교가 참여한 적이 있다고 당시 신문에는 나와요.

그것을 아까 내가 토산(土產)이라 했지. 왜놈들이 만든 물건을 배제하려고 하니까, 나의 선친께서 수직기를 돌리고 … 그런 거 하신 거야. 나도 아주 어렸을 때라 아버님께 얘기만 들었는데, 그때 내가 열여섯? 열일곱인가, 그때 꽤나 큰 공장들이 들어섰지. 조합도 있고 했으니. 왜놈들 때문이지. 다들 왜놈들이 만든 거 안 쓰려고, 그래서 아끼고 했어.

주로 옷감을 짰네요.

그러하지. 아, 우리가 중시한 게 의(衣) 아니었는가. 초창기에는 저마포도 다

짰다고 하니까. 나 때도 저마포 짜는 어른들도 계셨지. 그 뒤에 수직기가 대량 들어와 주로 면포를 많이 했지.

저마포가 뭐에요? 면포는 면(棉)인데요. 저마포?

아, 저마포(苧麻布)는 그것이지. 모시베, 삼베.

그때 열일곱이면 1930년대 중반? 그때도 면방직 공장이 많았어요?

암, 그때 내가 직접 봤다니까. 그때 엄청났어. 허연 베를 말린다고 그 배가 거리를 뒤덮었으니까.

함께 공동으로 일을 하고 그 결과는 나누었나요? 어르신은 벳공장을 하셔서 돈을 좀 버셨나요?

공동? 같이 일하는 곳이 있었고, 나의 아버님께서 하시는 곳도 있었지. 우리야 뭐 얼마 벌었겠어. 그저 그렇지. 그런데 아버님 말씀을 생각해보면, 오늘날 공산주의와 ○○○○○○○○ 같아. 같이 일하고, 그리고 서로 나누어 갖는 것이여. 그래서 세상은 보천교를 공산당이라고 욕을 하기도 하고. 공산주의는 아니지만, 아무튼 당시 왜놈들 물건을 안 쓰기로 했으니, 그리고 같이 뭐든 만들어서 살아보려고 했으니, 뭐 공산주의라고 해도 틀리지 않지.

당시 대흥리에 조합도 만들었다고 하던데. 정말 조합이 있었나요?

기산조합이지. (조합은 어떻게 운영되었나요?) 당시 공장과 상가는 매매는 안 돼. 교인들이 임대했지. 그리고 계약에 따라서 함께 맨들고, 벌면 다르게 나눠줬어. 이 원칙 때문에 기산조합이 생긴 거여.

당시 조선총독부 간부들이 이곳을 다녀갔다는 얘기도 있습니다. 차교주가 총독부를 방문하고, 총독부 관리와 협잡을 했다는 의심이 있습니다.

아버님이 그 관계를 깊게 관여하셨지. 왜놈들에게 불려간 것이지, 자발로 간 것은 아녀. 그러니까, 당시에 우리 교를 아예 만주로 내쫓아버리려고 겁을 주었지만, 차교주는 응하지 않았어. 그때 문정삼이라고, 교간부를 지냈던 그분에게 왜놈 수뇌가 총을 쥐어주어 차교주를 죽이라고 하였다는 얘기를 내 들었지.

그 관계에 대한 기록은 없지요?

그, 그렇지. … 이제 그만 하지. 내 건강이 좋지 않아.

아, 죄송합니다. 마지막으로 왜 아버님께서는 보천교에 심취하시고 전 재산을 가지고 이쪽으로 들어오셨는지요? 그 이유가 궁금합니다.

그야, 뭐, 도의(道義) 때문이지.

도의라면? 혹시 신분 상승에 대한 믿음인가요?

흐흐. 아, 고만해. … 내가 요즘 곰곰 생각하니 양반이 되려고도 하셨겠지.

예.

그때는 그랬어.

혹시 어르신께서는 보천교에 계실 때 어떤 공부를 하셨나요? 교인들은 '사서삼경'이나 『주역』을 공부하시는 것 같은데요.

나도 『주역』 공부를 했지. 그리고 해방되고 공민학교에서 신식 교육도 받았어. 신문도 읽고 했지.

아, 예. … 말씀 감사합니다.

▲ 물산장려운동 초기 기관지 『산업계』. 『산업계』를 당시 보천교에서 발간하였다.

• • •

1991년 7월 15일 오후 5시, 최종섭의 구술

전에 뵙던 안후상입니다.

아, 넝메 …!

예. 요즘 건강은 좀 어떠신가요?

괜찮아. 조금 나아졌어.

전에 미처 여쭤보지 못한 게 있어서요.

보천교 … 뭐 공부할 게 있어? 그게 공부감이라도 돼?

예. 제가 보기에는 지금까지 알려진 것과는 달리 일제하에 보천교는 분명 일제의 탄압으로 없어진 것 같아요.

그러긴 하지. 왜냐하면 왜정 때 순사들이 기회만 되면 이 사람 잡아가고 저 사람 잡아가고, 또 차교주도 잡아가고 했으니. 그리고 대궐 같은 집들도 모두 순사들이 개입해 철거해버렸지.

왜 그렇게 했을까요? 경찰이 왜 흔적까지 없애버렸을까요?

왜정은 신정부(新政府)가 들어선다고 운동을 하니까, 그럴 수밖에 없었지. 신정부를 세운다고 대궐을 만들고, 벼슬도 나눠주고 하면서. 왜정 순사들이 볼라치면 기가 막히지. 왜정 순사들이 가만히 있질 않지. 여기 교본소에 아예 순사, 형사가 주재했었어. 지금도 요 위에 사시는 분인데, 내 이름은 말 못 하지.

아, 저도 알아요, 강재령 씨라고요.

그려?

당시의 형사였던 강재령 씨(강 부장으로 알려짐)를 만나본 적이 있어요. 그분은 그 당시에 어쩔 수 없이 보천교인들이 모이는 곳이면 따라다녔다고 하더라고요. 제가 물으니까 겨우 그렇게 겨우 대답을 하시는 거예요.

강 부장 그분이 그랬지. 지금도 저기에 사셔. 옛일을 잊고, 만나면 아는 체도 하고 잘 지내려고 하지. 당시 우리가 모이면 그런 분이 따라붙었지. 당시 교인들은 비밀리에, 아주 비밀리에 왜정이 언제 끝날지를 알아맞혔고, 그리고 그것이 끝나기를 빌었고. 왜왕을 그려놓고서 화살을 쏴서 맞히고 했으니까. 강 부장이 그걸 몰라, 모를 리가 없지. 그래도 모른 척해줬지.

보천교의 비밀스런 집회가 마치 무속인들처럼 예언을 하고, 기도하고, 복숭아 나뭇가지로 만든 화살을 쏴 맞히고, 했네요.

어느 정도는 그랬지. 그러나 당시 간부 중에는 구학문에 능한 분들이 많았어. 그분들이 방편으로 쓴 거야. 우리처럼 무식한 다수야 오랫동안 하던 방법이 있어. 예언하고, 정화수 떠 놓고 기원하고, 화살을 만들어 쏘고 했던 것이지.

보천교가 추구했던 목적이 뭐라고 생각하세요?

목적? 그거야 후천개벽과 대동 세상이야. 가난했으니까, 맨날 전쟁하고 했으니까, 이젠 화평한 대동을 바랜 거지. 그리고 나라를 세우겠다는, … 근데 교단은 이것을 숨겼지. 지금은 우스워도 당시는 굉장들 했지! 사람들이 구름처럼 몰려들어, 그러면 정말 우리 같은 사람들이 나라를 세운다는 것을, 서로들 다 놀래, 다들 굉장했지!

그러네요. 그러니까 나라를 진짜 세우려고 했군요. 그리고 그러한 것들이 모두 우리의 전통이네요. 그러니까 보천교는 우리 식대로 의식을 행하고 우리 식대로 운동하고, 우리 식대로 목표를 달성하려고 했네요. 그런데 보천교에서 실제로 새 정부를 만들려고 했나요?

허허, 내 아까 말하니까. 지금은 우스워도 그땐 그랬어. 우리 도의에서 만들 세상인데, 다들 그 세상이 지금 우리 앞에 있다고 생각했으니. 웃음이 나올 수도 있지만, 그땐 다들 그렇게 믿었어. 우리 아버님께서도 그것 때문에 이곳으로 재산을 몽땅 가지고 이사하신 것이지. 그땐 그렇게 믿었었어. 아, 그땐 답답하니깐, 그럴 수밖에 없지. 왜놈들 등쌀보다야 차라리 보천교가 나라를 짠다고 하니, 재산 팔아서들 온 거여. 우리만 온 게 아니여. 여기 대흥리에 사는 사람들 죄다 다 그랬어. 당시에 수천 명이 이곳이 서울 된다니까 몰려들었어.

경남 함양에서 교명과 국가 이름을 선포하는 고천제를 지냈다고 하던데, 혹시 그 사실을 아세요? 그때 시국(時國)이라는 국호를 선포했다는데?

그때 우리 아버님께서 직접 관여하셨어. 아버님 말씀은, 우리 아버님은 그때 제수품 조달하셨지. 그때 수백 명이 황석산에 몰려가 제를 올렸는데, 그때에 신정부의 관직을 나누어주었다고 했어. 그랬어. 그땐 왜놈 순사 수백 명이 그곳을 포위했지. 그 천제를 차교주가 치른 거지. 차교주 아니면 못해.

그때 나라 이름 시국요? 시국이 뭐예요?

시국에서 시? '시(時)'는 선천(先天)에서 후천(後天)으로 옮겨가는 개벽이지. 지금이 선후천의 경계니 그런 시절에 나라라는 것이지.

어르신도 그렇게 믿었어요? 지금도 그렇게 믿어요? 새정부를 세운다는 거요. 그리고 관직을 정해줬다는 겁니까?

내가 장년이 될 때는 교단의 신앙이었지. 내가 다닌 곳은 교회였어. 그런데 우리 아버님 때는 교회라기보다는 한마디로, 솔직하게 말해 정치여. 정치이기도 하고. 차교주가 왜정 총독도 만나고 했으니까. 차교주가 정치를 한 것이지.

조선총독이 차교주를 만났다는 기록이 있는데, 어디서 만났죠?

여기서. 왜정 총독이 여기로 왔어. 총독 아래 경무총감도 오고 했지. 그네들이

예를 갖춘 것이지. 차 교주 앞에서.

어떻게 자세히 아세요?

우리 아버님, 그리고 아버님 잘 아시는 분들의 얘기를 들었지. … 이제 그만 해. 더 해줄 것도 없어.

하나만 더요. … 당시 경복궁보다 더 큰 궁궐을 만들었는데, 소요되는 돈은 어디에서 나왔어요? 다 농민들에게서 나온 게 아니예요? 그래서 주변에서는 차교주를 사기꾼이라고 비난하는 것 아닌가요.

허허, 그래서 이 난리가 났지. 교인들끼리 송사하고, 재산 찾는다고 지금도 척 짓고 살아. 그런데 한때는 잘 나갔지. 한때는 서로 열심히 일도 열심히 하고, 잘 먹고 잘 살았어. 그런데 왜정 순사들이 훼방을 놓았어. 공장도 하고 가게도 하고 농사도 짓고 하면서 규모가 있었는데, 그때 이 사람 잡아가고 저 사람 잡아가고, 싸움질 시키고, 송사 크게 벌리고 하면서 이곳이 무너진 거여, 지금 생각허니. 재산 다 갖고 온 사람들 모두는 거지가 되고 굶어서 죽기도 했어. 수직기도 가동 안 되고, 하니 모두가 굶었어. 그런 측면도 있다는 거야. 차 교주의 책임도 있겠지만, 왜정 순사들이 모든 걸 했지.

아, 그랬었군요. 전 『보천교연혁사』만 보고 보천교가 일제의 탄압만 받은, 그리고 시국대동단이라는 친일 단체를 만들어서 사회의 비판을 자초한 것이라고 생각했는데요.

대동단도 그랬어. 불가피했지. 당시 살려고 했던 것이니. 살려고 그쪽 얘길 일부 들어준 거여. 그래서 우리 대동단을 만든 것인데, 그만 간부 몇 분이 그래 망쳐 놓았어. 연혁사도 그 당시 어쩔 수 없었어. 순사들이 틈만 나면 들어와서 뒤져갔으니, 제대로 역사를 쓸 수 없었어. 연혁사를 쓴 분을 내 잘 알지. 그 어르신에게 직접 들은 것인데, 왜정 때 완성이 된 것인데, 내밀한 것은 쓸 수도 써도 안 되는 시절이라고. 그래 어쩔 수 없다고 하더구먼. 거기 시국대동단이 나왔다면 그 얘기일 거야.

그러니까, 독립운동한 내용은 쓸 수가 없었다고 하였단 말이죠? 근데 당시에도 연구하시는 분들이 찾아와서 제가 물은 것을 물은 적이 있나요?

암. 있고말고. 대학교수도 와서 물었지. 그런데 그때에도 그 말을 함부로 못했네. 도의 세계인 신정부를 수립한다고 하면 아무리 요즘 시대라고 하더라도 불손하게 생각을 할 게 아닌가, … 안 그려? … 좀 쉴라니까, 이제 그만 해.

당시 교인은 어느 정도였나요? 흔히 보천교 하면 600만 교인이라고 하잖아요.

이곳에 행사가 있으면 그 수가 수십만이여. 교인들이 거처할 숙소만도 본소 주변에 300여 동이나 됐다고 하니까. 그 수는 알 수가 없지.

죄송합니다. 마지막으로. … 차경석의 부친 차치구 님은 어떤 분이셨나요? 혹시 아는 게 있으시다면 …?

내야 잘 몰라. … 내 ○○○○데, 근데 차교주처럼 기골이 장대했고, 뚝심도 있어 양반들을 혼내주었고, 그래서 인심을 크게 얻은 거지. 다들 그 양반을 우러러보았다고 하잖아. 그게 독이 된 것인가, 어쩐 것인가. 아, 양반네들이 가만 안 있지, 그래서 그 뭐야 고부 소요산으로 숨었다는 얘기가 있어. 이젠 그만 혀 ….

한 가지만 더. 강증산 선생님과 차 교주님의 관계에 대해서 말씀해주시지요.

아, 옥황상제님은 우리 교단의 교조이시고, 그분을 따르던 분이 차 교주이시고. 상제님을 따르던 분들을 증산도문이라 했고 그 도문의 주인이 차 교주야. 됐어?

근데 저쪽 차용남 씨 쪽에서는 강증산 선생을 교조로 생각 안 하신다고 하던데요?

그건 그쪽 입장이 있겠지. 분명한 것은 처음 때부터 옥황상제님은 차 교주 때부터였어.

마지막으로, 원불교 소태산이나 저 충북 구인사의 천태종 상월이라는 분도 보천교를 하셨다는 얘기를 들었어요. 혹시, 아셔요?

원불교 박중빈 씨도 이쪽 교인이었다고 다 알고 있제. 아, 박공우라고, 상제님 제자 되시는 분과 형제지간이여. 송정산도 그랬고. 그래서 증산원불교라는 이름이 있는 거고. 그때 교단의 어르신들이 하신 말이여. … 구인사 쪽은 교단의 서무 하셨어. 구인사 분은 나도 일면이 있어.

아, 예. 고맙습니다. 고맙습니다.

글 잘 써. 바르게만 쓰면 돼. 그러면 돼, 암.

마지막 하나 … 당시 대흥리는 어떤 곳이었나요? 교인이 아니면 살 수 없었나요?

아니지. 여긴 본소만 보천교였지, 막 누구나 와서 살었어. 저 왜놈 순사 강 부장도 살았으니까. 왜놈 순사들도 여기에 사무실을 두고 살았지. 장사꾼도 있고, 교인이 아니어도 와서 일하고 살았지. 여기 신씨들도, 아 여기에서 안 살았어? 재산도 가져와 바쳤지만, 그거 다 나라를 세운다고 하기에 낸 것이지. 아무튼 여긴 여러 찌리가 와 살았지만, 아까 수직기나 가게는 교인들이 주로 했지. 왜냐하면 재산을 그쪽에 투자한 거니까. (투자요?) 암. ○○○고 봐야지.

아, 오랜 시간 동안 고맙습니다.

이런 얘기는 잘 안 해야 하는데. 아직도 시끄러워. 니 편 내 편이다, 구파나 신파다 하면서 서로 척짓고 … 지금도 그려. 석우 씨 아들이야 해주는 건데, 이 얘기는 조심해야 혀.

이미 이강오라는 전북대 교수가 쓴 글에 어르신 말씀이 인용되었어요. … 아무튼 조심히 할게요.

그들이 마구잽이어서, 잠깐 했는데, 그래 와서 내 말 조금 가지고서 그렇게 쓴 거지. 그 일로 애먹었지. 내 석우 씨 아들이라, 하지만 이 얘기는 훗날 써먹든지 하라고.

네, 알겠어요. 감사합니다.

• • •

2018년 10월 14일 오후 3시, 최종섭의 아들 최원팔의 구술(이동화 동석)

안녕하세요? 전에 전화드렸던 안후상입니다.

예. 넝메 사신다고 했지요?

예. 제가 석사학위논문을 쓰기 직전에 선친을 뵙고 구술을 들었는데, … 혹시 할아버님과 선친의 생몰연대를 알고 싶어서요.

저도 까마득해서 잘 생각이 나질 않아요. 제가 12세 때인가, 아무튼 그때 돌아가셨으니까요. 조부님께서는 87세에 작고하셨지만, 아버님은 77세에 작고하신 것만은 분명히 알고 있어요.

선친께서 하셨던 얘기가 대략 어떤 얘기이시던가요?

뭐, 방직업을 처음 시작했다는 얘기를 하셨고요. 왜놈들 물건 안 쓴다면서 하셨대요. 그리고 비밀리에 모여서 왜놈 황제 어떻게 해달라고 빌고, 하셨던 얘기예요.

독립운동과 관련한 얘기는 없었는가요?

있었지요. 당시에 독립군을 숨겨주기도 하고, 강 부장(보천교 본소에 주재했던 형사 강재령을 말함)이 염탐하고. 왜놈들이 잡으러 오면 구들장 아래를 파고 그 밑에서 지냈다는 얘기요. 당시 밀고자는 정읍의 신문사 지국장인가 하는 사람이 주로 했고, 대흥리에도 밀고자가 있다고 들었는데, 잘 기억이 안나요.

조부님께서는 보천교 총정원장을 지냈다고 들었어요. 광복 이후의 활동에 대해서 말씀해주시지요.

해방되고 난 뒤에 조부님이 정화사를 건립하셨어요. 그리고 그쪽으로 떨어져 나가셨지요. 당시 보천교가 분란이 심했고, 재산 처리 문제로 그간에 아버님께서 벌어놓으신 돈을 다 탕진했지요.

왜, 탕진을 하셨지요?

소송비로요.

당시 선친께서는 방직 기계를 처음 들여왔다고 하셨는데요?

우리 아버님께서 그러셨지요. 비단을 짜고, 누에고치를 가지고 비단도 짜고 해서 큰돈을 버셨어요.

본적은 어디이고, 언제 대흥리로 오셨어요?

본적은 경상북도 포항 옆 홍해라는 곳이에요. 본이 경주최씨고요. 조부님께서 이쪽으로 오셨지요. 저희 아버님은 독자이신데, 딸은 여럿 있고. 그런데 당시 홍해에서 부자였는데, 이쪽으로 와서 이렇게 돼 버렸어요. 당시 홍해에서 3천석지기였대요. 조부님께서 홍해에서도, 정읍에서도 독립자금을 많이 댔대요. 그 얘기를 자주 들었어요. 그런데 증거가 없어요. 참.

예. 잘 들었어요. 고맙습니다.

이 부분에 대해서는 이동화라고, 외가분인데, 그 분이 잘 아셔요. 제가 전화해 볼게요.

“경주 양동에서 오신 나의 조부님”

구술자 이동화(1939년생)

질문자 안후상

일시 2018년 10월 14일

장소 전라북도 정읍시 입암면 대흥리, 문화마을 모정

앞의 최원팔을 만나면서 이동화(李東化)의 구술을 들었다. 이동화 역시 선대가 경상북도에서 이주한 탄갈자의 후손이었다.

• • •

안녕하세요? 안후상입니다.

예, 얘기 많이 들었어요. 보천교를 수십 년간 연구하시는 분이 있다는 얘기를 많이 들어 알고 있어요.

언제 이쪽으로 이주를 하게 되었나요?

우리 조부님께서 보천교를 믿으면서 이쪽으로 오게 되었지요. 조부님 함자는 석(錫) 자 봉(鳳) 자에요. 부친은 성 자 원 자이고요. 그런데 부친은 보천교 때문에 가산을 다 잃었다며, 보천교를 믿지 않았어요. 보천교와 단절을 했지요.

외조부님이 총정원장 최병대(崔炳大)라고요? 조부님은 생몰연대가 어떻게 되나요?

여기 원팔이와 사촌지간이요. 우리 조부님은 1879년생이시고 1939년에 작고하셨지. 원래 경주 양동에 계실 때부터 보천교를 하셨어. 경주에서 정읍까지 왔다갔다를 자주 하셨다니까.

본관은? 이곳에 오시기 이전에 어디에서 사셨나요?

여주이간데, 양동이씨라 부릅니다. 경주 양동이요. 주로 조부님은 재력가들을 조사하고, 만났었지요. 아마 자금을 끌어모으는 일을 하셨던 것 같아요.

조부님께서 독립운동을 했다는 얘기는 안 들으셨나요?

들었지. 경주 양동에 가면 다 우리 집안이야. 양동의 어른들이 그러셨지. "쓸데없이 손병희 만나고 손병희와 정읍에 같이 가고, 그러다가 그 많은 재산 다 날리고…" 사실 파고다공원에서 독립만세운동도 참여했다고 들었어. 그러면서 손병희 만났다는 얘기는 경주 양동의 집안 어른들을 통해서 들었어. 경주 양동에서 보천교를 하신다고 전국을 다니셨고, 1928년인가 1929년인가에 이곳 정읍으로 아예 이사하신 거야.

지금도 경주 양동에는 집안 사람들이 계시지요?

암. 지금도 경주 양동에 집안 사람들이 많지. 코오롱그룹 이원만 씨는 나의 5촌 당숙이야. 이동찬도 다 집안이고. 그런데 어떻게 이 전라도에 와서 살게 되었어.

지금 보천교를 재조명하고 있어요. 역사를 올바르게 밝힐게요.

그래야지. 나도 도움이 될 수 있도록 노력할게.

마지막으로 한 가지. 진등 박문기 선생님이 지은 책이 있어요.

대단하신 분이여.

한자가 우리 글이라는 책도 있고요. 이러한 주장들이 보천교 어른들께서 하시는 것을 들었는데, 혹시 보천교와 관련 있나요?

이 이야기는 이중선 선생이 한 얘기여.

아, 그러게요. … 보천교 역사이구먼요.

"보천교 직조산업과 나의 조부님"

구술자 강형희(1933년생)·강희석(1950년생)

질문자 안후상

일시 2019년 6월 2일 오후 2시

장소 전라북도 고창군 아산면 상갑리, 고창군 고인돌박물관

강희석(姜熙石. 고인돌박물관 해설사), 강형희(姜亨熙. 고창군 아산면 상갑리) 2인을 만나, 강하영(姜夏永) 조부의 보천교에서의 활동에 대해 여러 얘기를 들을 수 있었다. 강희석과 강형희는 같은 마을의 일가이다.

• • •

-전략-

(강희석) 안 선생, 이분이 아까 말한 우리 마을의 어르신 강형희(姜亨熙) 씨예요. 이분이 쓰신 글과 족보가 여기 있어요.

(족보와 글을 내밀었다.)

아, 예. 안후상입니다.
(강형희) 예, 강형희라 합니다.

(족보와 강형희 씨가 쓴 글을 강희석 씨가 내게 보여주었다.)

(강희석) 나의 조부님의 함자는 하영(夏永)입니다. 조부님께서 많지는 않았지만,

▲ 전라북도 정읍시 입암면 대흥리 전경. 보천교 중앙본소가 자리하고 있다.

전답을 팔아서 정읍 대흥리로 가셔 사셨어요. 2, 3년 사신 것 같아요. 그 당시에 '영광군수직'을 제의받았다는 얘기를 들었어요. 방직 일을 하셨다는 얘기도 들었어요. 그러다가 보천교가 해체되고 다시 아산 상갑리로 돌아오셨고, 그때부터 아주 어렵게 사셨어요. 이분은 우리 마을의 집안 어르신인데, 이분께서 기억하는 분이 있어요. 이분이 바로 강수영(姜琇永) 씨인데, 이분에 대한 기억이에요. 여기 족보(『진주강씨청계공파가승보』)에 나와 있는 이분이시고, 이분에 대한 얘기는 여기 문집(강형희 편저, 『惺菴私稿』 2012.2.4)에 나와 있어요.

(『惺菴私稿』110쪽 '진주강공휘준흠묘표(晉州姜公諱準欽墓表)'에 나오는 분 강준흠(姜準欽)은 아까 말한 강수영(姜琇永)의 부친이다. 강준흠의 묘표를 강형희(姜亨熙)가 썼는데, 그 내용은 "(강준흠의) 부음이 전해지자 장윤이 보천교 방주로 있어 교주가 상여와 유대군을 보냈고, 조객의 마필이 2백을 넘었으며, 후산 동장지(洞葬地)까지 5리 거리에 인산인해를 이루었으니, 이에서도 공의 인덕을 보리로다."(『惺菴私稿』 111쪽)

강수영(姜琇永)이 보천교 자방주(子方主)라는 것이 일제가 조사한 비밀문서에 나와요. 그 자료가 『양촌급외인사정일람(洋村及外人事情一覽)』인데, 저희가 번역을 하였어요. 번역한 책이 『일제강점기 보천교 민족운동자료집Ⅱ』인데요, 여기 99쪽 표에 '子 姜□水 전북 고창군 아산면 상갑리'라고 기록돼 있어요. 그런데 '姜□水'는 잘못 읽은 것이고 바로 강수영(姜琇永)입니다. 희미하여 수(琇) 자를 읽지 못했고, 영(永)을 수(水)로 읽은 것입니다. 일제가 제대로 기록한 겁니다.

(강형희) 아, 그래요. 나는 우리 할머니의 얘기를 들었어요. 할아버지와 할머니도 보천교를 했어요. 할머니는 매일 아침 청수를 떠놓고 태을주문을 외웠지요. 그때 할머니께서 하신 말씀이, 강수영 씨의 아들이 기원(麒元)인데, 기원 씨의 부인이 행주 은씨였고, 행주 은씨의 외조부가 연안 차씨, 즉 차화중(車華重)이었다고 해요. 차화중이 차천자의 누구인데, 기억이 안 나는데, 아무튼 강수영 씨가 방주를 지내면서 혼줄이 얽혀졌던 것 같아요. 여기 족보에 나와 있는데, 내가 작성했어요.

혹시 강수영 씨 부친 강준흠 씨가 언제 작고했나요?

(강형희) 1925년 2월 4일, 70세로 작고했어요.

그 당시 보천교가 가장 전성기를 누렸어요. 아마 강수영 씨는 당시에 입암면 대흥리에 계셨을 거예요.

(강형희) 예, 맞아요. 강수영 씨 부친 준흠 씨는 여기 상갑리에 사셨을 때라고 해요. 그때 장례식이 대단했다고 해요. 하얀 말들이 오고, 조문객들이 고창 읍내까지 이어졌다고 하니까요.

왜정 때 일인데, … 그때에 마을 사람들이 보천교를 다녔겠지요?

(강형희) 예, 마을 사람들이 대부분 보천교를 했대요. 우리 할머님도 태을교를 포교하셨다고 해요.

주문이 흠치흠치 태을천상원군 흠리함리사바하 등이에요. 들어보셨어요?

(강형희) 아, 당연히 들어봤지요. 할머니께서 그렇게 하셨어요. 할머니는 직산 조씨인데, 그 당시 그 얘기를 자주 하셨어요. 강수영 씨 조부가 천석지기인데, 살림은 괜찮았다고 해요.

재산을 보천교에 수탁한 이들을 탄갈자라고 해요. 대흥리는 당시에 경제 공동체였지만, 일제의 탄압으로 공동체가 스톱되면서 굶주리는 분들이 많이 나왔지요. 그런데 강수영 씨는 대흥리에서 어떤 직책을 맡아서 하셨을까요?

(강형희) 베 짜는 업을 관리하셨다고 들었어요. 큰 공장에서 명주베를 짜면 여자들이 옷을 지었다고 해요. 요즘으로 보면 큰 회사이겠지요.

(강희석) 지금도 대흥리에 직조공장이 있지요?

예, 당시 물산장려운동도 보천교가 주도하다시피 하였고, 왜산 물산 안 쓰기 운동을 벌이면서 직조공장을 시작하였다고 해요. 당시 보천교에서 중요한 사업이 직조였고, 그 일을 맡으셨다면 상당히 중요한 일을 하셨다고 보아야 합니다. 지금 대흥리의 직조공장은 바로 보천교로부터 시작됩니다. 자작자급의 경제공동체의 시작은 1920년 초 정도로 추정합니다. 대흥리의 어른들이 그렇게 얘기하거든요. 아무튼 좋은 말씀 잘 들었습니다. 읍내에 가셔서 식사하시면서 얘기를 더 하시지요. 감사합니다, 이렇게 나오셔 말씀해 주셔서요.

"나의 조부 김정곤과 보천교"

구술자 김지현(1938년생)

질문자 안후상·장학수

일시 1995년 7월 23일 오후 2시 / 2018년 10월 13일 오후 3시 / 2024년 8월 24일 오전 11시(장학수 동석)

장소 전라북도 정읍시 입암면 대흥리 627, 제화자동차공업사

김지현(金知玄)은 보천교 고위 간부 김정곤(金正坤, 1881~1937)의 손자이다. 김정곤은 1925년 '보천교 권총단 사건'에 연루되어 일경에 체포돼 심한 고초를 겪었다. 2024년 8월 24일 구술 채록에는 장학수(前전라북도의회 의원)가 함께하였다.

• • •

1995년 7월 23일 오후 2시, 김지현의 구술

안녕하셨어요. 저는 진산리에 사는 안후상입니다. 영기하고 초등학교 동기동창입니다.

아, 전에 한번 왔던 … ?

예, 전에 '보천교와 물산장려운동'이라는 논문을 갖다 드렸었지요.

우리 할아버님 얘기도 나오더만.

조부님, 아버님 등 가계에 대해서 말씀해주세요.

조부님은 잘 알테고, 조부님은 경상도 고령의 대지주이셨지. 경주 계림공파이시고. 슬하에 자경(子經), 인경(仁經), 태경(台經) 이렇게 3남을 두셨어. 앞의 자경

이라는 분이 나의 선친이시지. 자경은 예명이고, 호적명은 판수(判壽)이셨어. 내가 이분의 큰아들[知玄]이고, 아래 동생은 지찬(知燦)이여. 지찬은 출가하여 지금 포항 운흥사에서 사회복지 일을 하고 있어.

▲ 보천교 수위 간부 김정곤

예. 제가 전화로 통화를 해본 적이 있어요. 난승 스님요. 당시에 보천교 방주직인을 소장하고 계셨고, 그 직인을 찍어서 팩스로 제게 보내준 적이 있어요. 조모님은 어떤 분이세요?

우리 할머니는 6·25전쟁 직후에, 그러니까 내가 중학교 2학년 때 작고하셨지. 나는 보천교에 대해서 할머님, 아버님, 그리고 작은아버님의 말씀을 많이 들어 잘 알고 있지.

작은아버지라면 인경이라는 분?

그려.

보천교가 그간 사이비종교 집단으로 인식되고, 교주가 사기꾼이다, 하는 얘기를 그간에 해왔잖아요.

예민한 문제라 내가 할 수 있는 말은 별로 없네.

영기 증조부님이 김 정 자 곤 자이신데, 그분 역시 일제 공문서에 자주 나오셔요. 저는 보천교가 립운동을 했다고 봅니다. 영기 증조부님에 대해 얘기 좀 해주세요.

내 할아버님은, 나도 아버님께 들었으니까. 우리 할아버님은 경상도를 총괄하시는 분이셨지. 그리고 논문에도 나오지만, 만주의 독립단과 함께 독립운동을 하시다가 고초를 심하게 당하셨다는 얘길 들었어.

당시 할아버님은 보천교에서 최고의 간부를 지냈는데, 혹시 할아버님은 왜 보천교를 하셨을까요?

덥네 …. 그러니까, 우리 증조부님은 경상도 고령의 큰 부자이셨지. 그런데 왜놈들이 못살게 구는 거야. 거기서도 심하게 탄압을 받으셨고, 그래서 새로운 나라가 생긴다는 곳으로 아예 이사를 해버렸지.

보천교에 입교하셨군요. 입교해서 할아버지께서 어떤 일을 하셨다고 들으셨나요?

아, 그거 했지. 뭐냐, 비밀리에 회합을 하고 사람들을 끌어들이고, 비밀리에 일본 황젠가 누군가 하는 초상을 그려놓고 화살을 쏘아서 맞히고, 왜놈들이 물러가는 날을 기도하고, … 나중에는 외교를 하셨다나 봐. 교단이 나라만큼 커지니 외교를 담당하시고, 그리고 재정도 담당하셨다나 봐.

그렇게 높은 분이 그 이후에 어떻게 되셨는가요? 당시 신문에 할아버지께서 권총을 가지고 군자금을 모금하려다가 경찰에 붙잡혔다는 내용도 있습니다.

▲ 보천교 교인 가운데 지팡이를 쥔 왼쪽이 김정곤

말도 말어. 지금도 서로 그러고 있으니까. 구파다 신파다 하면서. 분명한 것은 우리 할아버님은 독립운동을 하셨던 거야. 권총은 모르지만, 당시에 왜놈들에게 붙잡혀 고문을 어찌나 당했던지 한쪽 다리를 당시에 못 쓰셨다는 거야. 나의 어머님의 말씀에 따르면 한 해 동안이나 경찰서에 끌려가 고문을 당했다는 거야.

그것과 관련 있는 자료가 있나요? 고문을 받은 자료가 있다면, 아니 판결문이나 형을 살았다는 근거가 있으면 보훈처에 제출할 수 있습니다.

그런 건 없지. 그리고 지금 내가 너무 힘들어. 그 일을 할 수 없어. 너무 힘들어서.

• • •

2018년 10월 13일 오후 3시, 김지현의 구술

안녕하세요? 안후상입니다.

아, 영기 친구, 잘 알지. 이리 들어와.

십 몇 년 전에 뵈었을 때 아버님 말씀을 기록한 거예요(정리한 구술을 보여줌).

음.

한 가지 보완할 게 있어요. 조부님 김정곤 님께서 언제 작고하셨나요?

1936년에 작고하셨어.

1936년이면, 교주 차월곡이 작고하던 그 시기?

그랬지. 나의 아버님과 작은아버님 말씀에 의하면, 당시 나의 할아버님은 경상도 지역을 대표하시는 분이셨다고 해. 보천교는 경상도 사람들이 대부분이고, 따라서 나의 할아버님은 교단의 최고 책임자이셨지. 교주가 돌아가실 때에도 나의 할아버님 무릎 위에서 돌아가셨다고 들었어. 그리고 나의 할아버님께서 화병 나셔서 돌아가셨고.

아, 그러셨군요. 할아버님께서 경상도 책임자이셨고, 따라서 어떤 결정을 하는 데 있어서 차월곡 선생도 김정곤 선생에게 미루었다는 기록이 발굴되었네요.

나의 할머님 말씀을 나의 아버님과 작은아버님께서 해주셨는데, 당시 나의 할아버님은 의금을 거두는 책임자이셨는데, 몸에 전대를 차고 다니셨다고 해. 가족들이 서숙죽(조죽) 먹어보는 게 소원이었지만, 전대에서 한 푼도 나오지 않았다고 해. 할아버지께서는 가족의 일보다는 오로지 보천교 일만 하셨지. 그리고 교를 위해 청빈함을 잃지 않으셨다고 내가 들었어. 나의 할아버님께서 그렇게 청빈하게 하셨기에 지금 우리가 가난하지만 욕 안 먹고 존경받고 사는 거지. 그때 아버님과 작은아버님은 이렇게 말씀하셨지. "아버님께서 평소 깨끗하게 하셔서 우리가 욕을 안 먹는 거다"라고 하셨어.

왜 그렇게 교단 일에 열심히 하셨는가요?

우리 할아버님은 원래 열아홉 살에 왜놈들의 등쌀에 집을 떠나 만주로 가셨지. 독립운동을 하겠다고 만주로 간 것을 증조부님께서 사람을 보내 찾아오게 했지. 집에 돌아온 조부님은 식음을 전폐하고 고집을 부리셨지. 나라를 잃었는데, 가만히 앉아서 밥이나 축낸다는 게 마음이 안 드신 거지. 그러다가 전라도 어디에서 독립운동을 하는 종교 단체가 있다는 말을 듣고 수소문하여 알아보시고, 그리고 재산을 팔아서 그곳으로 간 곳이 대흥리 보천교이지. 당시 증조부께서는 식음을 전폐하고 죽느니 보천교로 가는 것을 허락하셨다는 거야.

해방 이후에 아버님은 보천교 일에 관여하신 적이 있는가요?

조금 했지. 당시 우리 집에서 회의를 하고 지금 정화사로 옮겼는데, 정화사에서 일을 하셨지.

아, 보천교 구파라 불리는 곳에 관여하셨네요.

그렇지.

제가 국가보훈처에 보훈 신청을 하시라고 했는데, 해 보셨어요?

못했어. 그때 너무 힘들었으니까. 자네가 연구를 하고 자료를 찾아주었는데도 못 했어. 요 아래 배아무개 집안에서는 배○○를 신청해 서훈을 받았어. 나도 다 알어. 그분은 우리 할아버님 아래에서 일하신 분인데, … 그걸 생각하면 눈물이 나와. 내가 힘들게 살아서 도리를 못한 것이지.

• • •

2024년 8월 24일 오전 11시, 김지현의 구술(장학수 동석)

-전략-

조부님 사진이네요. 어떻게 이런 사진을 구했네요

(김지현이 사진을 보여주었다. 대전 증산도 안경전이 사진을 보내왔다고 하였다. 사실 그 사진은 김지현이 보관한 단체 사진의 '김정곤'을 확대한 사진으로 보인다.)

그래서 내가 물어보니까 그분들이 우리 할아버지에 대한 그걸 쫙 가지고 다니더구먼. 쫙 빼서 바로 그냥 나를 줘. 그래서 그게 지금 나한테 있어, 있는데. 이제 그거 하다가 여기가 좀 거하니까, 그때 당시에 보천교에서 뭐 북선 남선 이렇게 갈라서 한 것을 나도 몰랐어. 그래서 우리 할아버지가 하여튼 평안도 정리도 하고 하셨더라고. 그래갖고 나중에 보천교가 말년에 그때니까 대전 이하로 하고 위로하고, 이렇게 딱 나눠졌더만. 나눠갖고 이 아래의 책임자가 우리 할아버지고 위에가 누구라고, 하여튼 얘기를 하더만. 그래갖고 이제 그거 한 것이 쭉 다 나와 있더라고. 그래서 참 뭣을 알려고 자꾸 나한테 더 왔는데 내가 뭐 아는 것이 있어야지. 우리 아버지도 안 계시고 뭐 내가 아는 대로만 얘기를 했지. 그랬더니 그래하고 그러고 ⋯.

할아버지는 원래 어디에서 이쪽으로 오셨어요?

고령. 경북 고령 합거리여. 고령에서 부잣집 아들이여. 우리 할아버지가 부잣집 아들이라, 뭐야 일제 때 그 양반이 열아홉 살 자셔서 독립운동을 한다고 만주로 가셨어. 만주로 갔는데 우리 증조할아버지 그 형제가 사형제 분이여. 우리 집이 가운데 분이고. 이제 우리 할아버지의 아버지가 증조할아버지지. 근데 그 양반이 딸이 다섯에다가 아들이 막내 하나예요. 우리 할아버지가 그러니까 독립운동한다고 만주로 가셔버리니까 자기 형님하고 동생과 타협을 했어. 애가 이만저만 한다고 독립운동한다고 가버렸으니 어떻게 하면 쓰겄어, 하니까 큰집 형님이 "야 너 아들 죽어버리면 없어지면 우리 아들 하나 양자하면 될 것 아니냐, 그냥 냅둬버리라"고 그랬어. 그래도 우리 증조할아버지가 가만히 생각하니까, 그래도 조카보다는 자기 아들이 낫거든. 그러니까 만주 가서 데리고 왔어.

혼자 할아버님을 데려왔어요.

어, 들어왔어.

몇 살 때 오셨어요? 열아홉 살 때 가셔서.

한 스무 살이나 스물한 살이나 나왔겠지.

잠깐 있다 왔네요.

어, 그랬는데 이제 또 이 양반이 이제 집에 와서 은둔 생활을 한 거야. 근데 이제 전라도 어디서 뭔 단체가 모인다고 자꾸 이제 그런 얘기를 들으니까, 이 양반이 그때 여기로 왔었어.

전북 정읍 대흥리로?

대흥리에 와서 경상도 누구 이 뭣하고 누구하고, 우리 할아버지가 두 사람을 데리고 여기 와서 차경석 씨를 만나봤어. 만나보고는 가서 …, 나중에 이제 그 얘기는 우리 아버지나 우리 할머니한테 들은 얘기여. (고령에) 가 갔고는 하루 아침에 우리 할아버지가 증조할아버지한테 승낙을 받은 거예요. 전라도 가면 이러이런 단체가 있고 하니까 내가 거기다가 돈을 넣고 내가 거기서 독립운동을 해야 되겠어, 하는 식으로 얘기가 됐어. 그러니까 참 막내아들 그 하난디, 그러면 너 하고 싶은 대로 해라고 해버린 거예요. 그러니까 하루아침에 천석꾼 살림을 싹 팔아갖고 와버렸어. 요리 이래 와갖고 그 돈을 싹 한꺼번에 다 밀어 넣어버린 것이지.

그러면 증조부도 같이 왔어요? 증조부도 같이 왔어?

○○부터 여기 왔다가 가셔서, 편찬해서 돌아가시고 그랬어. 산청 저기 거창부터 돌아가셔서, 산청에 가서 묘가 있다가 몇 년 전에 내가 모셔 왔지. 우리 증조할아버지를 그렇게 해서 이제 그런 경위만 내가 조금 알지. 그 외에는 잘 몰라.

전에 의령이라고 안 했던가요? … 아닌가? 경남 고령인가?

아니요. 경남이 아니고 경북 고령이에요. 고령, 경북 고령군 쌍림면 합거리라고 한 데서 살다가 여길 오셨어.

그러면 할아버지께서 여기 대흥리에는 몇 살에 오셨어요?

잠깐만 있어 봐. 우리 할아버지가 1881년생이네. 1917년 정월달에 최경식 씨를 만나러 왔구먼. 정월이면 1월. 여기에 이렇게 쓰여 있어. 정월 경북 고령군 사람 김정곤 김병희와 경남 합천군 사람 이영조 세 사람이 소문 끝에 와서 차경석 씨를 만났다는. 이제 그걸 안경전 씨가 다 가지고 있더라고. 보천교 연혁을 쓴 사람이 여기저기 이태홍 씨 아버지라고, 그 양반이 그 보천교 연혁을 한문으로 다 썼다고 그 얘기를 다 하더만. 아, 이영호 씨, 저기 이태홍이라고 그 사람 아버지요. 경상도 저기 함양 사람이거든. 근데 이제 그 양반들이 전부 다 우리 할아버지 때문에 오게 된 거야. 경상도 분들 중에 거의 한 80퍼센트가 우리 할아버지 때문에 다 온 사람들이여. 그랬기 때문에 차경석 씨가 이제 믿고 이제 그런 감투를 줬겠지.

이게 '권총단 사건'이라고, 그 사건과 관련한 단체는 만주의 유명한 독립 운동단체이거든요. 정의부라고. 정의부가 이제 그 사람들 데리고 와서 이제 (할아버지께서) 자금을 지원하는 역할을 하셨더라고요.

그래, 그런 것은 내가 알지, 어느 정도는 알아. 그때 자네가 애쓰고 다 해가지고 '내가 만들어줄 테니 독립 신청을 하시오' 했잖아. 그때 내가 죽을 지경이야. 돈이 10원도 없어. 집구석이 망해서, 그때 내가 이제 우리 처가에서 돈 갖다가 뭣을 좀 만들어보고 살려고 하는 때여. 그러니 자네가 그 고마운 얘기를 하는데 해주면 내가 답례를 해야 되는데 답례할 돈이 없어.

그때 답례를 생각하고 얘기한 건 아니에요.

그런 게 아니지만은 나로서는 그걸 해야 되는디. 할 그런 돈이 10원짜리 하나도 없었어.

혹시 지금은 유공자 됐어요?

신청한 일도 없고 뭐 한 일도 없고, 또 안경전 씨도 나보고 그걸 해야지 왜 안 했냐고 그러더라고. 내가 그거 하겠다고 우리 할아버지 때문에 보천교가 잘 됐으면 모르지만 잘 안 돼갖고 다 망해버렸는데, 우리 할아버지 때문에 많은 사람이 희생이 됐는디 그 사람들 보기에 면목도 없는 것이고, 그 양반만 가서 독립운동 했다고 하면 그걸 쓰겠냐 이 말이야. 나 그래서 난 안 한다고 그랬어. 나 솔직한 내 심정이네. 우리 할아버지 때문에 와서 그 한 사람이 수도 없는디.

(장학수) 자료는 있어요. 많이 있어요. 지금 저희 통계에도 많이 나와 있어요. 그러면 아니 그러면 동기나 손주들을 위해서라도 해야 돼. 왜 그러냐면 자식들하고 손주들까지 이게 다 혜택이에요.

그래서 내가 그런 자료도 하여튼 모르고, 내가 될 수도 없고 할 줄도 모르고 이제 그런 상황이여.

할아버지께서 이제 이 대흥리에 아예 이주하셔가지고, 독립운동가들에게 자금도 이렇게 전해주고, 또 숨겨주고 그런 역할을 하시다가 이제 일제 경찰에 잡혔잖아요. 잡혀가지고는 엄청나게 또 고문도 당했다는 말씀도 그전에 하셨지요.

그런 얘기도 내 듣기는 했지. 그러니까 우리 할아버지를 참 내가 존경하는 것은 우리 그 우리 할아버지 친가를 내가 간 일이 있어. 이제 우리 할머니 친정이지. 거기 갔더니 거기에 이제 그 할머니들이 하시는 말씀이 느그 할아버지 지독한 사람이다 이거야. 5천 원인가, 그런 돈을 그렇게 많이 모아 이 전대를 차고 가면서도 처가에다가 10원짜리 한 장 준 일이 없다 이거여. 이 그 할머니들이 이제 그런 말씀을 하셔, 그 많은 돈을 가지고 그래…. 이제 그 할머니들이 그렇게 없이 살고 곤란했어도 10원짜리 한 장을 안 주고 갔다 이거여. 근데 여기 와서도 우리 할머니랑 우리 아버지랑 한 얘기가, 서숙죽 한 되를 끓여놓으면 서숙죽에 알맹이가 떠 댕긴다 이거여. 멀근 것이 그거 한 모금이라도 참 먹으면 눈이 좀 떠지고, 그러면 그에 따른 그런 얘기를 하시는데, 그렇게 많은 돈을 자기 손으로 만졌어도 식구들한테 1원짜리 준 사실이 없어. 내가 그런 얘기를 듣고 우리 할아버지 처가에 가서도 내가 그런 얘기를 들었어. 근데 그런 우리 아버지도 이제 그런 말씀을 하시고, 우리 할머니도 굶기를 밥 먹듯이 했다고, 그게 그래서 참 그랬는가 보다 하고 살지.

(장학수) 돈, 어마어마한 돈을 관리하셨으면서도….
그렇지 그렇게 많은 돈을 관리를 했어도 십원 한 장 집구석에 준 일이 없다고 하더라고.

경찰에 붙잡혀가지고, 나오시면서 또 고생하신 이야기, 형무소에 나오셔가지고 그 이후 이야기는 못 들으셨어요?
그런 얘기를 안 하시더라고. 왜 그러냐면 그때 당시에 이제 그런 ○식을 하면은 안 좋게 생각을 ○○○○○○.

그렇죠. 보천교에 대한 인식이 안 좋았을 때는 그런 이야기를 할 수가 없었겠죠.
보천교 차경석에 대한 그 책을 혹시 구할 수 있어?

차경석에 대한 책이 뭐가 있나요?
근데 그것이 이제 흠치교라고 해서 그 일제 말기 때 그 책을 만들어서 어떤 사람이 돌린 것이 있다고 하더만.

1950년인가 1960년도에 쓴 책이 있어요.
그러니까 그 책을 우리 지찬이가, 지찬(난승 스님)이가 나한테 바로 밑에 동생이여. 지금 포항에 그때 있다고 했잖아. 내 동생 걔가 차경석이 사교라고 해갖고 한 그 책을 읽어봤다 이것이여.

『거부실록』이라고 하는 책이 있어요.

그래서 자찬이가 그게 혹시 우리 할아버지 함자가 어떻게 생겼어요? 나보고 그렇게 물어보는 거야. 뭐 정 자 곤 자지 그러니까, 그 양반이 완전 사기꾼으로 돼 있다고 하더구먼. (할아버지가) 완전 사기꾼으로 돼 있다고 그 애기를 나보고 해요. 그래서 내가 나중에 그 책을 나에게 좀 하여튼 보내줘라, 그랬더니 그 책을 그때 보고 그냥 없애버리고, 그래서 구할 수가 없다고 그러더라고. 그래서 안경전이 보고도 혹시 그 책을 구할 수가 있냐고 내가 물어봤어. 그랬더니 그 책을 못 구한다고 그러더라고.

제가 가지고 있어요. 가지고 있습니다.

그래서 그 책을 읽어보면은 모든 상황을 우리 할아버지가 다 꾸민 것으로 돼 있다고 그러더라고.

(장학수) 아버님, 제가 여기서는 누가 할 수 있는 사람이 없으니까, 제가 도움을 주려니까, 형님이 자료를 좀 주셔서 독립유공자 신청을 하게 하면 ….

그래서 내가 지금 살다가 보니까 집구석도 망해버리고, 참 자네들은 그래도 뭐 대학교라도 갔는디, 우리 영기라는 놈은 내가 대학교를 못 보냈네. 왜 그때 당시에 우리 아버지가 전주 가서 뭐 공장을 크게 한번 해보겠다고 하다가 부도가 나버려서 쫄딱 망해버렸어. 그래서 우리 집 애들 학교를 하나도 내가 못 보내버렸네. 고등학교는 겨우 내가 졸업을 시켰어. 그런 판에 누가 와서 뭔 소리를 해도 우선 내가 목구멍에 풀칠하는 것이 당면 문제지, 독립운동이고 나발이고 필요 없다 이 말이야. 우선 내가 거지꼴을 면해야, 그래야 내가 애들하고 여기서 살다가 참 아닌 말로 내가 여기서 떠나더라도, 그래도 그 새끼들 ○○○○ 나갔다 소리는 안 들어야지. 그 이름으로 내가 지금까지 살았어. 여기에 내가 그래 이렇게 찾아준 게 너무 고맙고.

예. … 할아버지께서는 언제 돌아가셨어요?

언제? 우리 할아버지가 거기 보천교 차경석이 돌아가신 그 다음에 돌아가셨어. (차경석이 1936년에 돌아가셨다고 말하자) 1936년에 차경석이 돌아가셨으면 그다음 해에. 1937년에 돌아가셨어. 그래서 안경전이가 나한테 왔길래 당신들 이런 얘기는 들은 일 있냐, 차강석 씨가 숨을 거둘 적에 누구 무르팍에서 숨을 거뒀는데, 들었냐 못 들었냐 얘기로, 누구 무르팍에 죽었다는 소리는 들었어도 누구 무르팍인지는 모른다고 하더라고. 그래서 우리 할아버지 무릎에서 숨을 거뒀다고 하더라고, 그 얘기를 내가 그 얘기를 했어. 그랬더니 안경전이가 무릎을 탁 치면서 하는 소리여. 어디서 그 소리를 들었어도 누구 무릎에서 숨을 거뒀는가를 몰랐는데, 여기 와서 그 소리를 듣게 됐다고, 참 고맙다고, 나보고. 그래서 안경전 씨가 나한테 세 번을 이제 와서 거기에 자기들한테 이제 협조를 하라는 식으로 얘기를 하더라고. 그래서 내가 이 지경이 되고 있는데 뭣이 좋아서 내가 지금 그거 하겠냐고. 할아버지는 그래서 병으로 돌아가셨어요. 화병으로. … 보천교 건물들이 철거되는 시기가 1936년이라고 했잖아. 그러니.

그 시기가 1936년에서 37년이니까요.

그때 이제 화병 나고 이 양반이 돌아가신 거야.

네.

그게 우리 할아버지 제삿날이 언젠가 하면 2월 초닷세여. 우리 증조할아버지 제사를 모셨는데, 아파서 제사를 못 모시고 자기 아들들보고 "야, 너희들이 할아버지 제사 잘 모셔라" 그렇게 하고 제사 모시고 나서 우리 할아버지도 그날 돌아가셨어. 그래서 우리 증조할아버지하고 제사가 한 날이여. … 그래서 여기 다른 사람들이 뭐 어쩌고저쩌고 다들 얘기를 해요, 많이들. 아이고 내가 아무리 2인자를 했어도 다 망하고 없는데 지금 뭐 찾으면 내가 못 하냐 이 말이여.

(장학수) 아버님, 지금은 이 형님이 노력을 한 덕에 보천교 운동했다고 해서 옛날에 욕을 얻

어먹었는데, 지금은 그 보천교에 가담해서 독립운동했던 증거가 다 나와가지고, 독립유공자로 추서 받은 사람들이 엄청 많아요.

알아 나도 알아. 그게 이제 쉽게 내가 얘기를 할게. 내가 간단하게 내가 말을 할게. 효구 할아버지는 배선화사여. (잘 알아요.)

배상일?

배선화사. 이제 그 보천교 배선화사로, 방주도 아니고 그 밑에요. 저 밑에여. 거기도 독립운동했다고 그거 받아서 뭣을 만들고 어쩌고 어쩌고 했다 하더라고.

그분이 배상일이에요. 그리고 이제 그분은 1940년대에 또 비밀결사인 '조선건국단'을 만들어서 활동을 하다가 잡혀가지고 해방되고 나서 풀려나요.

그 그러니까 이제 그랬는데, 그러니까 우리 할아버지하고 여기저기 강원도의 할아버지 있지, 그 양반이 목주요, 목주!

탄허 스님 아버지? 김홍규?

그러니까 그분이 탄허 스님의 아버지요. 탄허하고 우리 아버지하고 친구고. 그려, 예 맞습니다.

-중략-

(장학수) 화방주(火方主)가 그럼 아버님의 할아버지셨고?

그렇지. 그래서 보천교 2인자를 하셨다고 그러지.

(장학수) 그럼 수방주(水方主)은 뉘셨어요?

수방주는 한원조 씨 알지? 한원조, 한순창이 알지, 순창이 할아버지가 수방주여.

한규숙이라는 분?

한규숙이라고, 그 양반이 수방주를 했는데, 어떻게 수방이 됐는가에는 차경석 씨가 산청인가 어디 가서 그 ○○을 적에 그것을 한원조 씨 아버지가 ○○ 맡아서 막았어. … 막아서 바로 수방주라는 그 방울을 주었어. 근데 그런 것까지는 내가 알지.

(장학수) 그러면 지금 내가 알고 있는 거, 그러면 목방주(木方主)까지는 아니까, 금방주(金方主)는 누구였어요?

여기 종태 알지? 종태 할아버지가 금방이여. 종태 씨. … 김종태, 김상태라고 살았잖아. 여기 살던 김종태, 여기 종태 할아버지가 금방이여.

-중략-

그래가지고, 이제 할아버님 돌아가시고, 그야말로 그 뒤부터는 여기서 이제 아버님께서 정착하시면서 뱃공장을 하셨어요?

이제 아버지가 여기서 사시면서 참 어렵게 살았지, 다들. 그래서 이제 대흥리에 여기 이 차교주가 다들 먹고 살아야 한다고 해서, 이제 명주베를 짜게끔 만들었어. 명주를 짜게끔 만든 그 장소가 지금 대초등학교, 옛날 학교 안에 있었어.그 함석지붕으로 돼갖고.

강당 있는데, 강당 자리인가요?

처음에 처음에 관립학교를 만들 적에, 그것이 이제 보천교에서 일정 때 뱃공장을 만들었어. 나중에 그 자리에 크게 짜는 것을 이제 방직산업을 거기서 했어. 처음에는 수직기로 집집마다 짜다가 크게 했지.

방직기계는 언제 들어왔어요?

기계는 사변 후에 들어왔지, 사변 전에는 기계는 있어도 전통적인 걸로, 철재는 없었고. 팔로 짜는 거 그것이 절반은 철이고 절반은 나무로 만들었어. 그것이 사변 전에 여기로 들어왔어. 사다가 이제 족닥기로 그걸 짰어.

그게 이제 옛날 베틀을 개량한 거네요.

그렇지. 수직기를 개량해서 족닥기로 만든 것이지. 그래 이제 그러다가 사변 후에 또 이제 먹고 살려니까 그때도 이제 명주로 짰어. 명주를 넓게 노방이라 하는 거 명주로 짜고, 그것이 각처에 저기 밀가루 공장에 밀가루 빻는 그 채 만드는 데로 그 배가 들어갔지. 그런 것으로 먹고 살다가 이제 ○○○라는 걸 짜게 되고, 그렇죠 여기서.

차경석 교주가 있을 때 여기에 들어와 있던 사람들이 이제 먹고살기 위해서 그랬군요.

그렇지 먹고 살기 위해서.

여기 지금 대흥리가 우물 정자로 이렇게 길이 나 있단 말이죠. 그리고 그 주변에 이제 공장 상가들이 쭉 들어서 있고, 그때 당시 할아버님은 어떤 사업을 하셨어요? 보천교가 융성할 때 어떤 사업을 했었어요?

할아버지는 뭔 사업을 안 했어. 안 하고, 사업 안 하고 전부 다 교회에서만 있으니까, 이제 참 아닌 말로 전국적으로 포교 그걸 많이 했겠지. … 그러니까 뭐야 저기 보천교가 한참 그럴 적에 이제 화주를 주었다가, 또 이제 또 딴 사람을 또 화주를 주었다가, 하여튼 평양 정리를 줬다가, 남북한 또 이렇게 분리해갖고 북선 남선 이렇게 해서 또 쪼개서 이렇게 또 만들고, 여러 가지를 했으니까, 보천교 안에서 전부 다 포교 생활만 했다고 봐야죠.

할아버님의 본이 어디신가요? 어디 김씨예요?

경주. … 이 자료를 보니까, 할아버님께서 1930년 6월에 총정원장에 임명되었구먼, 총정원장에.

(장학수) 예전에 형님, 내가 그 전화로 해서 일제시대 때 지도인데. 한번 형님 보라고 내가 보낸 적 있었죠. 그래 형님도 알고 있다 그랬잖아. 그때 그거 참 신기하더라고. 그걸 국토정보

지리원에서. 일제시대 때 지도를 보면 우리 문화마을 사는 데까지 보천교 센터 안에 들어가 있더라고요. … 옛날에 굉장히 일제시대 보천교가 융성할 때는 동네가 컸었나 봐요. 1930년대 지도도 굉장히 넓더라고요. 여기에, 이 보천교 성터가 아주 넓게 나오더라고요.
한 900여 가구가 되었어. 900가구가 고속도로 밑으로도 전부 다 올망졸망 집이 많았어.

900여 호에다가, 저희 진산리도 보천교인들이 와서 살았어요. 여기서 다 못 살고 주변 송정마을이라든지 진산마을에 들어가 산 거죠.
여기 신면이고 뭐고 전부 다 집이 안 있었어? 다 여기저기에서 산 거야.

지금 영기 아버님은 몇 년생이세요?
나 1938년생이야. 그러니까 우리 할아버지가 돌아가시고 나서 내가.

할머니는 보셨겠네요.
우리 할머니는 나 중학교 2학년 때까지 살았었으니까. 그래서 내가 많이 얘기 들었지. 우리 할머니한테. 여자들도 방주들이 있었지. 여방주라고, 우리 할머니가 ○방주였어. 우리 고모할머니도. 우리 고모할머니가 셋째 고모할머니가 보천교 저기 화주, 또 권창기 씨가 있지. 권창기 씨 혹시 못들었어? 권창기 씨도 옛날에 화주를 했지.

혹시 최원팔이라고 아세요? 최원팔 씨의 아버지 최종섭 씨를 제가 오래전에 그분 인터뷰를 했었어요. 최종섭 씨는 오래전에. 그분이 상세히 아시더만요. 보천교를 직접 하셨다고 하더라고요.
그러지, 그분의 아버지도 보천교 간부를 하셨고, 총정원장을 하셨다고 그러더라고요.

-중략-

여기 고판례 사진을 한번 봐주세요.

저거 누구지? 고판례. 아, 내가 알지. 그분이 시집을 갔는데, 신가에게 시집을 갔어.

신가들? 원래 여기 대흥리에 살던 신씨?

이게 대흥리 신씨는 대흥리 신씨인데, 여기 사는 사람이 아니야.

~~중략~~

고판례 그분은 담양서 왔어. 대흥리 신씨들이 원래 담양에서 왔어. 담양에서 시집와서, 이제 보천교를 하다 보니까. 차경석이 자기 이모뻘 되는 사람이 고판례예요.

아니, 이종 누님이라고 그러던데요. 차경석의.

이종 누님인가 뭐인가를, 그래서 강증산 선생한테 소개를 한 거야.

예.

그래서 누구든 지금 대흥리 신씨로만 알고 있었어. 대흥리 신씨가 아니고 담양서 왔어. 담양에 가서 이 신씨들이 살아. 그 뿌리를 찾으려고 하면 거기서 찾아야 해요.

그러면 고판례의 원래 남편이 담양 신씨네요.

맞아.

그러면 그 남편은 죽었었어요.

죽었어. 죽으니까 이제 그렇게 됐어.

여기 신씨가 아니구나.

담양에서 살다가 이리로 왔어. 그 사람들이여. 그래서 여기 신씨들이 뭐가 있으면 담양을 가.

같은 뿌리인데 담양에 살다가 이쪽으로 왔구나.

맞아.

-중략-

그냥 신씨에게 간 줄만 알지. 그러니까 담양에 거기서 결혼하고, 실패하고 있다가 여기를 어떻게 와갖고, 여기서 어떻게 만나게 만들어줬어, 여기서.

담양에 살다가 과부가 되니, 이제 차경석이가 이종간이니까 여기에 와 있었구나.

그래서 여기서, 또 그 여자가 좀 신기가 좀 있었다고 그러더만.

원래 대흥리는 신씨들이 한 9가구 사는 조그마한 마을이었다고 하더라고요.

나도 들은 얘기인데, 신씨들하고 왕심리 안씨들하고 한날 한시에 들어왔다네. 입향했지.

-후략-

정읍의 '라용균 생가'와 부안군 동진면의 '경주이씨 재실'

구술자 곽형주(향토사학자)·이재욱(1938년생, 전주이씨 재실지기)

질문자 안후상

동석자 이진우(사단법인 노령역사문화연구원 연구위원)

일시 2015년 1월 4일 오전 11시~오후 5시

장소 전라북도 정읍시 영원면 운학리, 라용균 및 나팔균의 생가

전라북도 부안군 동진면 당상리 203-2, 경주이씨 재실

2015년 1월 향토사학자 곽형주, 이진우와 함께 전라북도 정읍시 영원면과 부안군 동진면을 답사하는 동안에 유의미한 구술이 있어 여기에 남긴다.

• • •

-전략-

(곽형주) 라용균과 나팔균은 형제지간입니다. 라용균은 원래 8남매였어요. 라용균의 아들이 나종일 교수, 아시죠. 라용균과 나팔균의 생가 주변에는 보천교 십일전에 올렸던 황와가 널려져 있어요. 담벼락에도, 땅바닥에도 황와 조각들이. 특히 나팔균의 집과 대문, 그리고 화장실 등은 보천교의 부속 건축물을 변형해서 이축했을 가능성이 매우 큽니다. 대리석이나 석축 등 여러 가지 정황으로 보아 보천교의 부속 건축물일 가능성이 크다고 볼 수 있어요.

-중략-

(이재욱) 이 건물(부안면 동진면 전주이씨 재실)을 돈계 김상기 집에 있는 것을 매입해 이축하였어. 내 어릴 때 심사일의 집에 가면 돌기둥이 사람 키보다 큰 보화문 건물도 그곳에 있었지. 나도 이 건물을 뜯을 때 지붕에 올라가서 일했으

니. 원래 이 건물은 차천자 건물(조천자 즉 조철제를 차천자로 알고 있음)이라 알려졌는데, 3층이었지. 지금 이 건물은 1층이지만, 원래는 3층이지. 그리고 정면 세 칸과 측면 세 칸 정사각형 건물이었는데, 측면을 두 칸 반으로 줄여 옮겼으니, 옮길 때 심사일이라는 도편수가 했어. … 저 내부는 2층 다락으로 돼 있고.

▲ 상하이 대한민국 임시정부에서 대의원을 지낸 백봉 라용균

이 집은 정읍 태인의 무극대도의 건축물이 분명해요. 당시 사진과 비교해도 그렇고요.

(이재욱) 그건 잘 모르고, 아무튼 그런 종교에서 왔어.

-후략-

"나의 조부 신철희와 보천교"

구술자 신효근(1960년생)

질문자 안후상

일시 2024년 10월 8일 오후 2시

장소 경상북도 청송군 파천면 중들 1길, 신효근의 자택

독립운동가 신철희(申喆熙, 1895~1965)의 손자 신효근(申孝根)을 경상북도 청송군 파천면 중평리(중들)에서 만났다. 중평리에는 신동환, 신두환, 신범희, 신상선, 신철희 등이 보천교의 신국가 건설운동에 가담했다가 실형을 살았다. 뒤에 이들은 독립유공자로 추서되었다. 신철희의 아들 신용술(89세)은 현재 대구광역시에 거주하는데, 문제는 청각을 잃어 구술이 불가능하다는 점이다. 따라서 청송 파천 중평리에 거주하는 신철희의 손자 신효근을 어렵게 만났다. 시간상 이번 구술은 녹취된 내용을 있는 그대로 옮겼다.

• • •

-전략-

조부님께서 언제 작고하셨나요?

1965년도에 돌아가셨나 이래 됩니다. 저는 제가 다섯 살쯤 돼 갔으니까. 그리고 저희들 작은아버지께서 대구에 지금도 계시는데, 올해가 90인가, 이래 …. 귀가 안 좋으신데. 거기서 이제 대통령 표창할 때 모든 자료를 준비를 하시고 하셔서, 지금은 이제 그 유적비가 있거든요. 그 비에 기록이 다 된 걸로 알고 있는데.

아, 비? 비가 지금 어디에 있습니까?

이 인근에 산소에.

산소에? 산소가 뭡니까?

묘지 있잖아요. 할머니 묘. (멉니까?) 안 멀어요, 안 멀어요. 여기서 한 10분.

그러면 이제 조부님이 신 철 자 희 자이죠?

예, 철 자 희 자.

-중략-

조부님께서 여섯 살 때 작고하셨고. 이 마을에서 계속 사시다가 작고하셨나요?

예, 예.

조부님께서 1920년대에 안동, 청송에 있는 보천교인들이 대거 구속이 되거든요. (예, 예) 그래서 고문도 당하시고, 또 기소가 돼가지고 형도 살고.

예, 예. 맞아요.

철 자 희 자 할아버님은 형을 살았어요. 그래서 이제 대통령 표창을 받았거든요.

예, 예.

그런데 왜 그때는 왜 보천교를 하셨을까요?

무슨 말씀인지?

왜 보천교를 하셨는지, 어떤 연유가 있었을 게 아니에요? 집안이 그래도 대대로 이어져 오는 어떤 유교적 양반 가문이었을 게 아니에요. 그런데 왜?

그러죠. 근데 어떻게 하셨나 저는 잘 모르는.

그런데 그전에 조부님이 계셨을 때 좀 재산이 많으셨나요?

재산 많으셨어요. 재산 많으시고, 성격도 와일드하신 그런 편이라서, 앞에 또 나서고 이래 하시는 분이. 이야기 들어봐서 그래요. 그래서 여기에 마을에 아까 신 범 자 희 자 할아버지하고, 그분들을 전부 다 모아서 보천교에 일원이 되고자 닭피를, 닭피를 해가지고 같이 마셔가지고 결의를 하는, 그런 이야기를 들었어요.

그러니까 닭피를 마시면서 새로운 국가를 만들자, 조선총독부가 아닌 우리만의 국가를 만들자, 이제 그렇게 판결문에 그렇게 쓰여 있더라고요.

예. 닭피를 마시고 결의를 하고, 그래서 이 마을에 독립유공자들이 한 다섯 명인가 이래 된다카는 거를 제가 들었어요.

그분들이 다 이제 이 마을 출신이니까, 같이 또 뭐 4촌, 6촌, 8촌 등의 일가들 이렇게 모아서 그렇게.

아니, 여기 이 동네가 우리 곡성에 계시는 신순겸 할아버지요, 전남 곡성에서 태어나셨잖아요. 그 할아버지가 이제 시조 할아버지시잖아요. 시조 할아버지인데, 거기에 어릴 때 우리 판사공파라 해가지고, 평산 신가 판사공파라 해가지고, 그게 종택입니다. 종택이 한 350년 됐는데, 조금 전에 말씀, 교수님께서 이야기를 하셨는데, 여기는 제가 어릴 때도 보면은 180가구가 사는데, 타성 김씨나 권씨나 밀양 박씨나 이분들이 한 5퍼센트 정도만 있었어요. ,

나머지가 전부 다?

예, 전부 다 우리 신가들만, 신가들만 살았죠. 한 400명 정도 사실 때, 그때도 이제 할아버지가 독립운동을 하시면서 조금 전에 말씀드렸다시피, 그러니까 전부 친구분들이 전부 신가들이고, 전부 다 친척들이죠. 저도 태어났을 때 보면 우리 친구들 한 살 돼지띠, 한 살 많은 사람 적은 사람 다 빼고, 딱 쥐띠만 쥐띠만 26명이라. 그러니까 전부 우리 신가들만 살고 있습니다. 그래서 … 촌

수로, 저희는 판사공파 종택이고, 다른 분들은 10촌에서 15촌 이내에 다 범위 안에 들어 있는 분이에요. 왜 진보 합강이라 하는데 사시다가 이쪽으로 중평으로 들어왔다 하니까, 거의 이쪽에 가까운 분들만.

-중략-

저는 직장 객지에서 직장생활을 하다가 농협중앙회를 서울에서 근무를 했어요. 서울에서 이제 근무하다 정년퇴직을 하고. 조금 전에 제가 교수님한테 말씀드렸어요. 종택에서 바로 낳아가지고, 그 앞에 옆에 집에서 태어나다 보니까, 종택이 너무 좋잖아요. 너무 그때 당시에 잘 됐고 이래서 제가 마음속으로 나도 우리 종댁 같은 큰 집 같은 집을 짓겠다고 생각을 하고, 33년 근무하고 정년퇴직을 하고 나와서 청도에 있는 한옥학교를 6개월을 다녔어요. 예, 그래서 거기서 한 팀을 선배 후배 한 팀을 만들어가 전부 제가 또 이거를 짓겠다고, 상대(商大)를 나왔는데, 건축과를 또 재직 중에 3년을 다녔어요. 이런 지식을 습득한 다음에 이 집을 지었죠. 그래서 그런 다음에, 고향에 정년퇴직하고 고향으로 바로 돌아와 준비를 했죠.

올해 연세가 어떻게 되세요?

연세가 아니고, 나이가 60, 경자생요. 1960년, 60년생이요.

함자에 효도 효자? 근은?

효도 효, 뿌리 근 자요. 조금 전에 이야기하신 저 신효천 씨(중평 이장)도 사촌 형님이고, 그 저희들 아버지 형제분들이 9남매분이에요. 그래서 다 일정 때문에 모이면 한 50명씩 딱 벌족 종가들이. 그리고 거기에 작은아버지하고 우리 아버지하고만 시골에 계셨고, 다른 분들은 다 나가시고.

그러니까 대구에 사시는 작은아버지하고 선친께서는 여기 사셨고요.

아, 아니요. 신효천 씨 아버지와 우리 아버지만.

~~중략~~

이제 여섯 살 때 기억나시죠? 할아버지 기억나시죠?

예, 예. 여기는 특별한 저거는 없고, 제가 기억에 남는 거는 그래서 군수로 제가 이야기도 들었고. 군수님이 부임을 하시면은 우리 할아버지 있는데 인사를, 문중에 이제 그러니까 인사하러 오셨다고 이야기를 들었는데, 그때 당시에 보니까 지프차 있지 않습니까? 군수님이 지프차를 타고 다니시는 건 모르겠는데, 지프차 옆에서 사진 찍은 게 그게 있더라고, 지금 사진에.

1960년대, 1970년대에도? 그러하다면 면에서는 유지셨겠는데요.

예, 우리 아버지 형제분들이 여러분, 한 9남매 정도 되니까, 재산이 다 흐트러져서 그렇지, 이제는.

혹시 뭐 할아버지께서 일본 순사들에게 끌려가 가지고 고문 당하고 그런 이야기는?

이야기는 들은 거 있는데. 조용○○○.

어떻게 당했죠?

(옆에 모친을 향해) 어머니! 교수님이 무슨 말인고 하니, 할아버지가 독립운동을 하면서 안동교도소에 붙잡혀 일제시대 때 일본 사람, 일본놈들에게 붙잡혀가서 어떤 고문을 받았는지 이야기 들은 적이 없죠? … 그러고 우리 할아버지에 대해서 잘 아시는 분이, 아니 내보다 한 해 선배인데, 내 집안이에요. 우리 내안데 항렬이 저 뭐랄까 조부 항렬이 되는데, 나이는 한 살 더 많아요. 거기가 이제 연대(延大) 나왔는가, 하여튼 연대 나왔는가, 어디 나왔는가 이래가지고, 일본, 일본어를 좀 했던 모양이더라고요. 그래서 작은아버지가 안동 교수사회나 이런 데 가서 자료를 갖고 온 거를 거기가 다 해독했다 하더라고.

~~중략~~

그러면 아버님한테 이제 어렸을 때 들었을 거, 왜놈들한테 그렇게 힘들게 고문당하고 하는?

그것도 못 들었는데요.

할아버지께서나 또는 아버지께서는 정읍 보천교도 한번 다녀오신 것 같은데, 정읍이 이제 보천교 본소가 있거든요.

예, 예. 그 내용도 모르겠어요. 그 내용도, 예. 아버지 같은 남자 형제분 중 다섯 번째쯤 돼가지고, 우리 이거를 준비를 해 독립유공자로 만드신 작은아버지는 포항수대(浦項水大)를 나오셨어요. 그때 당시에. 그래서 공부도 좀 하고 그런데 좀 밝으셨고, 아버지는 여기서 이제 시골에서 농사 좀 하죠. 그런 이야기 잘 안 해요.

그 작은아버지가 대구에 사시는 분이죠. 그분이 이제 판결문 갖다가 국가보훈처에 이렇게 제출해서, 그 유공자를 만드셨구나.

만들었어요, 직접 뛰어다니면서. 지금도 그런 활동을 많이 하고 계세요.

그분의 함자가 어떻게 돼요?

작은아버지가 신 용 자 술 자.

용 자 술 자, 그분이 대구에서 사시는구나.

(신효근 모친을 향해) 연세가 91이지에? 대구 작은아버지가, 대구 작은아버지가, 용술이 작은아버지가 연세가 어이 되는겨?

(신효근 모친) 연세가? 아홉, (89세?) 내보다 한 살 더 많지.

그분이 다 하셨구나.

예, 그기서 다 하셔가지고, 저도 또 관심이 없어가지고.

-중략-

그런데 귀가 자셔가지고 대화를 할 수 있나요?

아니 그러니까, 대화를 큰소리로 저거 이야기하시면, 그 이야기를 시작만 해 버리면 밤이 새도 그 이야기하실 텐데. 우리한테 그런 이야기를 많이 하셨거든. 그래서 거기에 또 우리 큰아버지 한 분이 또 6·25 때 전사를 당하셔가지고, 전사를 당해서 그 일을 처리하는데 저는 조카되고 거기는 작은아버지잖아요. 삼촌인데, 그 일을 처리하시는데 좀 매끈하게 하지 않아서 저거하고 좀 사이가 안 좋아요.

-중략-

할아버지께서 철 자 희 자의 한자가?

예, 밝을 철 자 빛날 희 자 쓰시던데, … 교수님 조금 전에 그 안동교도소에 판결문을 해독을 하셨다고 이야기하셨잖아요. (네, 네)

책으로 나왔습니다.

그 책을 어떻게 어떻게 구하면 돼요?

제가 보내드릴게요. 책이 네 권짜리인데, 그중에서 판결문, 조부님 판결문과 관련된 그것을 제가 보내드릴게요.

감사합니다.

-중략-

그렇게 결의도 하고, 또 보천교에 이제 돈도 재산도 많이 주었겠는데.

재산도 많이 줬고, 또 여기가 또 부자들이 많아서 모금 활동도 했고, 그런 이야기를 들었어요.

예, 그러니까, 이제 보천교에서 대한민국 임시정부, 김좌진 장군에게, 또 사회주의자들에게 준 돈만 오늘날로 환산하면 한 350여 억이에요. … (예) … 이제 민중들한테 걷어가지고, 그리고 독립운동하시는 분들한테 드리고, 또 새로운 나라를 건설하겠다고. 지금 조계사 대웅전, 그 건물이 보천교 건물이에요. 우리나라 단층 목조로는 최대 건물이죠. 서울시 문화재이고요. 정읍에서 뜯어다가 지은 거예요.

그게 어느 산이라카더라? 그 산을, 전북 정읍에서, 정읍에서 활동하는 것도 작은아버지 이야기를 많이 하셨는데 …. 앞으로 공부를 좀 해야 되겠어요.

~~중략~~

혹시 할아버님이나 아버님이 옛날 공부를 하셨나요? 『주역』이나 이런 공부?

야, 아버지는 거의 안 하셨어요.

신학문도 안 하시고?

초등학교, 아니 공부를.

(신효근 모친을 향해) 옛날에 시아버님께서 『주역』이라든지, 뭐 이런 공부, 뭐 주문 외우고 그러시지 않으셨어요?

할아버지는 공부를 좀 하셨는데요. 아버지는 ….

(신효근 모친) 옛날에는 옛날에는 모든 사는 게 안 좋잖아요. 그래 교육을 못 시켰지.

아버지는 못 시켰는데, 할아버님은 좀 하셨어요.

~~중략~~

(신효근 모친을 향해) 주문 같은 거 외우는 거 못 들으셨어요? 옛날에? 어른들이 주문?

(모친을 향해) 어머니, 글 읽고 하시는 거 아버지가, 할아버지가 하는 거 그런 거 들으셨어요?

(신효근 모친) … 나는 당신 방에서 글을 읽으시는 거 들을 수도 없고 ….

제가 어릴 때 보면 손님도 되게 많이 찾아오셨고, 할아버지 그 방에 가보면은 그 파초하고 홍초 같은 그런 걸 키우는 거 …. 제가 알기로.

손님이 늘, 손님들이 많으셨구먼요.

예. 그럼 할아버지 비가 있는 곳으로 가보지요. 예서 가까워요.

▲ 경북 청송군 파천면 중평리 신철희의 비. 보천교 조직에 가입하여 독립자금을 모았다는 내용이 들어 있다

-중략-

(신효근의 차를 타고 신철희의 비가 있는 데로 왔다.)

2010년에, 여기 써져 있네요. 서훈 추서는 그리 오래되지 않았네요.

이 비는 그래 그때 세웠는데 ….

서훈 추서가? 아무튼 오래되지 않아요.

예, 예. 이명박 대통령 때인데.

그때, 이제 군에서도 나와, 보훈처에서도 나오고 해가지고 다 했겠구먼요.

예. 보훈처에서도 나오고, 또 교수님같이 또 가끔씩 경대(慶大) 교수가? 어느 대학교 또 학생들도 오고.

-중략-

그래, 이 비를 세울 때 할아버지 산소 저 위에, 저 산 중턱 9부 능선에 있었는데, 산 넘어가서 거기 놓으면 보는 사람도 없고 이러니까, 다른 산소에 가자 이래가.

그러면 할아버지는 대전 현충원에 계시고요?
아니, 할아버지는 저 산에 계시니더. 할아버지는 그 어느 곳으로도 못 옮기게 하고.

아, 보훈처에서는 못 옮기게 하는구나.
예, 못 옮기게 하고. 보훈처에서는 국립묘지로 옮기는 거는 언제든지 가능한데, 그걸 함부로 훼손을 시키지 마라, 하는 겁니다.

그게 이제 국가 재산, 유산이니까, 그렇군요. … 신씨, 평상 신씨들 이 마을에 대대로 유력한, 중앙에서 벼슬을 얻은 분들이 많이 있었나요? 유력한 그런 집안이었어요?
아니요. (아니에요?) 아주 뛰어난 사람은 없는데, 지금 현재의, 지금 현재에 판사하고 검사하고 변호사들이 아홉 명 정도 돼요.

이 마을의 후손들이. 아, 그전에는 그냥 유력한 양반은 아니었군요.
그렇다고 봅니다, 저도. 저도 지금 현재 종택의 총무 업무로 보고 있는데, 그렇게 뭐 ….

평민이었고, 그러나 이제 열심히 농사를 잘 지어서 부를 일구신 집안들이네요.
예, 그렇다고 봐야지예.

그러니까 이제 새로운 나라가 건설되다 보니까, 많은 사람들이 보천교, 거기에 참여해서 벼슬을 하려고 하는 그런 어떤 의도도 많이 있었겠네.
예, 예. ….

그래서 대대로 벼슬을 하지 않은 그런 집안들, 그러나 이제 부를 좀 일궈놨고, 그런 집안들이 뭐 전 재산을 다 팔아가지고 정읍 보천교 본소 부근에 들어가 사시는 분들도 많이 있었고, 거기 한 3천여 호가 들어와 있었어요. 근데 대부분, 한 그중에 한 70퍼센트가 경상북도, 남도 분들이 많아요.

예.

-후략-

청송 중평리 신씨들의 독립운동

구술자 신준태(1957년생)

질문자 안후상

일시 2024년 10월 9일 오후 4시

장소 경상북도 청송군 파천면 중들 2길, 평산신씨 판사공파 종택

신준태(申俊泰)는 경상북도 청송의 평산신씨 판사공파 종손이다. 신준태는 1983년 공직에 첫발을 내디뎌 대구지방보훈청, 국가보훈처 제대군인정책과, 대전현충원 현충과장, 임실 호국원장 등을 지낸 바 있으며, 현재는 서울에서 거주하고 있다. 신준태는 종택을 보전하기 위해 자주 내려와 전통 가옥을 돌보고 있었는데, 운이 좋게 그날 신준태를 만났다. 구술은 녹취된 내용 그대로를 옮기려고 노력하였다.

• • •

-전략-

보천교 신철희, 신범희 … 이쪽이, 청송 쪽이 가장 많아요. 그래서 이제 이분들 후손을 만나러 왔습니다.

저기 제가 이분들 포상받을 때 국가보훈처에 제가 있었습니다. 그래 있어가지고, 이분들이 다섯 분, 지금 네 분인가, 한 분 모르겠고, 네 분을 저희가 포상할 때 그 자료도 좀 같이 그거 하고, 심사 그쪽에 좀 하고, 좀 약간 한 적이 있어요.

-중략-

그러면 선생님 성함은?

▲ 경북 청송군 파천면 중평리 평산신씨 판사공파 종택

저는 신준태라 합니다.

성함의 한자가 어떻게 되는지요?

준 걸 준 자, ….

연세는 혹시 어떻게 되지요? 몇 년생이신지요?

1957년생예.

여기에서 이제 태어나셔서?

예, 여기가 고향입니다. 여기가 저희 집이고예.

그러시구나. 근데 이분들(신동환, 신두환, 신범희, 신상선, 신철희)의 직계는 아니죠?

예. 직계는 아니고요.

그렇지만, 이분들에 대해서는 많이 아시겠네요?

그렇죠. 그 당시에, 이제 그게 사실 흠치교라 하는.

~~중략~~

예가 평산 신씨 판사공파 종택입니다.

그러면 종손이세요?

예, 예.

그러시구나. 그래서 보천교에 대해서 혹시 아세요?

나도 자세히는 연구한 바는 없고, 그냥 그 보천교 밑에 흠치교라 하는 종파가 또 있었는가 봐요.

원래는 보천교를 설립했던 분이 차경석이라고.

아, 예, 그분 들었습니다. 예, 들었습니다.

~~중략~~

… 근데 강증산은 손병희와 달리, 오히려 토속적이고 민족적이고 전통적인 면을 고수하려고 해요. 그러면서 차경석이 강증산을 만나면서, 이제 그 세가 불어나니까, 그것을 흠치교, 선도교, 태을교라고 불렀어요. … 그러다 보천교라는 이름은 1922년에 처음으로 만들어지게 돼요.

아, 예. 그렇군요. 역사가 그렇습니까?

그래서 이제 이분들이 보천교에 가담해서 이렇게 독립운동을 했던 연도가 1920년대 초중반입니다. ….

~~중략~~

이곳 이분들도, 이제 그것을 1990년대까지만 하더라도 유사종교라고 폄훼되다가, 근래에는 이게 독립운동으로 이렇게 인정을 하게 돼요.

이분들도 아주 아주 늦게 포상을 받았는데, 거의 2000년대 거의 다 돼가 좀 그럴 겁니다. 제 기억에는 아마 뒤늦게.

독립운동의 영역을 확장하면서, 사회주의운동도 이제 독립운동으로 인정을 하고 하면서예요.

그렇지요. 그것도 우리 저기 어른들한테 들은 이야기인데, 그 당시에 종갓집에서 이분들 중에 한 분, 성함이 누군지 모르겠는데, 한 분한테 보증을 엄청 서줬대요. 서줘가지고, 막 하여튼 집하고 다 날아갔어요. 다 날아갔는데. 이분이 왔는데도 불구하고 그걸 받을 생각을 안 했다, 그런 말씀을 하시더라고. 받을 생각 안 하고, 그게 나중에 독립운동 자금으로 들어갔는지, 그건 모르고, 하여튼 받을 생각을 안 했다, 그런 이야기를 들은 적이 있어요.

이분 중에, 이제 한 분이 보증을?

예, 우리 두 분께서 보증을 서줬다는 거죠.

보증을 서줬는데, 그러면 어디에서 빚을 얻었다는 거예요?

아니, 그거는 자세한 내용은 모르고, 하여튼 돈을 많이 빌려드렸는데, 빌려드렸는데, 그걸 하나도 안 받고, 그냥 나중에 안 받고 그냥 무마시켰다 하더라고요.

이제 그리고 아마 이 마을 사람들 대부분이 그때는 보천교를 했던 것 같은데, 왜냐하면 그 기록에 의하면 '청송사건'이라고, 아예 당시 신문에도 그렇게 나오고 그래요. 그래가지고 거의 수천 명이 붙잡혀 가고, 그중에는 수백 명이 기소되고 하는 '청송사건'이라고, 그런 사건이 있었고요. 그게 이제 '청송사건'으로, 이렇게 잡혀가서 기소돼서 형을 살던 어르신 분들 중심으로 이제 국가유공자가 되었잖아요.

예, 그렇죠. 이 마을이 제일 많아요. 한 마을에 다섯 명이 …. 애국지사가 이렇게 많이 배출됐는 데는 잘 없거든요. 그래서 그걸 이야기를 하는데, ○○에 별로 안 알려져 있어가지고, 지금 자꾸 지금 좀 알리려고 노력을 하는 ….

-중략-

독립운동가, 유공자 추서 받은 사람이 다섯 분이면?

흔치 않아요. 흔치 않죠. 저기 안동 쪽에, 그쪽에는 사람들이 많으니까. 그렇지만 하여튼 흔치 않다고 이야기를 들었거든요.

이제 보천교와 관련된 분이 다섯 분이에요. 수사를 받으셨고, 다 이 마을이죠? ….

중들은 이 마을이죠, 이 마을이고. 지금 청송군 전체에서 우리 평상 신가들, 신가들이 애국지사로 지금 밝혀진 게 한 열두 명이라고, 열두 명이라고 듣고 있어요. 지금 여기는 집성촌이고, 요 말고 저 양숙○○ 좀 밑에 내려가면 부남 쪽에, 그쪽에 가면 또 신가들도 몇이 모이는 사람들 있거든요. 거기하고 청송읍하고, ○○해가지고, 그 당시에 열두 명 정도가 애국지사로, 그런 상 받은 분들 나왔습니다. … 아이고 참 귀한 연구하시네요. 나중에 하여튼 좀 연구되면 저희들한테 한번 저기 자료를 좀 주십시오. (네)

보천교가 역사적으로 명예가 회복되는 그런 게 있고, 이제 후손들 지금도 많이 신청을 많이 하고 그러더라고요. 보훈청 보훈부에 신청을 하고, 그래서 총 한 지금 160여 명, 관련 서원 추서받았고. 불교나 천도교보다도 훨씬 많아요. 그전에는 엘리트들 중심의 독립운동만이 독립운동이라고 했는데, 지금은 개신교인들이 신사참배 반대하는 것도 독립운동이라 그렇기 때문에.

-중략-

차나 한 잔 드릴까요?

아닙니다. 괜찮습니다. 좋은 종가에서 이렇게 수리는 개인이 이렇게 하시는가요?

이게 지금 국가문화재로 등록이 돼 있습니다. 등록이 돼 있어가지고, 국가 문화청에서 수리는 다 큰 수리는 다 해주고, 소소한 관리는 개인이 합니다. 수리 끝난 지 얼마 안 됩니다. 지금 문화재청에서 수리한 지가 한 몇 년 걸쳐가 있는데, 한 3~4년 걸쳐 있는데, 이번 8월에 끝나고. … 거 효근이는 어떻게 아세요?

제가 면사무소 찾아갔더니 알려주시더라고요.

효근이, 아, 우리 총무를 맡고 있어예.

면사무소, 그분이 알려주시더라고요. (그렇구나!) 연락처만 알면 제가 연락을 해서 언제 만나자고 할 텐데, 전혀 모르는 상태에서. 그런데 이제 한 마을에 다섯 분이 보천교와 관련된 국가유공자가 있으니, 가면 이렇게 어떻게든 만나겠다는 생각을 하고 무작정 왔죠.

근데, 거기에 대해서 지금 이 동네에서는 이미 노인들 다 돌아가시고, 아는 분들이 그렇게 많지 않은데. (보천교 관련) 돈이 우리 마을에 마치 배출됐다는 자체도 모르는 사람들이 전붑니다. 거의 다니다 저같이 좀 특수한 그쪽에 있어봐서 알고, 그럴 겁니다. 거기다 내용도 아마 잘 알지는 못할 거예요.

그래서 아까 효근 씨 작은아버지께서 대구에 사신다고 그랬어요. 그 분이 많이 알고 계시다고, 이제 기회 되면 대구에 내려가려고, 그 기왕이면 이렇게 이제 후손들, 지금은 판결문도 다 확보하고 있고, 이걸 번역해서 책도 다 나왔어요. 판결문도 있고, 그다음에 일제 기록도 다. 그 다음에 신문 자료도 다 있고, 이제 후손들만 만나서 확인하는 그런 작업만 남았거든요.

지금 아마 후손들도 거의 다 뿔뿔이 흩어져가지고, 서울 쪽에 많이 있고, 그래 알고 있습니다. 저도 사실 객지 생활 오래 해놔가지고, 이거 구체적인 내용은 모르는데, 어른들한테 약간 귀뜸으로 들었는 것 같은데. 하여튼 거기 후손들 다 이제 서울 쪽으로 다, 거의 그렇습니다. 그리고 지금 아마 지금 묘소를 하나 크게 하나, 그리고 비를 하나 만들어놓은 게 있을 겁니다.

거기 묘소에 갔다왔어요.

아, 갔다왔어요. 그거는 사 갖다 놨는데, 그래 그 부분만 지금 조금 그래 하는 것 같고, 나머지는 그렇게 특별하게 또 이래하는 것은 없는 것 같고.

그런데 이제 신범희라고, 이분은 이제 여기 후손들이 한 분도 안 계신가요?

그것도 지금 후손들이 아마 어른들한테 물어봐야 될 것 같은데.

-중략-

지금 저희들이 그것뿐 아니라, 이 마을 자체가 우리 집성촌이 여기 들어온 지 한, 이 집만 해도 한 300년 정도 된 집이거든요. 근데 이제 조금 저기 혹시 『화해사전(華海師全)』이라고 들어보셨나요?

-중략-

고려 때까지는 이쪽 집안이 유력한 집안이었는데, 그 조선 시대에는 그렇게 이제는?

숙종조 이후에는 여기 남인 쪽이잖아요. 남쪽에는 완전히 몰락해버리니까, 중앙 정계에 진출을 하나도 못했어요. 이쪽 영남 쪽에, 그때 송시열 ○○를 그쪽에 살면서 여기 완전히 저기 ….

남인이었구나. 음, 그래서 벼슬을?

그렇죠. 영남 숙종조 이후로는 전혀 못한 거죠.

향반으로?

예, 그렇죠. 그냥 글이나 읽고.

그래서 이제 열심히 농사를 지어서 부를 좀 늘리고 해서 여유가 좀 있었겠군요.

그렇지도 않습니다. 이게 그렇게 부를 늘리고 할 그런 것도 아니고, 뭐 그냥 뭐 어떻게 보면 우리 종갓집만 해도 유래를 보면, 지금 사실 봉제사접빈객 그러잖아요. 그걸로 사실 망한 거죠, 어떻게 보면. 보시면 알겠지만, 저거 되면 명절 때 되면 온 동네 사람들이 와서 다 식사를 다 하고, 제사 지내고 같이 지내고 명절 때 되면 같이 인사하고. (그런 거는 당시 90퍼센트가 다?) 그렇죠. 전부 다 집성촌이니까. 그리고 보통 그 당시에 우리 할배 돌아가실 때만 해도 9일장을 했습니다. 9일장 하는데, 영덕에서 여기 온 친구가 9일장을 여기서 먹고 자고 다 한 겁니다. 그런 게 계속 이어지니까, 이제 살림은 다 그냥 거들나는 거죠.

저 큰 벼슬도 없이?

그렇죠. 그것도 없이 그냥!

보천교가 조선총독부가 있는데 새로운 나라를 세운다고, 그런 운동을 펼쳤거든요. 벼슬도 주고 하면서. 그러니까 이제 벼슬에 한이 맺혔던 이런 경상도, 남북도 쪽에 있는 서민들이 많이 왔어요, 재산을 가지고. 그들을 이제 탄갈자라고 그러거든요. 근데 그분들은 주로 이제 경상남북도 분들이 한 70퍼센트 돼요. 이게 보천교 교인들이 한때 600만이라고, 그런 이야기도 있잖아요. 엄청나게 많은 그런 것을 저는 사회운동이라 보거든요. 종교로 안 봅니다. 사회운동, 그러니까 그 당시에 민중들이 할 수 있는 거라고는 이제 과거 제도도 없어져 버렸고, 그래서 이제 신분 상승을 해야 하는데, 어떤 방법이 없어요. 더군다나 일제 강점이 되는 관계로, 그러니까 이제 보천교가 새로운 나라를 만들다 보니까 그쪽으로 싹 몰렸어요.
근데 지금 생각하면 정말로 얼토당토 않는 이야기죠. 근데 그때는 그게 통했습니다. 아직 민중 의식이 근대적인 사고로 변하기 이전이니까. 그러면서 제가 어렸을 때 살았던 마을이 거기에서 좀 떨어져 있거든요, 대흥리, 정읍 대흥리. 근데 저희 아버지 할머니 이야기를 들어보면 경상도에서 오신 분들 한 3천여 호가 그 주변에서 살았다고 합니다. 3천여 호. 지금도 그 대흥리에는 자기 선대들이 다 경상도에요. 대구, 안동, 청송, 산청, 함양 등 이쪽입니다. 그러니까 이 경상도 쪽의 분들은 벼슬과 신분 상승에 대한 열망이 굉장히 강했던 모양이에요. 이쪽 분들. 그러면서 이제 보천교 관련 국가유공자들도 압도적으로 이쪽이 많죠. 경남북도 쪽에, 안동도 많아요. 안동, 대구 이쪽 … 아무튼 우연히 왔다가 좋은 이야기 많이 듣고 갑니다. 제가 책은 보내드리겠습니다.

아, 고맙습니다. 예.

보천교의 독립운동 자금 지원

보천교 핵심 간부 김홍규와 그 아들 탄허

구술자 서상기(1938년생, 1999년 당시 60세)

질문자 안후상

동석자 고려산업개발 이봉구

일시 1999년 8월 9일 오후 5시(동석자 이봉구) / 2024년 8월 30일 오후 2시

장소 서울시 종로구 인사동 4길 17, 건국빌딩 건국관 내 도서출판교림

우담 서상기(徐相基)는 도서출판교림 대표이다. 김택성(탄허 스님)의 속가 사위인 서상기는 원래 출가하여 승려 탄허를 오랫동안 시봉하였다. 1999년에 탄허를 시봉하면서 들었던 얘기를 필자에게 구술하였다. 이봉구는 고려산업개발 비서실 근무자로, 당시 고려산업개발 회장(이진영)의 부탁으로 나와 함께 구술을 청취하였다. 당시 고려산업개발 회장의 부친은 이용하. 이용하는 김홍규와 함께 독립운동 자금을 수합한 혐의로 구속, 기소된 인물이다. 필자는 「1921년 김홍규의 판결문」을 가지고 이봉구와 함께 서상기를 만났다. 그리고 2024년 8월에 다시 서상기를 만났다. 2차 구술은 시간이 촉박한 탓에 충분히 정리하지 못하였다.

• • •

1999년 8월 9일 오후 5시, 서상기의 구술(이봉구 동석)

탄허 스님께서 몇 남매를 두셨는지? 그리고 스님의 속명은?

남매를 두었다. 아들은 연우, 그리고 딸이 찬우다. 스님의 이름은 택성(宅成). 절에서는 택성(鐸聲)으로 불렸다.

스님의 모친과 형제는?

▲ 전라북도 김제군 만경면 대동리 탄허의 생가. 탄허의 부친은 김홍규. 생가는 근래에 복원되었다.

8남매를 두었다. 스님이 둘째이다. (당시 좌익 활동을 하다가 돌아가셨다는데 사실이냐고 묻자) 잘 모르겠다. 지금 살아 계신 형제는 동생 택호 씨(인허 스님)가 있다. 월정사에 계신다. 모친은 천하절색 미인이셨다. 얼굴이 백옥처럼 희셨고, 스님께서 모셨다. 1959년에 돌아가셨다.

▲ 김홍규(탄허 스님 부친)

스님의 생년월일은? 그리고 스님은 언제 결혼을 하게 되었나?

1913년 정월 보름에 태어나셨다. 당시 보천교가 해산되고 생활이 곤궁해질 때 충남 보령군 미산면 백남구 씨를 통해 보령의 토정 16대 종손 집안의 딸과 혼인을 하였다. 부인 이름은 이복근이다. 당시 주역을 보고 싶어 하는 스님께 장인은 소를 팔아 책을 마련하여 주니, 그 책을 밤낮을 가리지 않고 보시다가 보름 만에 춤을 추셨다고 한다.

▲ 유년기의 탄허

▲ 탄허 스님

당시 보천교 교금 사건(1921년) 관련자 대부분이 충남과 전북 김제 출신인데, 특히 보령은 당시 거금을 관리하던 이용하라는 인물의 고향이기도 하다. 그렇다면 스님께서 보령으로 장가를 갔던 것은 우연이라고 할 수 없는 부분이 있는데?

그렇다. 당시 같이 일하던 분들이 많이 사시는 곳으로 스님을 장가보냈다고 들었다.

그렇다면 이 사건(1921년)과 관련해 들은 바가 있는가?

많이 들었다. 스님이 기억하고 있는 사건에 대한 내용은 대강 이렇다. 스님의 아버지는 보천교 목방주(木方主)였으며, 보천교 2인자로서 교금을 총괄했다. 당시 교금 30만 원을 모금하여 상해 임시정부 김구 선생에게 보냈다. 그리고 나머지 10만 원을 항아리 속에 넣어 마루 밑에 묻어 놓았는데 발각되어 압수당하고 말았다. 조선인의 밀고 때문이었다고 한다. 당시 바로 밑의 사람(바로 밑의 사람은 공판 기록으로 보아 이용하임이 분명하다)이 모금액 중 제일 큰돈인 1만 원을 약속하여 2천 원마저 스님의 아버지에게 내려다가 체포되었다. 체포된 그분은 혹독한 고초를 겪으면서 급기야 사건 전모가 드러나, 10여 명이 체포되었다. 스님의 아버지는 3년을 살았던 것으로 알고 있다.
교금 모금과 관련해 사전에 스님의 부친이 모든 책임을 뒤집어쓰기로 약정을 했다. 즉 강압에 의해 돈을 냈다고 사전에 입을 맞춘 것이다. 이로 인하여 많은 사람이 위기에서 빠져 나오기도 하였다. 당시 '발각이 되면 김홍규의 강요에 의해 돈을 냈다'라고 하는 사전 모의가 있었다는 것이다. 따라서 스님의 부친이 전부 책임을 지고 형을 산 것이다.
여익구(呂益九, 민중불교운동가) 씨가 민청학련 사건으로 절로 찾아오자 절에서는 그를 받아들이기를 거부할 때 스님만은 익구를 받아들였다. "스님, 그를 받아들이면 큰일 납니다. 책임을 지실 겁니까?" 하고 주변에서 만류하자 스님은 "여익구는 이제 출가했다. 여익구의 출가 이후는 내가 책임을 진다"라면서 익구를 받아들였다고 한다. 이때 여익구는 고문으로 몸 상태가 매우 안 좋았다. 이때 스님은 옻칠계를 내어 먹였다. 그때 스님은 이런 얘기를 했다고 한다. "나의 아버님도 고문을 당하셔서 전신에 멍이 드신 적이 있었다. 손톱이 빠져 있고 6척 거구가 왜소해져 그야말로 눈 뜨고 볼 수 없을 정도였다. 감옥에서 나오니 거의 폐인이 다 되신 것이다. 이때 나의 모친께서 옻닭 수십 마리를 해 드렸고, 이로 인해 어느 정도 회복하셨다" 이런 얘기를 스님께 들었다.
그리고 이런 얘기도 있었다. 최두홍인가 하는 분도 함께 구속되어 고생을 했는데, 그분은 처족이라고. 김홍규의 처가의 사람이었던 것이다. 그리고 목원익인가 육원인 그분은 합방 이전 군 출신 장교인가, 뭔가로 들었다.

김구에게 30만 원이 보내졌다는 근거가 있는가?

살벌했던 시기에, 그런 근거는 남아 있지 않다. 그러나 스님께서는 부친 홍규 씨에게 직접 들었다고 했다. 그리고 김홍규는 김규식과 같은 당시 관련 인물들과 절친하게 지내셨는데, 그분들께 관련 자금을 댔다는 얘기를 스님께서 직접 들었다고 하였다.

2천 원을 내려다가 발각되어 최초로 잡힌 이가 이용하가 거의 확실한데, 이용하라는 이름은 못 들었는가? 이런 얘기를 누구에게 들었나?

이용하라는 이름은 못 들었다. 아무튼 그분이 스님의 부친 밑에서 자금을 제일 많이 내신 분으로 알고 있다. 그리고 나는 이런 얘기를 오대산에서 스님을 모시면서 스님께 수 차례에 걸쳐서 들었다. 스님은 당시의 기억과 부친의 얘기를 통해서 알게 되었다고 하셨다.

그후 김홍규 씨는 사회주의 노선을 걷는데?

독립운동을 하기 위해 사회주의를 택했다고 들었다.

어디에서 사시다가, 정읍 대흥리 보천교 본소에는 언제 오게 되었나?

김제 만경에 사시다가 어려서 부모를 따라 대흥리로 이주하였다. 그리고 사건(1921) 당시에 스님 나이 10여 살이었다. 당시 기억을 소상히 하고 계셨다. 당시 보천교 궁궐 동쪽에 사셨는데, 동궁이라 불렀다. 당시 차경석은 탄허 스님을 예뻐하였다. 신동이라며 직접 보듬으며 보살폈다고 들었다. 그래서 탄허를 차기 교주로 내정했다는 소문이 났다고 한다. 보천교가 탄허를 위해 있었다고 할 정도였다고 한다.

당시 탄허 스님은 보천교에 있을 때 한학을 본격적으로 하셨다고 들었다.

그렇다. 당시 신동이라고 하여 차기 교주감이라고들 하였다고 한다. 그리고 조계사 대웅전 역시 보천교가 사라지지 않았다면 스님이 계실 곳이라는 얘기도 있었으니.

전에 이구영 씨 목격담을 얘기하셨는데?

해방 직후 독립자금을 가장 많이 낸 정읍에서 상해임시정부 요인과 미국에서 활동한 이승만 등이 모여서 회의를 한 적이 있었다고 한다. 이때 이문학회의 노촌 이구영(李九榮, 한학자. 광복 직후 사회운동가, 비전향 장기수) 씨가 직접 참석해 들었다고 한다. 김구가 이승만에게 "미국에서 독립자금을 보냈다고 알고 있는데 누구에게 보냈느냐? 나는 받지 않았다"고 하고, 이승만이가 죽은 자의 이름을 대면서 그를 통해 보냈다고 얘기했다는 것이다. 이때 김구가 물사발을 들어 이승만이 얼굴을 향해 내던졌다는 것이다. 정읍에서의 독립자금은 보천교 교금을 의미한다고 스님이 말씀하셨다.

김구 선생이 정읍을 방문했었네요.

이 얘기는 스님께 직접 들었다. 김구 선생이 그랬다는 것이다. 정읍에 많은 빚을 졌다고. 정읍에 빚을 졌다는 게 무슨 뜻이었겠는가. 보천교의 돈으로 독립운동을 했다는 뜻이 아닌가.

그 외 들은 얘기가 있다면?

당시 상해임정 요인인 이중성(李重盛)도 보천교 간부였다. 보천교에서 일본 유학도 시켰다. 그리고 스님에게 여러 귀한 손님이 있었는데, 김규식이 그중 한 사람으로, 그분이 식객으로 와 계신 적도 있었다. 조만식 선생도 식객으로 머물면서 금택(탄허 스님)을 몹시 사랑했었다고 한다. 그 후 평양으로 떠나셨는데, 그분은 숭실학교와 관련 있는 분이다. 탄허 스님은 "만약 조만식 씨 집에 아버지(김홍규)가 식객으로 있었다면 김홍규가 독립지사가 되고 조만식이 독립지사가 안 되겠느냐"라며 아쉬워하셨다.

당시 독립운동 조직은 특이했다. 그래서 지사가 잡혀 들어가면 가족들에게 양식을 한 말 또는 몇 되 정도 계속 공급해주는 사람이 따로 있었다. 스님은 부친 얘기를 하면서 우셨다. 스님의 어머니도 당시 경찰에 붙잡혀 고초를 심하게 당해, 다리 한 쪽을 내내 저셨다. 아, 그리고 스님의 아버지는 김구 선생 계열이다.

스님과는 어떻게, 언제 인연이 되었나?

5·16군사정변 때 검거령을 피해 입산하였다. 하동산 스님을 찾아가 머리를 깎았는데 당시 탄허라는 유명한 스님이 오대산에 있다고 하여 찾아가 법문을 청해 듣다가 감복하여 상좌로 들어갔다.

• • •

2024년 8월 30일 오후 2시, 서상기의 구술

-전략-

… 특히 탄허 스님 아버지 김홍규의 독립자금 사건과 그리고 이구영 씨 구술을 자세히 말씀해주세요. 전에 말씀하신 이구영 선생을 찾으려고 여러 차례 시도했지만, 잘 안됐어요.

내가 탄허 스님 일을 한다고 그러니까 찾아왔어요. … 근데 탄허 스님 아버지가 당시에 인구가 2천만이었는데 보천교 신도가 800만이었다는 거라. 그래서 보천교의 급이 금목수화토로 나가는데, 탄허 스님 아버지가 목주, 그러니까 차경석 다음가는 목주인거라. 그래서 목주(木主) 도장을 찍어가지고, 치성금을 내는 사람은 목주 도장을 찍었다는 거라. 그래서 해방이 되면 그 사람들한테 다 보답을 하기로, 그렇게 해서 독립자금을 모았는데, 독립자금을 얼마나 많이 모아서 김구 선생한테 다 전했는데, 마지막 그건 이제 그 옆에 집에다가 일본놈들이 감시를 하니까 마루 밑에다 숨겼는데, 그 옆집 그 사람이 …, 이름까지는 밝힐 필요 없죠.

그거는 제가 판결문 다 찾아서 밝혀놨어요.

… 이제 고발을 해갖고, 고발을 해서 이제 스님 아버지가 1년 6개월을 살았는데, 그러니까 이구영 선생 말은 해방이 돼가지고 김구 선생이 중앙청에서 국무회의를 연 게 아니고, 임시정부 보천교 회관에서 했다는 거라. 그런데 ….

회의를 정읍에서 했다고요.

예, 최초의 국무회의를.

정읍에서 최초 국무회의를 했다?

왜 그러냐 하면, 독립자금이 거기서 제일 많이 들어왔기 때문에, 그래서 김구 선생이 이제 거기서 국무회의를 하는데, 그때는 이제 컵이 없어서 사발에다 물을 떠놓고 하다가 이승만이가 거기를 왔더랍니다. 이구영 선생이 거기 참석을 했어요. 이승만이가 왔는데 김구 선생이 편지를 딱 내놓으면서 ….

예?

내가 이거 편지는 받았다, 이게 독립자금 얼마 보냈다는 편지라.

예!

그런데 돈은 내가 못 받았다, 근데 이승만이가 써버렸다는 거라, 그 돈을. 그러니까 이승만이가 변명을 하기를 죽은 독립운동가 이름을 대면서 그 사람 편에 보냈는데 불행하게 됐다, 그러니까 김구 선생이 물사발로 세게 때려버렸는데, 광대뼈가 나가버리더라는 거라. 그러면서 이구영 선생이 그때 당시 미군정에서 와서 사진도 찍었다, 그래 나보다 어떻게든지 미국을 설득을 해가지고, 그때 그 장면들을 찾아라 좀 찾아라, 나보고 그러시더라고요.

예!

그런데 이구영 선생이 또 이제 독립운동을 하신 분이라, 이승만한테 미움을 받아갖고 45년 형무소에 살다가 김영삼 때 특사로 나왔어요. 그래서 이 앞에 사무실에 있다가 나를 만나게 돼서 나한테 그 얘기를 전한 겁니다.

예. 그래서…, 김구 선생이 정읍에 왔다갔다 하는 기록이 없었어요. 그런데 그러니까 최근에 그걸 찾았어요.

그런데 왜 기록이 없냐, 이구영 선생 말은, 그렇게 해놓으니까 (이승만이) 영어를 잘하니까 미국 놈들을 잡고 임시정부를 하면서 김구 선생에 대한 독립 자료, 그러니까 탄허 스님 아버지까지, 보천교 자료까지 전부 다 없애버렸다는 거라. 응, 그래가지고서 탄허 스님 아버지를 내가 어떻게 탄허 스님이 평상시에 나한테 하는 말을 듣고, 돌아가신 뒤로 그걸 한번 해보려고 그러니까 아무런 근거가 안 나오는 거야. 김구 선생 그쪽에도 아무리 찾아도 안 나와요. 그래 이승만이가 다 없애븐거라. 그래서 어떻게 해야되나 했더니, 왜정 때 판결문이 있을 거다, 지방법원은 공주였고 복심법원, 고등법원은 대구였다, 대법원은 서울이다. 그래서 13년 동안을 공주로 다니면서 말입니다. 그 수소문해서 개인에게 있더라고요. 6·25 때 전부 그런 것들이 다 문서가 없어졌는데, 어느 개인이 가지고 있어. 그래서 거기서 탄허 스님 아버지 판결문을 찾았어요. 그래가지고 그걸 갖고 다시 조사를 해보니까, 대구복심법원 그것도 찾았습니다. 그래갖고 서울 대법원까지 그걸 찾아가지고, 그것이 전부 이제 일본 판사 판결문이었습니다.

그걸 가지고 제가 이제 전부 일어로 된 것을 내가 이제 전부 이제 다시 번역을 했어요. 번역을 해가지고 이제 보훈처에다가 했는데, … 이게 이제 내가 번역해준 것들입니다. … 여기 있나, 여기 있는 이것이 이제 일본놈들이 일본 판사가 일본 판사가. 이것을 이제 전부 다 해가지고 내가 이제 독립지사를 이제 만드는데, 야, 이것을 하면서 보니까 세상에 이승만이가 얼마나 보천교 것까지도 모조리 다 없애버려갖고 도저히 찾을 수가 없더라고요. 야, 그래서 이구영 선생은 이승만이를 천하의 역적이라고 했지.

제가 25년 전에 선생님께 그 이야기를 듣고 이구영 선생을 찾으려고 많이 노력을 했는데 못 찾았어요, 그때. 지금 이제 돌아가셨겠지만은.

예, 그 소○은 여기 있습니다.

그리고 김구 선생이 그때 25년 전에 이제 정읍을 방문해가지고 보천교에 빚을 많이 졌다, 라고도 이야기를 했다고 그러고. 그래서 그런 것들이 어떤 물론 이제 기록으로는 남아있지 않았겠죠. 기록으로 남았으면 이제 ….

아니 이승만이가 다 없애버렸다니까, 왜냐? 자기 거기서 또 뭐야 물사발로 광대뼈가 부러져버렸는데, 그래서 이구영 선생 말은 그래, 그때 김구를 죽여야 되겠다는 계획이 있었을 것이라고.

아, 이승만이가?

이승만이가.

근데 이제 이승만이는 1946년 6월에 정읍에 와서 '정읍발언'했다는, 왔다는 기록은 있는데, 아마 그러면 김구 선생님도 그쯤 정읍에 왔을까요?

그러지, 그러니까 같이 동시에 거기 회의에 참석했었다는 거라. 그 양반 누구야? 그 교수가, 소설을 쓴 양반이 있는데.

김제 누구요?

보천교에 대해서 소설을 쓴 양반이 있던데 그 소설을 내가 갖고 있다가 보훈처에서 달라고 해서 줬는데. 그 소설을 보면 임영신이가, 임영신이가 보천교에서 선발해서 일본에 유학을 보낸 이중성 씨, 이 양반이 일본에서 한인들 학살한 것들을 전부 다 무슨 지진의 그런 것을 자료를 모아가지고 임영신이가 미국을 간다니까, 미국에 가서 미국 신문에다 공개를 해라, 그랬는데 그걸 가지고 와서 이승만이를 만나서 이승만을 줬다는 거라. 그러니까 이승만이 자기 이름으로 냈어. 독립운동을 했다는 건 그것밖에 없습니다, 기록이. 그래 임영신이는 이중성인가, 그 보천교인이여. 그 양반을 기다리다가 일생 처녀로 죽었어.

아! 음, 그랬었구나.

그 양반이 보천교에 대해서 그런 걸 썼는데, 김제 그 소설을 내가지고 있다가 그 보훈처에서 내 그 소설에서 발췌해갖고 내니까, 그 소설을 좀 보자, 그래가지고 가니까 그럼 …. 근데 이제 탄허 스님 아버지가 아시죠? 어떻게 돌아가셨는지? 그래가지고 내가 이걸 전부 해서 노무현이한테 내가 전화를 했어요. 노무현이 대통령 할 때, 그전에 스님 만난 뒤로는 그 사람이 든든한 사람이라. 그리하면 우리 집에서 형님, 나한테 오면서 형님 짜장면 한 그릇 사주셔. 그리고 여기서 이제 짜장면 시켜갖고 백알도 이제 하나씩 먹고 이렇게 이제 친하게 지내려니까, 내가 ○○○○ 독립운동 해방까지만 따지기로 하자. 그리고 노무현이가 신문에 발표했잖아요. 그래서 그때 이제 집어넣었지. 그랬는데 저 대전 현충원에 김제 놈이 하나가 있었던가 봐요. (누구요?) 김제 놈인데, 이름은 모르겠어요. 그놈이 브레이커를 건 거야. 이 사람이 어떻게 죽었는데 독립지사냐? 그래가지고 현충원장이 나한테 서류가 있으면 보내달라고, 그래서 내가 이걸 전부 복사해서 보냈거든. 정읍경찰서 그것까지 다 해서. 그래가지고 조용히 했어요. ….

근데 그 사람은 스님 아버지께서 좌익 활동을 했다는 걸 알고 계시지 않았겠어요?

그렇지.

예.

그때도 내가 여러 사람들한테 그랬어요. 근데 이제 그 탄허 스님 말씀은 왜 그것을 하셨냐, 무조건 막 감정이 있는 사람을 죽이니까 탄허 스님 아버지가 못 죽이게 하느라고, 당신이 위원장, 인민위원장 하면서 전부 가둬라, 형무소에 다 가둬라, 죽이지 마라. 그래서 6·25 때 보면 말입니다. 전라도에 있어. 김제가 제일 사람이 안 죽었습니다. 한번 조사해 보세요. 다른 지방보다도 김제가 제일 사람이 안 죽었어요. 탄허 스님 아버지가 그렇게 못 죽이게 해서. … 그렇게 해서 이제 그 ○○○○ 돌아가시는 거니까, 더욱이 8남매들이 말입니다, 탄허 스님 아버지 사진 한 장이 없어요. 그래서 내가 어떻게 어떻게 하다가 하나를 구했다니까요, 제가.

예. 아, 그런데 그때 당시에는 탄허 스님이 월정사에 가 계실 때였구만요.

예. 8남매, 하나도 없던, 가진 놈도 없고, 김 씨들 어떤 놈이 가진 놈이 없고, 어떻게 어떻게 해갖고 내가 그걸 찾아냈습니다.

네. 제가 좀 받아볼 수 있을까요? (예, 그러죠) 이 책에 넣을 때 여기다가 지금 탄허 스님 유년기 사진도 좀 넣고.

-중략-

그리고 저도 깜짝 놀랐어요. 김구 선생이 정읍의 태인에 독립운동가 김부곤 선생 댁에 와서 여러 날 머물렀던 모양이에요. 그러면서 그때 정읍에 많은 빚을 졌다,라고 하셨던 모양이에요.

그러니까, 이 판결문에 보면은 탄허 스님 아버지가 엄청난 독립자금을 보냈는데, 전부 합산해 보니까 한 30만 원 되는데, 1919년도에 경부선이 20만 원에 완공이 됐습니다. 당시 돈으로. 근데 보천교에서 탄허 스님 아버지가 치성금 모금을 해서 독립자금이 30만 원이요. 상해 임시정부만. 상상이나 갑니까? 그러니까 김구 씨가 보천교 탄허 스님 아버지가 아니었으면 운영이 안 됐죠. 보천교 힘이 그렇게 컸고, 또 거기에서 이제 모금을 탄허 스님 아버지 김홍규 씨의 힘이라는 게 엄청나지 않습니까? 그걸 인정을 못 받으니 사람이 환장하지.

지금 선생님께서는 거의 몇 년생이세요?

내가? 무인생.

무인생은 87세, 그러면은 1938년생?

유일하게 지금 저 집에서도 내가 이제 산 증인인데.

그러면 탄허 스님 따님하고 결혼을 하시면서 같이 머리를 깎고 월정사에 들어가셨나요?

탄허 스님 딸도, 이제 참 그 얘기하려면 … 어머니가 토정 선생 16대 종손 집안의 딸이요. 근데 오빠들이 다 죽어버리고 무남독녀가 됐어. 근데 내 탄허 스님 아버지가 독립운동을 하시다가 가산이 파산, 모두 거지가 되니까, 그 독립운동가 백남규 씨라는 분 소개로 그 양반이 보령분인가 그래요. 그 탄허 스님은 토정 선생 종손 집안의 데릴사위 겸 그 유학을 간 겁니다. 탄허 스님 연보에 다 나와요.

그래서 이제 거기서 이제 공부를 시작했는데. 그러니까 탄허 스님 부인이 칠서(七書. 사서삼경)를 다 마치고 나왔는데, 그때 탄허 스님이 와서 사서(四書)를 시작했다는 거야. 그러니까 탄허 스님을 무시해버려. 탄허가 뭘 아냐고. 그래서 장모님을 내가 모셔다가 내가 짬지게 사서를 배웠어. 그때 녹음기가 있었으면 그 녹음을 좀 해놨으면 좋았을 텐데. 하 목소리가 낭랑해갖고 온 동네 사람들이 전부 우리 집으로 목소리 글 읽는 소리 듣느라고.

그래서 내가 ○○ ○○ ○○○ 중노릇하면서 그렇게 모시고 살면서. 나는 처음에 중노릇 들어갈 때 나는 중노릇 안 합니다, 내가 살기 위해서 왔으니까, 학생운동을 하다가 내가 지명수배가 돼서 도망간 거거든. 그래서 내가 이제 이것이 풀리면 나면 나갑니다, 스님한테 그렇게 약속을 하고 중노릇을 했는데. 스님이 이제 그렇게 처음에 가니까, 니 조상, 자랑할 만한 조상이 있으면 말해라. 특별히 자랑할 만한 사람 없고 내 16대 조상이 화담입니다, 서화담 직손입니다, 그래, 그러면 당신은 토정 선생 16대 손 집안의 사위라, 어제까지는 내가 책임 못 지고 오늘부터 내가 그걸 책임진다, 그래서 스님 밑에서 이제 공부를 했어요. 그래가지고 75년도에 이후락이가 탄허 스님한테 와서 탄허 스님이 이제 얘기를 해가지고 다 풀린 거죠. 다 깨끗이 정리가 된 거야.

어떤 게 정리가 됐다는 거예요?

나 한 번도 안 잡아간 놈들, 나를 한 번도 안 잡고 간 놈들이, 정보부에 서류가 이래. 내 지장도 아닌 다른 엉뚱한 지장을. 그러니까 내 친구 놈들은 의문사로 많이 죽었어요. 군대 가서도 막 고문하니까 철조망 뛰어넘으면 쏴버리고, 그렇게 의문사로. 나도 그때 잡혔으면 나도 죽었을 거예요. 광주에서 이제, 그래가지고 이런 서류를 갖고 와서 스님 앞에 내놓은 거야. 그래 내가 웃으면서 당신들이 한 번이나 잡아나 봤냐, 내 사진도 없지 않느냐, … 그래가지고 스님 앞에서 그거 다 소각시켜버리고, 스님 저 나갑니다. 그러니까 스님이야, 너한테 뭐 부탁 하나 하자, 말하세요, 내가 속가의 딸이 있어, 양육도 교육도 못 시켰어, 니가 책임져라, 그러셨어. 여부가 있습니까, … 스님 돌아가시기 3일 전에 우리 집으로 오셔갖고 내 손을 꼭 잡고 미안하다, 내가 양육도 교육도 못시켰다, 미안하다.

돌아가시려니까 이제 그렇게 후회가 되시는지. 그러면서 나한테. 어려서 열 살 때 영구치가 다 빠져버렸다, 어머니가 길쌈을 하면서 전부 살림은 친정에서 다 뺏어가 버리니까 … 그 길쌈으로 먹고 사니까, 하는 일이 바쁘니까 딸이 울면 사탕을 사서 먹여. 그걸 먹고 이제 울음을 그치면 바느질을 해야 돼. 그러다 보니까 이빨이 그렇게 된 거야. 저 영구치가 그렇게 빠져서 늙으면 치매가 빨리 온다, 네가 좀 거둬줘라. 진짜 근데 이 양반이 『동의보감』이나 그런 한학의 깊은 줄은 알지만은 어떻게 이빨이 없으면 치매가 온다는 걸 알아, 내가 벌써 40년 전 얘기입니다. 최근에 뭐 나온 얘기 아닙니까, 치과에. 집사람이 지금 치매를 앓고 있어요.

-중략-

스님의 장남이 지금 살아계세요?

그래가지고, 그 김씨들이, 김제 김씨들이 우리 부부를 초청해서 갔어요. 수십 명이 모여갖고 고맙다고, 그럴 거 아닙니까? 빨갱이 집안이라고 했다가 독립지사로 현충원에 모셔 놓으니까 얼마나 고맙습니까? 근데 대전 현충원도 탄허 스님이 잡은 겁니다. 박정희가 자기 조카가 풍수가였는데 국립묘지를 하나 더 만들어야 한다, 니가 잡아라, 그러니까 저는 ○○○○○○은 모릅니다.

탄허 스님을 모시고 오면 좋겠습니다, 그러니까 헬리콥터를 내줬어. 박정희 조카가 타고 스님을 모시고 쭉 하다가 대전 거기에서 헬리콥터가 내려가지고 그걸 잡은 건데, ….

~~중략~~

탄허 스님께서는 지금 연우와 찬우, 찬우라는 분이 이제 선생님 사모님이시고요. 연우라는 분은 지금 어디에?

대전에 살지.

~~중략~~

아무튼 이게 이제 25년 전에 그때 선생님 찾아뵙고 이렇게 했던 대담 내용이고요. 여기에 이제 또 덧붙여서 이렇게 책으로 낼 겁니다.

그러니까 이제 이 탄허 스님 연보나, 이 앞에 이런 것도 좀 참고하시면 돼요.

네.

그리고 부자간에 훈·포장을 받은 사람은 탄허 스님밖에 없어요.

예.

해방 공간에 백범 김구가 정읍 태인의 김부곤 집에 머물다

구술자 곽규(1931년생, 김부곤의 사위), 김금숙(1934년생, 김부곤의 딸)

질문자 안후상·김재영

동석자 이진우

질문주제 광복 직후 김구와 김부곤의 관계, 김구의 정읍 방문

일시 2015년 10월 31일 오후 2시부터 3시 40분까지

장소 전라북도 정읍시 태인면 태흥리 오리마을, 김부곤의 고택이자 김부곤 사위 곽규의 자택

곽규(郭圭)는 정읍의 독립운동가 김부곤의 사위이자 중등학교 교장으로 퇴임한 교육자이다. 향토사학자 서혁기의 부탁으로 우리 일행을 기꺼이 맞이했으나, 우리 일행이 와서 떠들썩하니 질문하는 것에 대해 많이 불편해하였다. 구술에 곽규의 부인 김금숙(金錦淑)이 함께 하였다.

• • •

(안후상) 월정사 탄허 스님이 그랬대요. "김구 선생이 정읍에 내려와 정읍에 큰 빚을 졌다"고, 했다고요.

(곽규) 탄허?

(안후상) 예. 조계종 승려요. 그분의 부친은 김홍규. 보천교 목방주였어요. 보천교 재산을 관리했던 분이죠. 보천교 자금을 상해 임시정부에 보내려고 했다는 혐의로 경찰에 구속되기도 했고요.

(곽규) 아, 그 보천교. 그런데?

▲ 김구가 머물렀다는 김부곤의 고택. 현재 김부곤의 사위 곽규 내외가 살고 있다. (정읍시 태인면 태흥리 오리마을)

(안후상) 탄허 스님이 당신 사위에게 이렇게 말씀하셨대요. 상해 임시정부 김구 선생이 전라도 정읍에 오셔가지고 "정읍에 큰 빚을 졌다"고 하셨다는 거예요. 탄허 스님 사위 분에게 제가 직접 들었어요. 정읍에 많은 빚을 졌다고, 정읍에 오셔서 하신 말씀이라는 거에요.

(곽규) 음, 맞아. 그건 내가 분명히 말할 수 있어.

(안후상) 그런데 일부 연구자들은 김구 선생이 정읍에 왔다갔다는 근거가 어디 있느냐고 그래요. … 그런데 일주일 전에 태인의 서혁기 씨에게 태인의 김부곤 선생 댁에서 김구 선생이 오셔서 머물고 가셨다고 하더라고요. 그래서 저희들이 이렇게 찾아왔습니다.

(곽규) 아, 아까 서혁기 씨가 얘기하고 갔어, 오신다고. … 김구 선생이 정확히 이 집에 오셨어. 내가 장가를 오니 나의 장모께서 분명히 그러시더라고. 틀림없이 이 집에 오셨어. 해방 직후였을 거야. (맨 끝방을 가리키며) 저 방이 그 방이여. 장모님이 그러시는데, 저 끝방이 응접실이고, 그 응접실은 다다미방이었어. 그곳에서 김구 선생이 여러 사람들과 회의를 하고, 바로 옆방이 웃방인데, 그 방에서 주무셨다고 장모님께서 얘기해주셨어.

(우리 일행을 김구 선생이 회의를 했다는 응접실과 주무셨다는 웃방으로 안내하면서 그 방의 구조를 설명하셨다. 살면서 일부 구조를 바꾸었다고 하셨다.)

(안후상) 장모님의 함자는 어떻게 되시나요? 그리고 언제 작고하셨지요?

(곽규) 장모님 성함은 김용복(金容福)이고 1996년에 작고하셨지. 그때 장모님이 가지고 계신 것 중에 두루마리 편지가 하나 있었어. 그 편지가 장인어른과 김구 선생이 주고받은 편지여. 내가 그걸 읽었어. 기억은 잘 나지 않지만, 안부를 묻고 고생한다고도 하고, 조심하라는 것도 있었고. 그리고 독립자금이라는 글자는 없었지만, 그런 자금을 주고받았다는 정황을 알 수 있는 내용도 있었어. 틀린 글자는 붓으로 동그라미를 해서 지웠더라고.

(안후상) 그 편지는 지금 남아 있나요?

(곽규) 아니, 없어졌어. 당시 집안 사정이 어려워 장모님께서 내다 파신 것 같아. 두루마리 편지 말고도 서류나 사진, 고서 등도 많았었는데 지금은 다 없어져버렸어.

(안후상) 두루마리 편지 외에 김부곤 선생의 독립운동과 관련해서 … 보고 들으신 기억은 없습니까?

(곽규) 사진이 있었어. 사진은 장인(김부곤)께서 유치장에 계실 때 찍은 사진이여. 감옥 창살 안에 장인어른이 계신 사진이여.

(안후상) 김부곤 선생은 어떤 독립운동을 하셨습니까?

(곽규) 3·1만세운동을 하셨어. 당시에 《조선일보》 기자를 하셨지. 지국장인가 기잔가 하셨는데, 그때 찍은 사진도 있었어. 지금은 없어졌지만.

(김재영) 독립운동가 김수곤 선생과 김부곤 선생은 어떤 관계인가요?

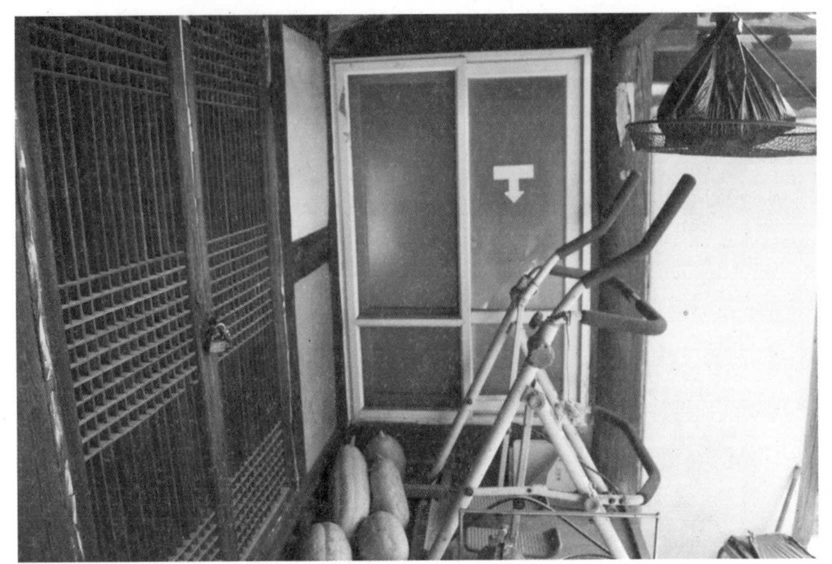

▲ 김구가 머문 방의 입구. 온돌방인 왼쪽 방에서 백범 김구가 잤다. 김구가 잔 방은 원래 다다미방이었으나 뒤에 개조하였다. 오른쪽 방에서 주요 인물들을 만나는 등 응접실로 활용하였다.

▲ 백범 김구가 머물렀다는 벽장이 딸린 방

(김금숙) 사촌간이요. 그러니까 제일 위 형이 김수곤, 그 아래 대곤 등이고. 그리고 우리 아버지가 막내요. 우리 아버지는 원래 서울대 약대 전신인 서울의 어느 의학교에 다니셨나 봐요. 그러다가 기자를 하셨지요. 저는 무남독녀고요. 저는 어렸을 때부터 집을 떠나 전주에서 학교를 다녀서 기억이 잘 안 나지만, 아버진 기억이 나요.

(안후상) 할머니 몇 살 때 부친께서 작고하셨나요?

(김금숙) 글쎄 …?

(곽규) 아, 당신 전북여중 1학년 때 작고했지 않아? 그때가 장인어른 나이 49세였을 거야.

(김재영) 전주 어느 학교에 다니셨어요?

(김금숙) 전북여중. 고등학교는 전주여고 나와 서울에서 대학 나오고, 그리고

▲ 곽규의 자택으로 들어가는 입구의 도로명 주소가 '독립길'이다.

정읍여고에서 선생을 했어요.

(김재영) 서울 어느 대학 나오셨어요? 졸업은 언제 하셨나요?

(김금숙) 숙명여대 경제학과 나왔지요. 1956년에 졸업했어요.

(김재영) 부친께서 다닌 대학이 서울대 약대 전신이라면? 경성의전 정도가 아닐까요? 아무튼 부친은 당시에 수재이셨겠네요.

(김금숙) 그랬지요. … 우리 아저씨(곽규)도 서울대 경영학과 나오셨지요. 그리고 광주에서 중고등학교 교편을 잡으셨고, 교장을 오래 하셨어요.

(안후상) 김구 선생이 이 집에 머무셨다는 얘기를 정확히 언제 들으셨나요?

(곽규) 내가 27세에 장가왔으니까, 그때가 1958년이지. 그때 장모님께서 직접 그 얘기를 하셨어. 저 방에서 주무셨다고.

(김재영) 이 집은 대략 몇 평이나 되나요? 언제 지어진 집인가요?

(곽규) 대략 200평 되지? 지은 지는 약 100여 년 돼.

(김재영) 100여 년 된 집에다가 김구 선생이 회의를 주재하시고 주무셨다는 것은 이 집의 역사적인 가치를 말해줍니다. 따라서 문화재 등록이 가능할 것 같습니다. 문화재로 등록되면 시나 도에서 지원해 원형을 보전하려고 할 거예요.

(곽규) 아, 귀찮아. 문화재 같은 것 되면 안 돼. 거추장스럽고. (손사래를 친다)

(안후상) 이런 규모 있는 집이라면 당시에 상당한 지주였겠는데요?

(김금숙) 암, 지주였지요. 한 3천석지기 되었어요.

(김재영) 태인의 김달곤 선생 아시지요. 김달곤 선생은 3·1운동 당시에 고문으로 작고하셨거든요. 김달곤 선생과 김부곤 선생은 어떤 관계인가요? 같은 김해 김씨인가요?

(곽규) 우린 김해 김가여. 김달곤 선생은 우리 장인하고 사촌지간이지. 그리고 우리 장인어른도 3·1운동 위령탑에 각인된 유공자 26명 가운데 한 분으로 돼 있더라고. 그런데 정부에서는 유공자로 인정을 안 하는 거야.

(김재영) 김구 선생이 광복 직후에 왜 태인에, 그리고 이 집에 와서 머물렀는지, 생각해보셨어요?

(곽규) 아, 독립자금을 드렸을 것이고, 장인께서 독립운동을 하셨으니깐 ….

(안후상) (중요한 사실을 확인하기 위해서 재차 물었다) 그 두루마리 편지에 대해서 다시 말씀해 주세요.

(곽규) 그 두루마리 편지는 김구 선생이 우리 장인어른에게 보낸 편진데, 그것을 우리 장인이 가지고 있었던 거야. 국한문 흘림체로 쓴 것인데, 틀린 글자는 붓으로 검게 동그라미를 해서 지운 흔적이 여러 곳 있더라고. 그게 지금도 기억에 남아. 틀린 글자는 가위표를 하거나 일자 빗금으로 긋는데, 김구 선생은 붓으로 검게 동그라미를 해서 틀린 글자를 지웠더라고.

(안후상) 어쨌든 선생님 말씀을 듣고 보니, 광복 직후에 김구 선생과 이승만 박사가 정읍에 왔었어요. 독립운동의 상징적 인물 두 분이 정읍에 왔다는 것은 큰 의미가 있을 것 같아요.

(곽규) 아, 그리고 이승만 박사가 정읍에 왔을 때 장인어른이 정읍에 가서 이 박사를 만났다고 하는 얘기를 장모에게서 들었어.

▲ 태인 3·1운동 기념탑 (성황산)

(김금숙) 그러니까 우리 아버지는 당시에 유명 인사들을 죄다 알고 계셨었던 거여요. 라용균 선생하고도 아주 친했었데요.

(안후상) 혹시 이승만 박사가 이 집에 오셨다는 얘기는 없었나요?

(김금숙) 없어. 그런 얘기는 없었어.

(안후상) 김부곤 선생의 독립운동과 관련해서 얘기해주세요.

(김금숙) 우리 아버지는 요 바로 아래 태인의 제일 갑부 김재일 씨 댁에서 여러 일을 봐주고, 하면서 자금을 모아 독립자금으로 전달하셨어요. 갑부 김재일 씨도 아들이 없었지요. 나중에 양자를 들였어요. 그러니까 서로 잘 통했겠지요.

(안후상) 그러니까 김부곤 선생께서는 독립자금 조달책 역할을 하신 거로군요.

(곽규) 그런지 어쩐지 …. 아, 문화재인가 하는 것은 바라지도 않으니 앞으로는 여기 오지 말아. 다신 여기에 오지 말아.

"보천교에서 임규를 통해 라용균에게, 라용균이 상하이 대한민국 임시정부에 5만 원을 건넸다"

구술자 이강오(1991년 당시 71세. 前전북대학교 철학과 교수)

질문자 안후상

동석자 이희태

질문주제 보천교의 독립운동 자금

일시 1991년 10월 19일 오후 1시

장소 전라북도 전주시 금암동, 이강오의 자택

전라북도 익산 금마 출신의 이강오(李康五, 1920~1996)는 전북대학교 철학과에서 한국 유학을 가르쳤으며, 오랫동안 한국 신종교를 연구하였다. 한국 신종교 관련 다양한 논문이 있으며, 사후에 그의 제자들이 '이강오가 발표했던 논문'을 모아『한국신흥종교총람』을 펴냈다. 당시 필자는 석사학위 논문을 작성하면서 이강오를 몇 번 만났다. 만나서 들었던 구술 가운데 보천교의 자금이 상하이 대한민국 임시정부에 흘러 들어갔다는 내용을 발췌하였다.

• • •

-전략-

교수님 논문 '보천교'는 제가 이쪽으로 논문을 쓰는 데 매우 중요한 자료이기도 해요. 지금 준비한 논문이 '보천교 운동'이거든요. 불모지에 길을 내주신 셈입니다.

그렇다면 다행이네요.

교수님 논문은 주로 어떤 자료를 근거로 구성했는지요?

당시 왜정 기록과『보천교 연혁사』등 교단 자료와 이정립 씨 구술, 강증산의 제자들까지 전반적으로 다 참고하였어요.

▲ 익산 금마 출신의 임규. 보천교 수호사장을 지낸 적이 있다.

그런데 교수님 논문의 일부분에서 보천교가 친일했다는 내용이 주를 이루는데요?

아, 친일을 했지. 친일 한 건 분명해요.

그런데 최근 보천교가 항일을 했다는 자료가 많이 나왔어요. 이거(각종 신문자료 및 조선총독부 자료 등) 보세요.

내 글은 대체로 보천교가 친일을 했다고 돼 있지, 친일을 했으니까. 그렇지만 안 선생이 제시한 자료와 안 선생의 얘길 들어보니 이치백 씨 등이 항일을 한 흔적은 있어요.

이치백은 강증산의 제자이지요?

그분은 그리고 보천교에도 가담했던 분이지.

그리고 최공엽이라는 분이 '임규'에 대한 글을 썼는데, 이 글에서 보천교에서 5만 원을 임규에게 건네 대한민국 임시정부에 전달했다는 내용이 있어요.

아, 나도 알아요. 나도 직접 들은 것인데, 보천교가 '임규 씨에게 5만 원을 주었다'는 것은 임규 씨에게 직접 들었어요. 임규 씨는 당시 보천교에서 직책을 맡고 있었는데, 그 돈을 라용균 씨에게 건넸고, 라용균 씨는 상해 정부에게 건넸다고 내가 직접 들었어요.

정읍에서는 라용균에 대한 이상한 얘기가 있어요. 보천교 돈을 받아 절반은 상해 임시정부에, 나머지는 영국 유학비로 썼다는 등

그건 잘 몰라요. 그 얘길 듣기는 했지만.

그런데 교수님의 보천교 논문은 어떤 근거로 쓰인 거예요?

내 글은 교단 측 자료, 일경의 자료, 그리고 교단에 계셨던 분들의 증언 등이지. 내가 걸어서 직접 찾아가 증언을 듣고, 자료를 수집해 쓴 것이지요.

그리고 교수님 논문의 시각은 보천교가 '사교적 집단'입니다. 하지만 반드시 그러한 시각으로만 볼 게 아니라는 것이, 바로 독립운동 자금으로 보천교 교금이 (관련 자료를 가리키며) **지출되지 않았습니까?**

… 내 얘기하고는 전혀 다르네. 나는 1960년대 거의 완벽하게 증언을 기록하여 쓴 글이기 때문에 그럴 수밖에 없었네. 사실 그렇기도 하지만 …. 즉 강증산의 24인 제자들 모두가 동학인들이었어. 그들은 새 정부가 이루어지기를 고대하면서 동학운동을 펼치다가 동학이 실패하자 실망한 나머지 증산으로 돌아섰다고 봐. 삼덕교의 이치복은 그의 아들 치백에게 증언하기를 "증산의 무리들은 좋지 않은 단체로 알고 구릿골에 가보니 그의 제자들은 모두가 반일단체였다"고 했어. 그리고 … 대흥리에 왔던 사람은 '조경한'을 알지. 이정립 선생이 전주 남노송동 자택으로 조경한 선생을 방문한 적이 있지. 그분이 상해 임정에서 일한 분이셨지.

보천교에서 독립운동하던 사람들에게 적지 않은 돈을 주었다는데요? 혹시, 그 의미는…?

그럴 수도 있네. 3·1운동 당시 48인의 하나인 임규(林圭)라는 분이 독립운동 자금으로 보천교로부터 교금 5만 원을 받았어. 임규는 금마 출신이지. … 원래 임규의 일가는 금마 아전 출신이여. 동학과 관련을 맺다가 일찍이 개화된 분이여. 임은 와세다 대학 전신이라고 볼 수 있는 '경홍의숙'에서 공부했어. 그 당시 김학곤이라는 사람과 알게 되었지. 이 자는 '엠엘당 사건' 연루자여. … 임은 상해 임정 수금책인 소병언과 친했어. 송진우, 장덕수의 선배이기도 한 임은 보천교와 관련을 맺었던 것은 바로 동학 때문이었어. 임은 보천교 차경석에게 돈을 받아 장덕수에게 주었고, 하와이(?)에 가서 다시 라영균에게 주었어. 다시 라영균이 받은 즉시 영국 옥스포드대로 유학했기에, 혹 유학 경비로 쓰지 않았나 추측을 하지. 실제 라영균 씨 생존 시 얘기로 들었으나, 자금이 상해로 전달이 됐는지에 대해서는 묻지 않았어.

"만주 신민부의 독립자금은 김성수 씨와 보천교에서 많이 댔다"

구술자 박환(1958년생)

질문자 안후상

일시 2018년 11월 30일 오후 3시

장소 서울시 중구 태평로 33, 한국프레스센터

2018년 한국민족운동사학회 주최 「보천교와 보천교인의 민족운동」이라는 주제의 학술회의에서 박환(수원대 사학과 교수)이 한 말을 발췌하였다.

• • •

-전략-

내가 1980년 초에 이강훈 당시 광복회 회장님을 만나서 당시의 독립운동 자금에 관해서 얘기를 들었다. 당시에 이강훈 회장님은 "만주 신민부의 독립자금은 김성수 씨와 보천교에서 많이 댔다"고 말하셨다. 지금 생각하니, 그 당시의 이강훈 회장님의 말씀이 이해가 된다.

-후략-

▲ 이강훈 前광복회 회장

보천교계 신종교의 독립운동

‘황극교 사건’과 은세룡

구술자 은희반(1928년생)

질문자 곽형주·김재영·안후상

일시 2002년 10월 19일 오후 5시

장소 전라북도 부안군 줄포면 줄포리 금동, 은희반의 자택

은희반(殷熙盤)은 황극교(黃極敎) 교주 은세룡(殷世龍)의 막내딸이다. 전라북도 정읍군 영원면에 사는 향토사학자 곽형주의 소개로 황극교 교주였던 은세룡의 딸 은희반을 부안군 줄포면 은희반의 자택에서 면담할 수 있었다. 은희반은 어렸을 때 부친 은세룡을 정확히 기억하고 있었다.

• • •

-전략-

(곽형주) 은세룡 선생님의 출생 및 가족 관계에 대해 말씀해주세요.

우리 아버지(은세룡)는 정읍군 영원면 후지리 산당 506번지에서 출생하였지. 상당(山堂)은 우리 아버지 당호였어. 당호가 산당이라, 태어나신 곳을 산당이라고 불렀지. 아버지께서는 2남3녀를 두셨는데, 1남이 희동이고 2남이 희춘이야. 자는 양호여. 큰언니가 쌍덕이고 둘째 언니가 희경이. 그리고 2남 희춘 오빠의 아들이 병기지. 지금 56세요. 지금 서울 신림동에 살고 있지. … 아버지께서 재출해 낳은 자식이 나와 희춘이지. 우리 어머니는 경상도 상주에서 시집오셨어. 호적에 올라 있는 국악인 희진은 숙부 세 자 림 자의 자식이지. 역시 재출해서 낳은 자식이야. 그래서 우리 어머님 앞으로 올려놓은 거야.

完結

事件名	犯罪要旨	檢事局名及起訴ノ日	起訴人員
黃極敎事件	大正十五年十月以降全北益山郡下ニ於テ朝鮮ノ獨立ヲ目的トシテ黃石公敎ナル類似宗敎ヲ創設シ敎徒ノ獲得訓練並資金ノ造成ニ努メ來タリシカ昭和七年陰一月敎名ヲ上記ノ如ク改メ鮮內ヲ東黨(慶尙道、江原道)南黨(全羅道、京畿道、忠淸道)西黨(平安道、黃海道)北黨(咸鏡道)ノ四區ニ分割シ各黨ニ總師ヲ設ケ各組織ノ指導監督ニ當ラシメ以テ前記目的遂行ノ爲種々活動ス (受理人員八九名)	全州 昭和一八、三、[illegible] 求豫審	金靈植等 一〇名
朝鮮共產黨再建運動竝武裝暴動蜂起企圖事件	朝鮮獨立及共產化ヲ目的トスル朝鮮共產黨再建ヲ企圖シ昭和十年頃ヨリ京城ヲ中心ニ不穩策動ヲ爲シ居タルモノナルカ昭和十六年ニ至リ日蘇開戰必至ナリト推斷シ日蘇開戰ノ曉ニハ一般大衆ヲ煽動々員シテ武裝暴動ヲ蜂起セシメ一擧ニ朝鮮獨立共產化ノ野望ヲ達成セント之カ準備ニ狂奔ス (受理人員一〇一名)	京城 昭和一七、九、[illegible] 求豫審	德山仁義等 五六名

▲ 조선총독부의 「조선중대사상사건경과표(朝鮮重大思想事件經過表)」(1943)에 '황극교 사건'이 포함돼 있다. 일제의 사상 탄압 31건 가운데 '보천교계 신종교'와 관련된 사상 사건이 6건이다.

(곽형주) 여기 오신 두 분의 선생님들은 황극교와 같은 종교를 연구하시는 분들이셔요. 이분들에 의하면 황극교는 왜정 때 독립운동을 했기 때문에 왜놈들에게 탄압을 당하셨다는 겁니다. 그 부분에 대해 알고 있는 건 없으십니까? 그리고 언제 부친께서 타계하셨나요?

내가 아홉살 때 왜놈들이 아버지를 잡아 가뒀어. 처음에는 정읍서에 계셨지. 오래토록 정읍에 계셨어. 그러다가 전주로 이감하셨지. 내가 16세 때 출감하셨어. 16세 때인 음력 8월 16일에 출감하셨지. 건장하신 분이 백발이 다 되어 나오신 거야. 감옥에서 팔 한쪽을 못 쓰게 되신 거야. 고문이 어찌 심하던가, 고문 얘기를 하시면서 울음을 터트리기도 하였지. 고문은 주로 거꾸로 매달아 놓고 고춧물을 퍼부었다는 거야. (사진을 보여주며) 아버지는 1974년 92세 일기로 돌아가셨어. 여기 있는 사진은 타계하기 2년 전의 사진이야.

(곽형주) 기억에 부친은 어떠하신 분이셨어요? 학자이셨어요? 아니면 도인이셨어요? 아니면 독립운동가이셨어요?

우리 아버지는 한학에 밝으셨어. 전국에서 한학자들이 늘상 우리 집에 모였었지. 당시 30명은 적은 숫자였어. 그 많은 학자들을 밥을 해서 대접했지. 주로 시조를 짓고, 삼황오제(三皇五帝)* 도 찾았지. 그래서 우리 아버지를 4앙석모라고도 하였지.

(곽형주) 당시 은세룡 선생님은 주로 어떤 활동을 하셨습니까?

아버지는 주로 외유를 많이 하셨지. 만주를 자주 가셨어. 그러니까 부친이 안 계시니까 모친께서는 농사를 맡았지. 농사지을 땅은 아주 많았어. 그러니까 남의 땅을 밟지 않고 돌아다닐 정도였으니까. 부친은 만주에서 오시면서 볍씨나 오이씨, 호박씨 등과 꽃씨를 가지고 오셨어. 부친께서 꽃을 무척이나 좋아하셨어. … 그 많던 재산은 부친의 수감 이후에 풍비박산 나버렸어.

한때, 백부님 손자인 은만기 씨가 정읍에서 자동차 관련 사업을 했지. 부친이 수감되고 나서 만기 씨가 7년간을 사식을 댔지. 감방에다 이불이며 요를 집어넣어 주기도 하였어. 당시 계시는 곳이 독방이었어. 옷도 솜으로 만든 핫바지 저고리를 집어 넣어준 거야. 수감 이후에 강부장(일제 순사 강재령을 말함)이라는 사람이 일경을 데리고 와서 포승줄에 묶인 부친을 데리고 우리 집에 와서 온 집안을 다 뒤지는 거야. 심지어, 천장은 물론이고 서까래까지 뜯는 거야. 가택 수색이지. 이러한 수색을 서너 번은 했어.

* 중국 고대의 전설적 제왕인 3황은 일반적으로 天皇.地皇.人皇 또는 泰皇을 가리킨다. 문헌에 따라서는 伏羲.神農.黃帝를 들기도 한다. 강증산도 三皇 및 皇極을 자주 언급하였다.

(안후상) 강부장이라는 자는 보천교를 탄압했던 유명한 조선인 형사입니다. 혹시, 부친께서 보천교 얘기는 안 하시던가요?

수감 전에 부친은 손님들하고 보천교 얘기를 자주 했어. 그러나 아버님께서 하신 일은 보천교와는 달라. 동학 얘기도 하고 조병갑 얘기도 하셨지. 내가 들었어. 당시 나도 한학을 했거든.

(안후상) 부친의 활동 중에 어떤 의식, 즉 천제 지내는 것을 보신 적은 있으신가요?

해방되고 난 뒤에 남편이 천제(天祭)를 지낸다고 부친을 따라간 적이 있어. 당시 전남 어디라고 하더만. 그때 염소를 잡아 생으로 놓고 제사를 지내더란 거야. 그것도 가정집에서. 그리고 제문을 읽는 모습을 보았다고 하더만. 제 남편은 김형갑(현재 78세)이고, 23세 때 부친을 따라갔었지.

(김재영) 다른 특이한 활동은 없으셨어요?

부친은 인자하시고 마을 일을 잘 도왔어. 초상집 일도 도우시고 불쌍한 분들을 돌보셨지. 풍수도 하시고, 병이 나면 약을 지어주기도 하셨지. 당시 등로거지라고, 등에 등짐을 지고 노상에서 자는 사람들을 일컬었지. 이들을 사랑에서 먹여주고 재워주고 했지. 당시 우리 집은 이런 사람들로 가득했지. 나환자도 돌보았어. 나환자를 분리시키고 그곳으로 밥을 갖다주었지. 모친상을 당해서는 방갓을 쓰고 3년 동안 산소에서 손으로 풀을 뜯었지. 그리하여 총독부 시절엔 효행상을 받기도 했어. 상과 함께 은수저도 나오곤 했지. 수감 생활 때는 전간제 선생 제자 양제 선생과 생활하기도 했다고 하지.

황극교와 '김판봉의 항일운동'

구술자 김병수(1956년생, 전라북도 완주군 소양면 신원상리길)

질문자 안후상

일시 2024년 8월 22일 12시

장소 전라북도 완주군 소양면 대승길 7, 대승가든

김병수(金炳秀)는 '황극교 사건' 당시 실형을 선고받고 복역한 김판봉(金判奉)의 손자다. 황극교(黃極敎)는 1926년 11월에 김영식(金靈植)과 은세룡(殷世龍)이 조직한 비밀 결사체이다. 일제는 황극교를 "겉으로는 종교단체를 가장하고 이면에는 조선을 일본 제국의 굴레로부터 이탈, 독립시킬 것을 목적으로 조직한 결사체"로, 그리고 "보천교 재건운동"이라고 규정하였다. 1936년 차경석이 사망하자 일제는 보천교 강제로 해산하였다. 이때 은세룡은 교세 확장을 목적으로 '보천교 재건운동'을 벌이던 보천교 간부 김판봉(金判奉) 외 다수를 끌어들였다. 따라서 당시 언론에서도 황극교를 '보천교 재건운동'으로 바라보았다. 녹취된 구술 내용은 재구성하지 않고 그대로를 옮기려고 노력하였다.

• • •

안녕하세요. 전에 전화한 안후상입니다.

아, 예.

지금 김병수 선생님 연세는 어떻게 되세요?

저는 1956년생이요.

1956년생이고요. … 할아버지 김판봉 어르신의 판결문을 가져왔어요. 이 판결문에는 할아

버지 본적이 완주군 용진면 신지리 314번지더라고요.
예.

그 다음의 거주지는 완주군 소양면 신원리 374번지더라고요.
예. 용진면에서 살다가 이쪽으로 오신 거여요.

아, 그러면 소양면 신원리 374번지가 김병수 어르신 사시는 동네에요?
예.

▲ 김판봉 공적비 (완주군 소양면 대승리)

당시 판결문에는 판결일이 1940년 10월 30일이었고, 당시 김판봉 할아버지의 나이는 40세였고요. 할아버지께서 몇 년생인지는 아시죠?
잘 몰라요.

아, 그래요. 판결기관은 전주지방법원이고요, 죄명은 치안유지법입니다. 치안유지법은 1925년에 왜놈들이 독립운동가를 때려잡기 위해 만든 겁니다. 상당히 큰, 그 당시로서는 일제에 위협적인 사람들을 치안유지법을 내세워 탄압했지요. 할아버지께서도 치안유지법 위반으로 징역 1년 8개월, 선고 전에 500일 구속 생활을 했고요. 대한민국 정부에서는 할아버지의 활동을 판결문에 근거해 '예언에 따라 계룡산에서 교주가 조선 왕조에 즉위하는 황극교 헌법을 만들고 천여 명에 포교 및 목적 달성에 노력하였다'라고 간결하게 정리해 놓고 있어요. 치안유지법 1년 8월 선고.
예.

판봉 할아버지의 원래 본적은 어디에요?

충청도 같아요.

충청도 어디요?

충청도 대덕군 북면 후평리…? 할아버지께서 옛날 그곳에 가셔서 선산의 비도 세우고, 비문도 직접 다 쓰시고 하셨으니.

여기 대덕에서 사시다가 내려오셨나요?

그런 것 같아요, 제 생각은. 전 여기에서 태어났으니까 모르지요. 어렸으니까.

할아버지의 원래 태생지가 대덕이구나! 그런데 정확한 위치 아세요?

지금은 주소가 바뀌어서 잘 모르지요. 옛날에 한번 가봤는데, 대청댐 그곳 시골이더라고요.

아, 오늘날 대덕은 대전이에요. 대전으로 통폐합되었어요.

예. … 대청댐 뒤 어디일거여요.

여기 대덕에 사시다가 언제 이쪽으로 내려왔는지는 잘 모르세요?

모르지요.

어디 김씨여요?

경주요.

경주 김씨! 할아버지께서 몇 년생인 지는 모르겠지만 1940년 당시 40세이니, 1900년생이 되지 않을까요. 1900년에 태어나셨고, 활동하시다가 체포돼 당시 전주지방법원에서 마흔 살에 선고를 받은 겁니다.

우리는 잘 모르지요.

아버지 함자는 어떻게 되세요?

지 자 철 자, 지철이요.

아, 김지철. 지금 아버님도 작고하셨지요.

진즉 돌아가셨어요. 할아버지가 돌아가시고 1년 뒤에 돌아가셨어요.

아, 그러면 아버지는 몇 년생이에요?

잘 모르겠어요. 100살 넘어, 돼지띠인데, 몇 년생인가는 잘 모르겠어요.

돼지띠이고 100살 넘었으니 역산해보면 … 1923년생이네요.

예.

판봉 할아버지의 다른 이름은 없었나요?

할아버지의 이름이 많아요. 윤 자 경 자도 쓰고 봉 자 규 자. 호는 삼우고.

윤 자 경 자 윤경, 봉 자 규 자 봉규?

예.

호가 삼우? 한자는?

석삼 자 벗우 자, 삼우(三友)요.

할아버지 작고하신 때는?

그거 모르겠어요. 사망 신고는 제가 했는데, 잘 모르겠어요. 제적등본이나 떼 봐야죠.

아니, 아버지 돌아가신 때를 알면 할아버지 돌아가신 때를 알겠지요? 아버지는 언제 돌아가셨어요?

한 50대에 돌아가셨어요.

50대!

환갑 전에 돌아가셨으니까.

할아버지 돌아가신 때가 아버님 돌아가신 때의 1년 전이니까.

그런데 제 머릿속에 기억이 잘 안 나요.

네. 나중에 그거 한번 알려주세요. 그리고 판봉 할아버지가 보천교를 하셨다는 것을 아셨어요?

몰랐었는데, 뭔 도(道)를 믿었다고 사람들에게 들었어요. 나이 자신 분들에게. 그리고 이 밑에 사람들하고 친하게 지내고.

이 밑의 사람들도 할아버지와 도를 같이 했어요?

그것까지는 모르겠어요.

예 ….

할아버지는 한학(漢學)으로 출중하셨어요.

한학으로?

예.

한학으로 출중했다?

제가 어렸을 때 박정희 대통령과 편지로 왕래했을 정도요.

할아버지와 서신 왕래가 있었다? 할아버지가 출중하셔서? 편지는 무슨 내용이었나요?
정치를 잘못했다고.

정치를 잘못했다고 편지를 박정희 대통령에게 썼다? 탄압은 안 받았나요?
안 받았어요. … 이것도, 이명박 때 상패를 만들어 놓고 문재인 정부 때 상패를 주더라고요. 상패 보니까, 대통령은 이명박, 행안부장관은 맹형규라고, 상패 보니까요.

아, 독립유공자 상패?
예. 건국포장 상패. 우리는 알도 못 했지요, 우리는.

그러니까 이명박 대통령 때 독립유공자로 추서되었고, 전달받은 것은 문재인 때네요.
예, 문재인.

행정 착오라든지, 행정에서 문제가 있었겠지요.
예.

지금 할아버지, 여기 판결문을 보면, 황극교(皇極敎)라고 하는 보천교(普天敎)에서 갈라져 나온 종교에서 할아버지를 스카우트한 거여요. 왜 스카우트? 보천교 선정사라는 간부였기에. 일제 때 보천교는 어마어마한 세력이었어요. 이게 책임 있는 선정사라는 간부였는데, 차경석이 사망하면서 보천교는 뿔뿔이 흩어져, 보천교 세력을 이끈 간부인 할아버지는 황극교에서 스카우트를 한 겁니다.
우리는 전혀 모르지요

그래서 황극교를 더 크게 만들었어요. 은세룡은 황극교 지도자고, 정읍 영원 출신이에요. 황극교를 '보천교 재건운동'이라고 일제도 판단해요. 그래서 일제는 할아버지 이하 황극교 간부를 체포, 기소해서 1940년에 판결한 겁니다. 그러니까 할아버지가 황극교 간부 중에는 두 번째로 형이 많아요. 그전에 500일이라는, 거의 2년 동안이나 가둬 놨으며, 고문하고 그러했겠지요.

그렇겠지요. 비 세울 때 할아버지 조카가 있었는데, 지금은 돌아가셨는가 모르겠네요.

비 세울 때 할아버지 조카?

예. 지금 돌아가셨는가 모르겠어요. 할아버지 누나 아들이라고, ○○○라고, 지금 봉동에 사는데. 가서 물어봤더니, 자기도 조그마한 때 자기 어머니에게 들었는데, 그 동네에서 우리 땅 안 밟고는 못 다녔을 정도라고 했대요.

당시에 큰 지주였네요.

예. 그런 땅을 다 팔아가지고 다 갖다 바친 모양이에요. 지금 생각해보면.

할아버지가 넓은 땅을 다 팔아가지고 보천교에 바쳤구나. 그런 사람 많아요.

그 양반이 그러시더라고, 그 양반 구십 몇 살 먹었는데, 그 양반이 그러시더라고. 우리는 알지도 못하고. 그 이야기를 자기 어머니에게 들었대요.

그러니까 할아버지의 누님 아들. 그러니까 봉동에 계시는 누님 아들에게 들었구나.

예.

그런 사람 많아요. 당시 보천교가 하나의 나라이고, 정읍 대흥리는 수도라고 그랬거든요. 그래서 재산을 갖다 바친 거여요. 당시에 국가가 수립된다고 했기 때문에, 그런 사람 많았어요.

그러죠, 예.

예. 그랬었군요.

○○○○ ○○○○요. 쫓기다가.

쫓기다가? 쫓기다가 할아버지께서 이쪽으로 들어왔어요?

그런 거 같아요, 제 생각에.

대덕에 계시다가?

아니요, 용지면 신기리 사시다가.

용지면에 사셨을 때 쫓기다가 소양으로 오셨다.

그런 거 같아요. 대덕에서는 고조할아버지 때 오신 거 같아요. 고조할아버지 묘가 여기가 있었어요. 고조할아버지가 통정대부 가선대부로 있을 때, 호칭을 받을 때 전라도로 발령 났는가.

고조 때 내려오셨구먼요.

말 들어보면 증조할아버지도 했다고 그래요.

그전에는 벼슬을 샀어요. 명예직이라고 공명첩! 그런데 증조할아버지도 보천교를 했어요?

아니, 정부의 벼슬? 잘 모르겠어요. 동네 사람들도 잘 알지 못하고. … 저 비도 내가 세운 게 아녀요.

그럼, 누가?

내 주변의 아는 사람들요.

지인들이?

예.

비가 어디에 있어요?

요, 오다 보면 취선마루요. 한문 하나도 안 들어가고 한글로만 했어요. 벌써 5년 되었구먼. 비 세운 지가 2019년에 세웠구먼요.

아, 그러니까 할아버지께서 그런 활동을 하셨다는 것을 전혀 잘 모르시는구나.

모르지요. 동네 사람들도 모르고, 아마 숨겼던 모양이에요. … 자랑하는 것이 아니라. 빨갱이 앞잡이도 이 마을에 있었거든, 그래 그런 말 할 수 없는 거지요.

저는 교직에 있다가 지금은 대학에서 강의하고 있어요. … 요즘 점점 독립운동을 하는 것이 잊히고, 그래서 정읍시에서는 이것을 기록으로 남겨야 한다 해서 …. 그동안 보천교는 사이비종교, 사교 등, 나중에 알고 보니 엄청난 독립운동을 했더라고요. 대한민국 임시정부와 김좌진 등에 오늘날 돈으로 환산해보니 240억 정도를 보천교에서 주었더라고요. 그러니 할아버지의 활동이 일제로서는 독립운동이지요.

이 집(식당) 사장이 서둘러서 비를 세운 거요

이런 고마운 분이 계시네요.

그때 완주군수 등 다 왔다 갔지요. 지금 현 군수도 독립운동 후손이고. 공천받아서 군수됐고요.

지금은 무슨 일을 하셔요?

완주군청 마을버스를 해요. 시내버스 하다가 정년을 하고 좀 쉬다가 지금은 마을버스를 해요. 오늘은 쉬는 날이요.

혹시 할어버지나 아버지께서 한약을 다루는 약종사이셨는가요?

안 했어요.

혹시 유품은?

우리가 어린 게. 당시에 돌아가시고 붓, 갓, 망건이고 책이고 다 분실했어요. 누가 다 가져갔어요.

그게 기억나세요?

같이 살다 돌아가셨어요.

그때도 갓 쓰고 망건 쓰고 했나요?

예. 갓 쓰고 망건 쓰고 다 그랬어요.

원래 보천교인들이 그랬어요.

아, 그러셨구나. … 사진이 인천에 가 있는데, 오래되어서 사진이 없어요.

할아버지께서 혹시 주문을 외우셨나요?

그건 잘 모르겠어요. 할아버지께서는 시조를 잘하셨어요. 제가 어렸을 때 어른들 말 들어보니 천자문을 옳게 외우시고 거꾸로도 외우셨어요.

예.

저는 국민학교 때 『사자소학』『명심보감』을 뗐었는데. 삼강오륜을 제게 가르치고 했는데, ○○○ 다 잊어버렸어요.

진즉에 독립유공자로 해줬으면 선생님도 여러 혜택을 보았을 텐데 … 혜택이 별로 없지요?

없어요. … 할아버지 딸이 인천에 사시는데, 지금 치매 걸려 있는데. 저 혼자만 처음에 6만 원, 지금은 10만 원씩 줘요. 몰라서 못 찾아 먹어 그거 … 모른 게, 그것도 그냥 주는 게 아니고 신청을 해야지. 그리고 또 ○○○ 손자 손녀딸까지 다들 뭘 맡아야 하는가 보더만. 옛날이나 대충해서 탔는데.

왜정 때 황극교의 정읍 영원 사시는 은세룡이라고?

알고 있어요

어떻게? 할아버지께 들었어요?

아니, 비를 세워야 하니까, 그때 알게 ….

언젠가 은세룡의 따님을 만났어요. 당시 재판에 넘기기 전에 심한 고문으로, 심지어 대나무 가시로 손톱 사이에 찌르고. 할아버지는 그런 고문 안 당했어요? 500일 동안 고문당했는데, 대침으로 손톱 사이?

그때는 나라를 뺏기는 시절이니까.

정읍 태인의 황극교와 유사한 신인동맹(神人同盟)이 있었는데, 밀정의 고발로. 그때는 5, 6명이 죽었어요. 고문으로. 대침으로 잔인한 고문을 했어요. 일제 조선인 순사들을 시켜서.

저 살자고, 저 잘되자고. 지금도 회사 같은 데서 저 잘되자고 하는 사람들 있잖아요. 당시 밀정들이 많으니.

지금도 예전과 같이 보천교에 대한 인식이 안 좋아요. 그런데 보천교 관련인들이 독립유공자가 되어, 지금 155명이 유공자 되어 있어요. 개신교, 천주교, 천도교, 불교보다 훨씬 많아요. 지금은 드러내놓고 우리 할아버지가 보천교인이야, 하고 하지만, 그전에는 다들 숨겼지요. … 일단 비 있는 곳으로 같이 가실래요?

(비가 있는 곳으로 장소를 옮김)

바로 요기지요. 우리가 비를 세워봤어야지, 첨 일이지요.

독립지사 김판봉 공적비! 삼우재, 호가 삼우재이네요. 삼우재 김판봉 공적비 … (비문 생략)

여기가 취선마루요.

마을 사람들이 십시일반 모아 비를 세웠네요. 여기 기록을 보니.

예.

비문에 은세룡도 나와 있고 …. (비문 생략) 비문을 보니, 할아버지께서 1901년 1월 5일생이네요.

우리는 잘 몰라요.

비문을 간추려 읽으면, 삼우재(三友齋) 김판봉(金判奉) 선생은 1901년 1월 5일생. 아버지 경주김씨 정노(正老)와 밀양박씨 사이 장남으로 충청도에서 태어남. 어릴 때 부친을 따라 전라북도 완주군 용진면 순지리에 정착, 남양홍씨 재술(在述)의 딸과 결혼. 1919년에 이곳 완주군 소양면 신원리 상리마을로 이거. 자녀는 2남 1녀. 나머지는 판결문 내용이고, 삼우재는 1974년 6월 3일 작고. 2019년 8월 15일에 비(碑)를 설립했다는 내용이네요. … 이렇게 긴 시간 동안 감사했습니다. 다음에 찾아뵙지요.

네. 고생 많으셔요.

‘원군교’를 감시한 어느 한국인 순사의 증언

구술자 황석현(2002년 당시 실제 나이 83세, 호적 나이 85세)

질문자 안후상

일시 2002년 2월 20일 오후 2시

장소 전라북도 김제군 부량면 금강리, 황석현의 자택

황석현은 1942년경 일제 순사였다. 어렵게 황석현을 만나 전에 입수한 ‘황석현의 진술서(강양원 관련 증언)’ 사본을 보이며 ‘원군교 사건’ 관련 내용의 확인을 부탁했다. 그러자 그는 묻는 의도가 뭐냐고 연신 물었다. 의도는 없고, 오로지 논문을 정리하기 위해서라고 말했다. 황석현은 당시 암환자로, 건강 상태가 매우 좋지 않아 보였다. 시력과 거동 또한 좋지 않았다. 이런 황석현의 구술을 곧바로 녹취하였고, 중복되거나 자료적 가치가 덜한 군더더기를 제외한 나머지 내용을 간추렸다.

• • •

이 진술서 필체는 아드님 것인가요?

예, 그렇소만.

… 진술서와 관련된 사건이 원군교(元君敎. 天子敎라고도 함) 라고 하는 사건과 관련이 있는데, 현재 사건 관련자 두 사람에게 서훈이 추서되었다고 하는군요. 앞의 두 사람 외에는 서훈 추서가 안 돼 있고요. 형평성 문제를 후손들이 제기하기도 하고요. 저는 단지, 당시 본 사건과 관련된 선생님의 진술을 확인하고 싶습니다.

조사해서 뭐하게요?

선생님 진술을 바탕으로 이 논문(한국신종교학회 워크숍에서 발표한 「선도계열의 예언을 어떻게 볼 것인가」(초록집)을 보여드리며)을 보완하고자 합니다. 녹취의 다른 의도나 다른 뜻은 없고요.

아무튼, 전에도 누가 와서 묻길래 내가 얘기를 하고 내 아들이 받아 썼소만, 그때나 지금이나 별다를 건 없소. 1942년 경찰에 투신하여 부안서(부안경찰서)에서 강낙구라는 사람을 알았어요. 전광업이라는 당시 조선인 고등계 형사를 통해 알았소. 그것(진술서) 한번 읽어봐 주시오.

(처음부터 진술서를 읽어내려갔다.)

내가 강낙구(강양원) 씨를 1960년대 우연히 만났소. 그때 강낙구 씨가 나보고 은인이라며 매우 반겨합디다. 당시 나는 군산경찰서에 있었는데, 강낙구 씨가 유리 안구를 끼고 있었소. 왜정 때 형무소에서 그랬다고 합디다. 다리도 절었는데, 역시 그랬다고 합디다.

당시에는 이 사건(원군교 사건)이 어땠습니까? 큰 사건이었습니까?

암, 큰 사건이었지. 그런데 나는 부임한 지 얼마 되지 않고 해서 접근을 못했소. 독립자금을 준 지 안 준 지도 알 수가 없제. 단지, 그 사건이 터지고 나서 나는 부안군 산내면 지서리에 불온사상을 가진 사람이 많다고 해서 수색 나간 적은 있제. 변산 지서리로 나갔는데, 순사 된 지 얼마 안 돼서야. 선배들을 따라 나섰제. 나중에는 유치장 근무를 했는데, 그 사건 내역은 잘 몰랐제. 함께 근무하던 조선인 형사 전광업이에게 들어서 알제.

전광업이란 사람은 조선인 치곤 성공(?)한 형사네요. 그분이 어떤 말을 하던가요?

그 사람은 고등계에 있었어. 당시 같은 동료라도 전부 비밀이야. 그러나 조선사람들끼리는 서로 암암리에 충고도 해주곤 했지. 지금 어디 사는지 모르지만, 그분이 나에게 독립자금을 모아서 어디에 전해주었다는 얘기를 했제.

어디에 전해주었다고 하던가요?

그건 모르제.

이외, 다른 것은?

공출 반대, 징용 반대, 신사참배 등을 했겠지. 당시의 불온사상이란 이런 것들을 했으니. 다 그렇게들 생각했지. 죄명은 치안유지법 위반이제. 그래서 징역 주기도 하고 사형당하기도 했지.

진술서에 나타난 내용 모두를 전광업에게서 직접 들었나요?

그렇지. 들었을 뿐이지.

저는 보천교 연구를 했어요. 보천교 아시나요?

잘 알지, 후댄코우(ふてんこう)라고.

혹시, 보천교에 대해 아시는 거 있으면 말씀해주세요.

차경석이라는 분이 1936년엔가 돌아가셨다고 어느 잡지에서 봤어. 내가 절에 갈 때 대흥리를 지나갔는데, 당시 보천교를 봤제.

절에는 왜?

당시에는 승려였거든.

아, 그랬어요? 어느 절에서?

백양사여. 당시 백양사 강원에서 공부를 했제. 강원에서 집에 볼일이 있어 왔다가 대흥리를 거쳐 다시 돌아가는데, 당시 《조광(朝光)》이라는 잡지에 차경석이 죽었다는 기사가 나온 거야. 오래된 일이지.

백양사 강원에서 있었던 일을 말씀해주십시오. 저도 절에서 공부를 했거든요.

(이때 황씨는 매우 반가워하며, 어디서 승려 생활을 했느냐고 물었다. 승려가 아닌 불교기관 소속 연구원에서 공부를 했다고 하자, 자세를 가다듬으며 백양사 강원에 대해 한없이 얘기할 태세였다.)

강원에서 주로 불교『능엄경』을 읽었지. 당시 기한이 4년이었지. 내 은사 스님은 석두 스님이야. 석두 스님을 시봉했제. 불교도 파가 있었어. 족보처럼. 연담파와 백파가 있었지. 백파는 백학명 스님이 중심이었고, 연담파는 만암 송종원 스님을 중심으로 하였제. 만암 스님 상좌가 석두 스님이야. 그러니까 내가 만암 스님의 손상좌인 셈이지. 상현이라고도 하지. 나는 백양사에서 사미계와 비구계를 다 받았지.

절에 계시다가 어떤 계기로 경찰이 되었습니까?

내 동창이 이만기야. 구례에 살았지. 그래서 구례에 놀러 가는데, 당시 '독립선언서' 글이 참 좋아. 그래서 소지하게 된 거야. 구례 토지면 동방내를 거쳐 안정면 수청리에서 나룻배를 타고 건너야 하는데, 검문을 받게 된 거야. 검문에 순사가 내 품에 있던 '독립선언서'를 발견한 거야.

당시 승려 신분이었나요?

아니지, 환속했었지. 구례 동창 집에서 한 달간 머무르고 집에 와 보니, 요시찰 대상이 되었어. 나더러 오라가라 하는 거야. … 그리고 당시 전쟁터에 안 끌려가기 위해, 그래서 경찰하기로 하고 시험을 보았지. 일본어가 서툴러서 안 되고, 바로 윗동네 사람이 군산시청에 다녔는데, 군산의 어느 전당포 점원으로 넣어줬지. 그때 일본말을 배우게 된 거야. 당시 고향이 김제군 봉남면이었는데, 군산으로 왔다갔다 했제. 그러면서 일본말을 배워 시험을 봐 합격했제.

내선일체 3기로 교육을 받고 1940년 부임한 거지. 당시 서울 광화문에 경찰강습소가 있었어. 나중에 서대문구 냉천동 형무소 부근에 강습소가 새로 만들어졌지. 전국의 수강생이 와서 교육을 받았는데, 전북은 25명이었지. 동기

중에 송규신이라는 사람이 있었어. 우리는 부안경찰서에 1942년에 배치되었지. 첫 외근 근무가 바로 그 사건, 강양원 씨 관련 사건(원군교 사건)이었어.
당시에는 큰 사건이었지. 우리는 일반 순사였어. 고등계는 일반 순사와는 달라. 나는 유치장 근무를 주로 했제. 그때 손옥당이라는 중국인이 들어왔어. 스파이라는 거야. 송옥당에게는 예쁜 여자가 있었지. 고등계 형사는 손옥당을 3일간 유치장에 넣을 수 있지. 스파이로 몰아 유치장에 일단 집어넣는 거야. 그런데 손옥당이가 배가 아프다고 하면서 나보고 자기 집에 가서 약을 좀 가져다주라는 거야. 약을 넣어주는 건 서장의 결재가 있어야 해.
그런데 금방 죽을 듯이 하는데 어쩌겠어. 그래서 손옥당이 집으로 갔지. 그런데 손옥당이 집에 고등계 형사들이 긴 칼을 차고 가택 수색을 하다가 나를 봤어. 나는 약을 가지러 왔다며 손옥당이 여자에게 얘기를 했지. 종지에 싼 새까만 약을 가지고 와서 유치장에 넣어주었지. 그런데 문제가 커졌어. 당장에 근신을 당한 거야. 3일 간이야. 내가 부안의 용담여관에 하숙을 하고 있었는데, 전광업이가 나보고 조심하랬어. 고등계 형사들이 내 뒤를 밟고 있다는 거야. 조선인끼리는 그랬어.
서장이 나중에 시말서를 쓰라고 하고서는 용서해주더라고. 이후 파출소로 발령받았어. 줄포에 있는 주재소야. 주재소 나가기 이전에 전광업이에게 들었어. 증산교를 빙자하여 독립자금을 모으고 독립운동을 한 이들이 붙잡혀 왔다는 거야.

독립자금은 어디에 제공했다고 하던가요?

모르지. … 임정이겠지. 그런데 그 당시에는 임정을 몰랐어.

당시 관련자 두 사람이 옥중에서 죽었어요. 그 사실은 모르십니까?

모르지. 당시에는 붙잡혀 오면 비밀리에 심문했기에, 아무도 모르지. 간부들만 알았지. 나는 해방되고 난 후에 간부가 되었지. 당시에는 전혀 몰랐어.

지금 선생님 연세는?

호적은 85세, 실제나이는 83세요. 당시에 경찰을 하려고 하니 미성년이더라고. 그래서 호적을 고쳤제.

일제 때 경찰 근무는 어땠어요?

열심히 했제. 근신 당하면 징용 당하니께. 무서워서라도 착실히 근무했제.

부안서 다음에 어디에서 근무를 했나요?

줄포주재소였지. 줄포소에 있을 때 강도도 한 명 잡았제.

당시 줄포는 도시 측에 들었지요?

암, 그랬지. 당시에는 줄포가 컸지. 경찰서가 있었는데, 부안으로 옮기고 대신 주재소가 새로 생긴 거야. 수석이 경위보였어.

그렇다면, … 인촌 김성수에 대해 얘기해 주실래요? 줄포이니.

암, 그분의 원파농장이 줄포에 있었어. 인촌 선생도 가끔 내려왔지. 내려올라치면 경계 나가제. 말하자면 감시 나가는 거지. 나는 몰래 인촌을 찾아가 뵙기도 했지. 그분 아들하고 나하고는 또 친했으니께. 인촌을 만나면 나는 큰절을 했지. '아무개 순사입니다' 하면 '암, (순사도) 해야지'라고 친절히 맞아주었지. 그분의 아들이 김상기인데, 징용을 피하기 위해 줄포면사무소에서 근무를 했제. 나하고 친했지. 내 속마음은 그런 유대가 있지.

그 후에는 어디에서 근무를 하셨어요?

그 후에는 정읍에서도 근무를 했지.

혹시, 공비 토벌대장 차일혁을 아시나요?

암, 알지. 차일혁이 부대장을 했지. 당시 경감이었어. 나는 해방된 뒤에 경무반장(인사담당)을 하면서 차일혁, 김두운 등 전투부대를 이끌었던 지리산 205부대를 잘 알았지.

차일혁에 대해 자세히 말해주시겠어요?

차일혁은 학병 출신일 거야. 대학 다니다 학병으로 끌려갔다 해방된 뒤에 경찰로 들어왔지.

차일혁 관련 책을 보니, 만주에서 독립운동을 했다고 나와 있던데.

그건 모르지. 나는 차일혁과 같은 학병 출신 김운영이나 김두운 등만 잘 알고 있지. 그리고 차일혁도 학병 출신이라는 것만 알고 있지. 당시 무궁화 두 개였었지.

보천교와 차일혁과의 관계는 혹시 못 들으셨나요?

못 들었소.

백양사 얘기를 좀 더 해주세요.

백양사에 5년 있다가 집에 와보니, 모친께서 … 그래서 두어 달 있다가 가니, 절에서는 나보고 결혼을 했다며 나가라고 해. 그때가 18세였지. 어머니가 살망○○ 절에 가는 것을 … 그래서 절에 대한 미련도 사라지고, 부모에게 효도하고픈 생각이 들어. 불교같이 좋은 것이 없는데. 당시 만암 스님이 "너 이놈, 장가갔으니 오지 마라" 해. 장가간 것은 아닌데, 오래 있다가 와보니 이런 말을 들어. 석두 스님은 아예 말을 안 해. 그래서 내가 이렇게 살 필요가 없다 싶어 밤에 절을 떠나온 거야.

나중에 부안에서 순사를 하고 있었을 때지. 효봉사라는 절을 짓는데 두 분이 오셨지. 어찌 반가워야지. 그래서 내가 모셨지. 가실 때 차표도 타 드리고. 당시 차는 버스였지. 부안에서 정읍으로, 다시 장성 가는 버스를 타지.

당시 버스에 대해 말씀해주세요. 어떻게 생겼죠?

버스는 버스인데, 지붕은 펄렁펄렁한 포장으로 된 버스야. 간신히 비만 피하게끔 돼 있어.

기차로도 갈 수 있지요?

기차로는 신태인에서 출발하여 장성 사거리에서 내려 담양 가는 버스를 타고 약수쟁이에서 내려 약 십리를 넘게 걸어요. 허영터영 걸어 절에까지 가지. 절에 가면 학생이 70, 80명이나 돼. 9시까지는 못 자. 아침 4시에 예불을 드려야지. 예불 끝나고 1시간 가량 참선하고 조반 먹고 강당에서 글을 읽지. 당시 강사는 선운사 주지 배운기 스님이야. 그분은 불경을 가르쳤고, 서웅 스님이 불교학을 가르쳤지. 일본어로 된 『불교사전』을 교재로 선택해서. 서웅 스님은 일본 구택대학에서 공부를 했지. 이외, 수학, 기하학, 체조도 가르쳤지. 조선역사를 모르게 가르쳤고, 정구(테니스)와 축구도 했고 철봉도 했어. 불경, 능엄경, 화엄경, 원각경 등을 했어.

체조는 어느 분이 가르쳤나요?

체조는 서웅 스님이 가르쳤지.

백학명 스님에 대해 말씀해 주시지요.

백학명 스님은 학자이시지. 주로 내장사에 계셨고, 구암사에도 계셨지. 이 분을 따르는 파가 백파지. 구암사와 내장사가 근거지야. 연담파는 백양사와 개암사, 선운사가 해당된다고 보아야지. 그리고 함평 용천사와 불갑사 등이 해당되지. 나는 방학 때만 되면 용천사에 주로 있었지. 그 생활이란 신선 생활이지. 용천사에 있을 때 손기정이 베를린 마라톤 1등하고, 그때 일장기 말소 신문을 그 당시에 보았지.

백파와 연담파 간의 알력 같은 건 없었나요?

알력 같은 건 없었어. 당시 저것이 백파다 연담이다 했지. 나는 연담파로, 백양사에 가면 큰 비석이 있는데, 연담파 계보로 내 법명이 새겨져 있어. 법명은 '지석(知石)'이지만 '득주(得珠)'라고도 했지.

강원에서 유교서는 안 읽었나요?

안 읽었지. 나는 서당에서 『사서삼경』을 미리 공부하고 출가했지. 12세에 출가했어. 그래서 쉽게 공부했던 것 같아.

-후략-

‘원군교 사건’의 홍순옥과 홍순문

구술자 김우곤(2002년 당시 74세)

질문자 안후상

일시 2002년 2월 27일 오후 4시

장소 전북 부안군 변산면 지서리, 마을회관 옆 김우곤의 자택

김우곤(金又坤)은 전라북도 부안군 변산면 지서리에서 ‘원군교 사건’을 조사하다가 만났다. ‘천자교(天子敎)’라고도 부르는 원군교는 1940년경에 일본의 패망을 기원하는 고천제를 지냈다는 이유로 일제의 극심한 탄압을 받았던 보천교계 신종교이다. 전라북도 부안군 변산면 지서리의 옛 주소는 ‘산내면 지서리’였다. 지서리는 내변산에서 서해안 쪽으로 맞닿는 곳에 있었다. 일제강점기 원군교 사건을 증언해 줄 한 분을 찾다가 마침 유일하게 이곳 토박이로 알려진 김우곤을 만나 구술을 듣게 되었다. 곧바로 녹취에 들어갔고, 구술 내용 가운데 반복되거나 자료로서 무게가 덜한 군더더기를 뺀 나머지를 정리하였다.

• • •

-전략-

1940년 초반에 이곳에서 종교 활동을 하신 홍순옥이라는 사람을 아는지요?

사실 아까는 내가 의심을 했제. 무슨 목적으로 녹음기를 갖다대는 지는 모르지만 내가 의심을 할 수밖에.

녹음을 하는 것은 순수한 학술 목적입니다. 전에 발표했던 학술 논문을 점검하기 위해서입니다. 걱정하지 마십시오. 아까 말씀드렸지만, 이곳에서 원군교를 하는 이들이 1940년 전후해서 일제가 멸망하기를 기원하는 멸왜기도(滅倭祈禱)를 하고, 독립자금을 모금한다는 이유

類似宗教三山教事件	類似宗教天子教事件	類似宗教仙教事件
昭和十年十月六日全北井邑郡下ニ於テ朝鮮ノ獨立ヲ目的トスル類似宗教三山教ナル結社ヲ組織(加入)シ爾來教徒獲得ニ努ムルト共ニ目的成就ノ爲祈願祭ヲ執行スル等種々目的遂行ノ爲活躍ス (受理人員三六名)	昭和十六年五月二十六日全北扶安郡下ニ於テ朝鮮ノ獨立ヲ目的トスル無名結社(後ニ天子教ト稱ス)ヲ組織(加入)シ爾來同志獲得指導ニ努ムルト共ニ目的達成ノ祈願祭ヲ執行スル等種々目的遂行ノ爲活躍ス (受理人員三六名)	昭和十五年十月十日頃大邱府内ニ於テ[illegible]山ノ信奉者等ヲ糾合シテ朝鮮ノ獨立ヲ目的トスル仙教ナル結社ヲ組織シ爾來同志ノ獲得、資金ノ造成ニ努ムルト共ニ目的成就ノ爲祈願祭ヲ執行スル等目的遂行ノ爲種々活躍ス (受理人員三八名)
全州 昭和一八、六、一〇 求豫審	全州 昭和一八、六、一五 求公判	全州 昭和一八、六、二八 求豫審
平廉肯松 等 十七名	山本淳玉 等 十七名	金煥玉 等 九名

▲ 조선총독부의 「조선중대사상사건경과표(朝鮮重大思想事件經過表)」(1943)에 '천자교 사건'이 포함돼 있다. 천자교가 바로 원군교이다. 일제의 사상 탄압 31건 가운데 '보천교계 신종교'와 관련된 사상 사건이 6건이다.

로 당시 경찰에게 붙잡혀 고문을 당했거든요. 그들 중에 고문으로 사망한 자가 둘이나 되고, 불구나 신체적 장애를 겪은 사람도 있어요. 당시의 공판 기록에 이러한 내용이 나와 있지요. 옥사한 두 사람은 국가보훈처에서 추서했어요. 보여드린 논문(「선도계열의 예언을 어떻게 볼 것인가?」)을 보강하기 위해서입니다. 그러니 안심하고 말씀해주십시오.

알제, 홍순옥 씨를 알고 있제. 내가 어렸을 때여. 그분은 노래를 아주 잘 했제.

노래라니요?

장구도 잘 치고 노래도 잘 불렀지. 그 아들 셋도 노래를 아주 잘했제.

혹시 재인이었습니까? 노래라는 것은 판소리이고요?

그렇제. 판소리제. 그 판소린가 하는 노래를 아주 잘했제.

공판 기록에는 농사를 지었다고 하던데?

농사도 지었제. 그러나 소리를 해서 먹고살고 그랬제. 먹고사는 건 괜찮았어. 잘 살았어.

잘 살다니요?

그렁께 환갑이다 뭐다 하여 부르면 가서 노래를 불렀제. 그래서 쌀이다 뭐다 받아서 살았응께. 그런디, 그땐 지서리가 참으로 못 살았을 때제. 홍순옥 씨가 그때 지서리 사람들을 참 많이 도와주었제. 암, 도왔제. 참으로 풍채도 크고 자상하고, 배운 것도 많았제. 좋은 분이여.

그분의 형님도 기록에 나오던데?

아, 있제. 홍순문이라고, 바로 옆집에 살었었제. 큰집 작은집하고 살았어. 그런데 그 형은 바로 그때 죽었제.

언제 죽었나요?

왜정 땔 것이여. 그때 바로 죽었응께.

그 아들들은 지금 어디서 살아요?

홍순옥이 아들? 아, 그 아들들도 모두 지금은 죽었제. 몇 년 안 되제, 죽은 지가.

혹시, 그 당시 그분들이 무슨 종교 한다고 하지 않던가요?

아까는 내 드러내고 싶지 않아 말을 안 했는디, 교를 했제.

혹시 차천자교(보천교)라고…?

아먼, 차천자교를 했제. 그래서 자주 하얀 옷을 입고 정읍에 갔다오고는 했제. 그것이 좀 안되긴 했어도 …, 나머지는 참 좋은 분들이었어.

그것이 안 좋다니? 차천자교를 해서 안 좋다는 겁니까?

그렇제. 차천자교를 한 사람들은 전 재산을 다 갖다 바치곤 했다고 들었제.

저도 그렇고, 일부 연구자들은 차천자교를 독립운동을 한 단체라고 봐요.

내 어렸을 땐게 잘 모르지만, 그때는 그랬웅께. 당시는 차천자교를 하면 망한다고들 했제. 재산을 바치기도 하지만, 자기들끼리 모여 살면서 자기들끼리 서로 도와주고 하다보니 살림이 점점 어려워지제. 그것 때문에 교를 하면 망한다고들 했어.

홍순옥 씨가 왜놈들이 멸망하기를 기도하는 등, 그런 정치운동을 했던 건 기억나세요?

우린 몰랐제. 그러나 그분들, 그러니께 차천자교를 믿는 사람들은 저쪽(현재 마을회관 뒤편으로 개울이 있는데, 개울 건너 마을을 지칭한 듯함)에서 모여 살았제. 그 사람들끼리는 서로 서로 도왔웅께. 그러고 늘상 하얀 옷에 통관을 쓰고 저 산을 넘어 정읍엘 갖다오곤 했웅께. 그런데 무슨 이상한 모습은 있었재. 우리와는 다른 사람들이었웅께. 워낙 비밀이 많았으니께, 우린 모르지만서도 무엇인가 이상했었제. 지금 생각하니.

당시 선생님의 나이가 어떻게 되었어요?

나? … 열댓 살 정도 되었었제.

그럼 당시 홍순옥 씨와 관련된 얘기를 모두 해주십시오.

그렇께, 뭘 들을려고 그려?

일제 경찰들에게 탄압을 받은 기억 같은 거 생각 안 나세요?

암, 감옥에 갔었제. 해방되기 3년 전쯤인가, 홍순옥 씨가 감옥에 갔다왔었제. 왜 갔는지는 그 내력은 잘 모르는데, 그런 일이 분명 있었어. 키도 크고 풍채도 좋고 아는 것도 많고, 글도 잘 알고 하여 뭔가 특별한 데가 있었다고 생각했제.

아는 것이라면?

글을 배웠응께. 묫자리도 봐주고 날도 받아주고 했제.

원래 홍순옥 씨는 여기 사람이 아니라 전라남도 담양이 고향이라고 하던데요?

여기 사람은 아니제. 어딘지는 잘 몰라도, 아무튼 여기 사람은 아니었어. 일행도 있었제. 대여섯 집이고, 여자도 있었고 ….

정읍은 왜 갔는지는 모르세요?

모르지. 그러나 차천자교를 한다고, 매일 어디를 갔다왔응께. 정읍에 갔다온다고들 알았제. 통관을 쓰고 하얀 두루마기를 입고 다녔제. 상투 틀고 하진 않고 갓도 쓰진 않았어도, 하얀 두루마기를 입었제.

그분의 아들들에 대해 말씀해 주십시오.

아들은 영호와 영표, 태표 이렇게 셋 있었제. 모두 노래를 잘 불렀제. 말하자면 소리꾼이었어. 영호는 고수였제. 유명했재. 텔레비에도 자주 나왔응께. 영호 아들들도 소리를 잘하제.

아까 홍순옥 씨가 뭔가 다르다고 하셨는데, 뭐가 달랐습니까? 그리고 경찰의 감시 같은 건 없었습니까?

감시는 없었는데, 독립운동과 관련한 사상을 갖고 있었다고 봐야제. 들은 것은 없었는데, 독립운동과 관계된 눈치였어. 지금 가만히 생각해 보니께, 숨기는 뭐가 조금은 있었어. 그러나 나쁜 사람들은 아니어. 여기 사람들을 많이 도와주었제. 없는 사람들 쌀도 주고, 아주 좋은 양반이여. 그리고 아까 차천자교라고 할라고 했었제. 무슨 일인가, 잘 몰라서 얘기 안 한 것이제.

당시 지서리는 서로 돕고 사는 등 인정이 많았던가 봐요.

아먼, 요즘처럼 삭막하지는 않았제. 당시에 더 인심이 좋았제. 요즘은 칼날 같은 세상이여. 지금 선생이 녹음을 하면 혹 뒤에서 뭐라도 하나 두렵제. 그런 일을 하도 많이 겪어서.

걱정 마세요. 전 논문을 쓰기 위해서 녹음을 하는 거니까요. 정말입니다. 마지막으로 한 말씀 해주세요.

아무튼 홍순옥 씨 일행이 독립자금을 걷는 분위기가 있다고 봐야제. 그걸 했을지도 몰라. 당시는 그분들이 뭔가는 달랐으니께.

태인의 '신인동맹 사건'과 장득원

구술자 장지홍(1940년생)

질문자 안후상

일시 2023년 6월 17일(土) 오후 3시

장소 전라북도 정읍시 초산2길 19, 전통찻집 정향

장장홍(張志弘)은 전라북도 정읍시 태인면에서 태어나 자랐으며, 호남중고등학교 교장을 지낸 교육자이자 시인이다. '신인동맹 사건' 장득원(張得遠)의 손자인 장지홍의 구술을 정리해 2023년 7월 13일에 e메일을 통해 장지홍에게 전달했고, 이어 전화 통화를 하면서 그 내용을 다시 확인하였다.

• • •

안녕하세요. 아까 전화 드렸던 안후상입니다. 아까 언급했던 '신인동맹 사건'과 관련해서 여쭙겠습니다. 아, 그리고 녹음해도 될까요?

그래요. 녹음 괜찮아요. 그리고 제가 들은 얘기는 주로 제 할머니로부터 듣던 얘기입니다.

조부님 장득원 님의 출생지가 청도군으로 나와 있던데요. 정확한 출생지를 알 수 있나요?

예. 경상북도 청도군 대성면에서 태어나셨는데, 더 정확한 것은 모릅니다. 청도군에서 태어나 자란 조부님은 당시 '대성학원'이라는, 당시 유명한 학교였던 것 같아요. 그 '대성학원'을 나와 일본 유학까지 갔었지요. 유학 중에 관동대지진을 만나 귀국하셨습니다. 그 뒤로 경상남도 밀양군청에서 서기로 일하셨지요. 당시에 모범 직원으로 선정돼 일본 시찰도 다녀오곤 하였다고 들었습니다.

▲ 태인 미륵불교 본부 내 '대성미륵대장전'

경상남도 밀양에서 활동하시다가 이곳 태인으로 오시게 된 이유가 있나요?

저희 조부님은 밀양이라는 곳에서 '무극도(無極道)'를 만든 조철제(趙哲濟, 1895~1958)를 만나게 됩니다. 조철제 그분과 친밀하게 지냈어요. 조철제와 함께 100일 기도를 하기도 했다고 하니까요. 그런 인연으로 조철제를 따라 처자식을 남겨두고 이곳 정읍군 태인면 도챙이로 오게 되었지요.

도챙이?

지금 무극도 터 자리를 도챙이라고 부르지요. 원래는 도창현이라고 했어요. 조철제가 처음 부른 지명입니다. 도(道)로 크게 홍성한다는 의미의 지명이지요. 도창이 도챙이로, 그리고 돌챙이가 되었어요.

당시 조부님의 무극도에서의 역할은 무엇이었나요?

도챙이고개에다 조철제와 조부님이 무극도를 세웠어요. 당시 조부님은 무극도에서 서열 4위 정도 하였어요. 무극도에서 조부님은 재정, 재무 담당을 하셨다고 해요. 당시 무극도 도인들은 한결같이 한복을 입었는데, 조부님은 늘 관(官)을 상대해야 했기 때문에 양복을 입으셨지요. 한마디로 조부님은 화이트칼라였지요. 당시에 조부님은 자금을 모으고 사업을 추진하고, 그리고 독립운동 자금도 취급하신 것 같아요.

그럼 조부님 가족 모두가 태인으로 오게 된 것은 언제인가요?

그러니까 부친(1922년생)의 7세 때(1929년)에 부친과 할머님이 함께 신태인역에 내려, 소달구지를 타고 태인 도챙이고개로 오게 되었어요.

당시 조부님께서 관여한 무극도의 사업은요?

무극도가 당시 함경도 산림에서 벌채하였고, 충청도에서 금광을 개발하기도 하였습니다. 충남 안면도와 부안 계화도에서도 간척사업을 하였지요. 당시에 큰 사업들이었지요. 그런 사업을 위해 조부님은 관과 잦은 접촉을 하셨어요.

1940년경에는 조부님께서 무극도가 아닌 미륵불교에서 활약하셨지요? '신인동맹 사건'은 미륵불교와 관련이 있습니다.

무극도가 함경도 벌채다 간척사업이다, 하면서 다치거나 사고로 죽은 사람들도 있었어요. 이때 죽은 사람들 보상 문제로 조부님과 조철제 간의 알력이 있었고, 그래서 조철제와 갈라서게 되었다고 들었어요. 그리고 그즈음 무극도가 일제에 의해서 강제 해산되었고, 그리고 부산으로 옮기는 시기였으니까요. 제 조부님은 부산으로 따라가지 않았습니다.

그렇다면 1940년경 당시 조부님과 정인표(鄭寅杓)의 미륵불교와는 어떤 관계였나요?

부산으로 가지 않고, 정인표와 함께 '미륵불교'를 만들었지요.

그럼 정인표도 무극도를 하신 분이에요?

그렇지요. 정인표도 무극도를 조부님과 함께한 분입니다. 정인표도 조부님도 부산으로 따라가지 않고, 여기에서 미륵불교를 만들었어요.

아, 그랬군요. 정인표도 무극도를 하신 분이었군요.

정인표도 조철제 밑에 계셨던 분이지요. … 저희 외조부(송태영)께서도 무극도를 하시다가 조부님과 함께 미륵불교를 하셨지요.

기록으로 보면, 1940년경 비밀리에 신인동맹(神人同盟)을 결성할 당시 '미륵불교'라는 교단 이름이 보이지 않더군요. 그럼 미륵불교라는 교단 이름은 광복 이후에 나온 겁니까?

그게 맞아요. 미륵불교는 광복 이후에 붙인 교단 이름이 맞아요. 그리고 '신인동맹'이라는 이름도 무극도 당시에 있었어요.

아, 그렇습니까. 그러니까 신인동맹이라는 이름이 무극도 당시부터 있었다? … 교단 측 기록에 의하면, 일제의 심문 과정에서 정인표가 '천인동맹(天人同盟)'이라 했다고 하던데, 일제는 '천인동맹'을 '신인동맹'으로 기록한 것은 아닌지요?

신인동맹이나 천인동맹이나 같은 의미이니까요. 일제가 '천인동맹'을 '신인동맹'이라고 했을 거예요.

당시 정인표가 비밀리에 사람들과 함께 일본의 패망을 기원하는 의식을 치렀는데, 거기에서 죽은 일본 천왕 메이지의 혼을 불러서 꾸짖었다고 합니다. 그리고 탁주 한 사발을 따라주면서 달래기도 하였다는데요. 당시 일본은 천왕의 나라였고, 그런 천왕의 혼을 불러냈다는 사실에 충격을 받을 수도 있지요. 시대의 변화에 따라가지 못한 당시 농촌사회의 민중들은 전통적이며 토속적인 방법으로 민족운동을 한 것은 분명하니까요. 당시 미륵불교 외 황극교, 선도교, 선교 등 강증산 계통의 신종교들이 고천제를 지낸다거나 예언이나 제사를 지내면서 일본의 패망을 기원하고, 그리고 후천선경 신정부 또는 신국가 건설을 시도하였습니다. 시대에 뒤떨어진 것이긴 하지만, 당시 일제는 이러한 것에 대해서 예민하게 대하였지요. 당시 조선총독부에서 「조선의 사상사건 경과표」라는 것을 만들었는데, 사상 사건 31건 가운데 '신인동맹 사건'이 포함됩니다. 보천교계 신종교가 6건이나 들어 있으니, 당시로서는 일제에게 이들은 위협이었지요.

그랬을 겁니다.

그런데 메이지의 혼을 불러들이는 방법이 어쩌면 무속인들이 접신하는 방식과 유사하다고 보는데요. 예컨대, 정인표에게 메이지의 혼이 들어오는 것이지요. 그러면 정인표가 메이지가 되고, 그의 제자 정공일이 메이지가 된 정인표를 꾸짖는 그런 퍼포먼스와 같은 것이 아닌가요?

예, 바로 맞아요. 저도 그렇게 했다고 들었어요.

조부께서 재정담당이었다면, 사실상 무극도의 본부 건설 사업도 조부님께서 관여하셨겠네요.

당시 조부님의 가방에 돈뭉치가 가득 들어 있다고, 그중 한 뭉치만 빼돌렸어도 가족들이 이렇게 어렵게 살진 않았을 것이라고 할머님께서 가끔 말씀하시

▲ 태인의 무극도 본부 터. 장득원은 무극도(無極道)에 있다가 무극도가 일제에 의해서 해체되고 난 뒤에 정인표와 함께 '신인동맹'을 결성하였다.

곤 하였지요. 그 정도로 당시 조부님은 무극도의 재정을 성실하고 정직하게 담당하셨지요.

조부님께서는 당시 교사라는 직업을 가지고 계셨나요?

아니요. 그땐 무극도 재무였지요. 그리고 미륵불교를 설립하였지요. 광복이 되고 난 뒤에, 그러니까 1950년경에 정인표가 태인기술학교(상업)와 인재고등공민학교(3년제)를 설립했지요. 다 무상교육을 했어요. 지역 사회에 봉사를 한 것이지요. 그때 제 부친(장호상)께서 태인기술학교 초대 교장을 하셨고, 조부님께서는 인재고등공민학교 교장을 했지요. 태인기술학교의 전신은 명륜고등공민학교였는데, 정인표가 인수를 해서 기술학교를 만든 것이지요.

부친 장호상은 미륵불교 교인이었나요?

아니요. 관계가 없었습니다. 부친은 정읍농림학교를 졸업하시고 서울사범학교 연수과를 졸업, 초등교사를 하시다가 한국전쟁 때 교감을 하시고는 그만두셨어요. 그리고 태인기술학교 교장이 되셨지요. 부친은 서예를 하셨어요. 당시 김진민, 김석곤 등과 함께 서예를 하셨습니다.

김석곤과 김부곤은 사촌지간인가요?

아니요. 친형제지간입니다.

태인 김부곤의 집에 대한민국 임시정부의 김구 선생이 오셔서 며칠 계셨다고 합니다. 근래에 알게 되었어요. 그것과 관련하여 탄허의 부친 김홍규의 "김구가 정읍에 와서 정읍에 큰 빚을 졌다고 언급했다"고 한 얘기와 연계하여 생각해보면, 김부곤 댁에 김구가 며칠 묵었다는 김부곤의 따님 얘기가 생각납니다.

최남선의 『심춘순례(尋春巡禮)』에서 보면 이광수나 최남선도 김부곤 댁에 다녀갔다고 하니, 당시 명사들뿐 아니라 광복 이후 김구도 충분히 다녀갔을 수 있지요.

당시 '신인동맹 사건'으로 구속, 기소된 분들은 심한 고문으로, 기소되기도 전에 사망하였습니다. 그리고 풀려난 직후에도 사망하였어요. 양인문이라는 분은 지금으로 보면 직장암이었던 것 같아요. 병세가 심각하니까 수형 생활 중에 석방했고, 석방 얼마 안 돼 사망하였지요.

조부님은 어떠셨나요?

조부님은 군산형무소에 계셨지요. 당시 재판에서 치안유지법 위반으로 2년 형을 선고받고서 군산에 계셨는데, 할머님께서 걸어서 군산형무소에 다니시면서 옥바라지를 했어요. 당시 할머니께서 사식을 넣었다가 발각돼 조부님이 구타 당한 일도 있었어요. 고문 당한 얘기는 가족들에게 얘기하지는 않았어요. 그리고 조부님은 워낙 건강한 체질이었지요. 키가 180센티미미터에 건장한 분이셨지요.

조부님은 언제 작고하셨나요? 작고하실 당시에도 미륵불교에 몸담으셨나요?

돌아가신 날은 1971년 11월이고, 돌아가셨을 당시에도 미륵불교 교인이었지요.

여기 일제강점기의 《매일신보》(1933.2.2.)에 나오는 '화평당약방정해자추첨(和平堂藥房正解者抽籤)'이라는 기사를 보면 조부님이 '도안(圖案) 정해(正解)' 전국 1위를 했어요. 당시 '도안'이 뭔지요?

글쎄요. 이 기사는 저도 처음 보는데요. 도안? 글쎄. 저희 조부님은 수리 즉 계산에 능하셨고, 그리고 서예를 잘하셨지요.

당시 이진호의 집에서 비밀리에 집회를 열었다가 발각되었다고 기록에는 나오던데, 이진호의 집은 어느 쪽인가요?

태인 도챙이고개 부근이라고 봐요. 그곳에서 비밀리에 제사를 지냈다고 들었어요.

근래 학자들은 백산을 김제 백산으로, '신인동맹 사건'을 김제 백산으로 지칭하였지요. 그런데 김제 백산 외 부안 백산, 그리고 태인 백산도 있잖아요. 여기서 연구자들이 헷갈렸던 것 같아요.

그렇지요. 원래 태인 백산리에서 비밀 집회를 열었는데, 김제로 왜곡한 것이지요. 태인 백산은 근래에 신태인 백산이 되었지요. 당시는 태인 백산이었어요.

일왕의 혼을 불러내 꾸짖는 퍼포먼스나 또는 각종 제사는 어디에서 주로 지냈는지 아시나요?

태인 거산들이라고, 지금의 대각교 부근이라고 봐요. 거산들은 원래 갈대밭이었는데 조철제가 개간하기 시작하였지요. 그곳에서 숨어서 제를 지냈다고 들었어요. 지금의 '대각교'를 옛날에는 '거산교'라고도 했지요. 동진강변인 대각교 근방에는 갈대밭도 있었고 작은 똥뫼도 여럿 있었고. 지금의 태인여중학교(동아중학교)와 거산들 사이에 '서답바위'가 있었는데, 어렸을 때 목욕도 하고 여자들이 빨래도 해서 빨랫감을 널어놓은 곳이 '서답바위'예요. 지금은 경지정리를 해서 사라졌지만, 그 근방에서 비밀리에 부적을 만들어 붙이고, 일본 천왕을 꾸짖고, 조선의 독립을 기원하는 의식이나 제사를 지냈다고 들었어요.

당시 기록에 '신인동맹 사건'에 연루된 분들 대부분이 보천교에 가담했던 분들이라고 돼 있더군요. 조부님은 보천교와 관련이 없었나요?

조부님은 보천교와 관련이 없어요. 그러나 당시 신인동맹에 가입한 분들 대부분은 보천교나 증산교와 관련돼 있는 것은 분명해요. 증산교나 보천교, 무극도 다 같은 증산교 아녀요? 같은 계통이니.

네. 사실은 만주에서 조정산이 보천교인 김혁을 만나 강증산을 알게 되었다고 합니다. 따라서 조철제의 무극도 역시 강증산 계통의 신종교이지요. 당시 무극도나 미륵불교는 지역 사회에서 중요한 어떤 역할을 한 것 같아요.

네. 당시 민족종교들은 주식회사와 같은 거지요. 미륵불교는 당시에 태인 지역

사회에서 한 달이면 몇 번씩 면민들을 위한 행사를 개최하고, 밥을 먹였으니까요. 그리고 광산을 개발하고 간척하고, 그렇게 하면서 자금을 모아 지역민들을 위한 구제사업을 했어요. 당시 면민들은 굶주렸는데, 한 끼 밥도 고마운 것이지요. 그리고 학교를 설립해 지역의 청소년들에게 민족 교육을 펼쳤지요.

1990년대에 조부님의 보훈 추서를 신청한 것 같은데, 누가 신청하였나요?

저희 부친이 대구문서보관서 등을 찾아가서 서류를 모아 신청하였지요. 건국훈장 애족장을 추서를 받았어요. 다른 분들 모두 그렇게 해서 추서 받았지요.

오늘 시간을 내주셔서 고맙습니다. 다음에 김재영 박사, 서혁기 선생 등과 한번 자리를 마련하겠습니다. 고맙습니다.

제가 고맙습니다. 다음에 봬요.

'조선건국단'과 배상일

구술자 배효갑(2024년 당시 77세)

질문자 안후상

일시 2024년 8월 23일 오후 3시(전화 통화)

배효갑(裵孝鉀)은 배상일(裵相一)의 손자이다. 배상일은 보천교와의 인연으로 경상북도 영덕에서 전라북도 정읍으로 이주하였다. 보천교가 해체되고 난 뒤에는 일명 '조선건국단(朝鮮建國團)'을 조직해 새로운 국가 건설을 도모하다가 일제에 구속, 기소되었다. 대한민국은 2011년 배상일에게 건국포장을 추서하였다. 공적 개요는 다음과 같다. "1938년 음력 11월~1940년 3월 전북 정읍군에서 보천교계열 '신종교' 창립 활동에 참여해 교인을 모집하고, 1940년 음력 4월 김언수(金彦洙) 등과 교세 확대 및 조선의 독립을 목적으로 비밀결사 '조선건국단'을 결성해 6임(함경남도 책임자)으로 활동하다가 1941년 1월 체포되어, 1943년 8월에 징역 2년을 받은 사실이 확인됨" 현재 경기도 용인시 수지에 거주하는 배효갑을 필자가 전화로 연결해, 녹취하였다. 이번 녹취도 시간 관계상 녹취 내용을 매끄럽게 정리하지 못하였다.

• • •

-전략-

… 그 뒤에 전혀, 내가 공직에 있으면서도 할아버지의 독립운동 기록을 찾으려고 ….

네, 배 상 자 일 자 할아버님이요?

예, 이제 아버님한테, 선친한테 이 얘기는 들었으니까. 할아버지가 이렇게 4년간이나 옥고를 치르시고 돌아가셨다, 거의 출소하셔가지고 몇 달 만에 돌아가셨다. 근데 그 얘기는 들었는데, 아무리 뭐 기록보존소 뭐 법원, 검찰청 전부 다 뒤져봐도 그 기록이 전혀 없어요. 그래가지고 … 몇 년을 저거하다 못찾고, 인제 제가 2007년도에 공직을 정년퇴직하고, 그러고 인제 본격적으로 찾아나서 가지고. 저걸 해도 전혀 기미가 안 보여서 저거 했는데, 내가 왜 퇴직하고 그 배씨 대종회에. 내가 공직 생활을 한 40년 가까이 했으니까. 아, 내가 그 행정 능력을 거기라도 좀 도움을 줘야 되겠다 싶어서 그 대종회에 가가지고 내가 감사 등 오랫동안 했어요. 근데 이제 우리 배씨들, 그 경주 배씨로, 배가 그 배가들이 파가 몇 개 파가 있는데, 그걸 다 경주배씨로 통합을 해가지고, 이제 대동보 편찬을 하는데 내가 편찬위원을 맡아가지고 한 5년간 그 편찬 작업을 했어요.

▲ '조선건국단' 활동을 했던 배상일 (초상화)

근데 그 과정에서 발견된 우리 파보 중의 하나가 그 우리 조부님이 나와 있는 파보를 찾아내 가지고, 100여 년 전에 만든 파보를 찾아서 보니까, 호적상에 나와 있는 할아버지하고 생년월일이 3년이나 달라요. 그래서 이게 왜 우리 증조부님, 조부님 이름이 똑같은데 생년월일이 이렇게 틀리냐, 해가지고 내가 인제 보훈처에 가서 담당 사무관하고 상의를, 그 협의를 하니까, 아, 이 그 연도로 돼 있는 할아버지의 기록은 이 사람들이 많이 찾아놨더라고요. 찾아놨는데, 내가 가지고 간 호적부에 나와 있는 할아버지 생년월일이라고는 전혀 3년이나 다르니까, 인제 보훈처에서는 이건 동명이인이다. 그래가지고 전혀 그냥 그거 나한테 안 보여줬어요. 나한테 보여줬으면은 이제 그것 때문에 또 골치 아플 것 같으니까 안 보여줘서, 제가 있는데 그걸 가지고 가니까 그저 자기가 기록을 싹 가지고 내려온 거예요. 그래서 다 찾아봤는데, 생년월일이 그렇게 틀리니까 이건 다른 사람이다, 그렇게 생각을 보훈처에서는 한 거예요.
그래서 아, 내가 인제 할아버지 고향이 경북 영덕이에요. 이제 아버지까지는 경북 영덕에서 저거 하시고, 우리 형제들은 정읍에 와 태어났어요. 할아버지가 보천교 때문에 오셔가지고, 자식들 4남매를 데려다 놓고 자기는 나가서 포교 활동하면서 독립운동을 하신 거예요. 그리고 옥에 갇혀버리니까, 자식들은 죽도록 고생을 했지. 아무것도 없는데, 응. 논밭도 없고 아무것도 없는 데서. 근데 인제, 내가 할아버지 고향으로 쫓아갔어요. 가서 할아버지 고향 경북 영덕에 가서 재적도를 찾아보니까, 그 독립운동 기록에 나와 있는 생년월일이라고 정확하게 일치하는 거예요. 아, 그래가지고 보훈처에서 그 해에 훈장을 추서해 드리고 그랬어요. 그래서 그게 그 내용이 그게 내가 알고 있는 전부예요.

아, 지금 선생님께서 경찰을 하셨지요?
예, 경찰공무원을 내가 38년을 했어요. 아, 그리고 이제 경찰서장으로 퇴직을 했는데, 순경으로 시작해서.

지금 그 할아버님 관련 독립운동 관련 판결문은 「경북 영덕의 신화영 판결문」이 하나 있고요. 그리고 「전북 정읍의 황하룡 판결문」이 있습니다. 42년, 43년 이렇게 돼 있네요. 그래서 그게 보천교가 그 문을 닫고, 차경석이 돌아가시고 나서 보천교가 문을 닫고, 이제 보천교 계열들이 또 다른 비밀 결사 조직을 만들어서 이제 국가를 건국하겠다는 그런 의도로서 조직을 했거든요. 그 수가 12,000명이 된다고 하고, 막 그런 내용이 나와요. 그런데 그 원래는 할아버님이 보천교 때문에 정읍 대흥리에 오셨고, 그래서 이제 보천교가 쇠락하니까 또 별도로 나가서 조선건국단을 만들어서 활동하셨고, 그러셨네요.
예, 예.

그리고 이제 후손분들은 다 지금 어디 사는가요? 대흥리에 계시는가요?

할아버지 후손은 저희 선친이 장남이고.

예, 선친 한자가 어떻게 되시죠?

동 자 찬 자.

아, 배동찬!

예. 그 다음에 이제 차남이 명 자 찬 자고. 어, 명 자 찬 자하고 두 분은 정읍에 사셨고. 이제 3남은 경상도로 양자를 갖고, 또 딸 하나는 대구에 가서 살다가 돌아가셨고. 그래서 4남매였어요. 선친의 형제가. 고향에는 아무도 없죠. 우리 그 산소를 당초에 보훈처에서 국립묘지로 모시겠다 그랬는데, 우리 할아버지가 정읍에 입향조라, 경상도 사시다가 전라도로 와가지고, 이제 우리 할아버지가 제일 높죠. 그러다 보니까 할아버지가 국립묘지로 가면은, 가시고 나면 이제 나머지 자손들이 뿔뿔이 흩어지잖아요. 그래서 내가 그냥 정읍에 다 그대로 모시겠다, 산을 샀으니까 거기다 그냥 모시겠다, 그랬더니 보훈처에서 그러면 국립묘지에서 세우는 묘비를 애국지사 묘비를 세워주겠다. 그래서 인제 정읍의 진산동, 정읍시 진산동에 그 할아버지 애국지사 묘지를 만들었어요.

네, 아, 진산동이면 제가 살던 고향 마을인데, 어디?

아, 그러세요. 저 조월, 조월리 넘어가는 그쪽에. 그 지금 돼지 키우는 공장 저거 하는데, 그 주변에. 거기서 위쪽으로 남쪽으로 조금 올라가가지고 거기 가면은 이제 애국지사 묘비를 세워놓고.

아, 묘비가 있어요?

예. 우리 가족 묘지를 만들어 놨죠.

▲ 배상일의 비(碑) 제막식. 묘비는 전라북도 정읍시 진산리에 있다.

아, 제가 찾을 수 있겠네요.

예, 예. 거기 차로 이렇게 가셔도 보일 거예요. 그 돼지 키우는 축사 그 위에, 남쪽으로. 그런 게 그 정읍에서 광주 가는 국도 1번 국도 그 바로 밑에.

아, 조월에서.

조월까지 안 가고, 안 가고 진산동에서 돼지 축사 좌측으로, 좌측으로 이렇게 올라가면 우리 산소로 가는 길을, 내가 길을 내놨어요. 그래서 이제 그 진입로가 만들어져 있기 때문에 차로 산소까지 갈 수 있어요. 돼지 축사 담을 이렇게 타고 가면은. 음, 거기에 묘지 비문에 또 그 내용이 구체적으로 기록이 돼 있습니다. 딴 것이 있을 수가 없어서 그 내용만.

할아버지의 기록이 없어져가지고 6·25때 입암면사무소가 빨치산들이 와서 불을 질러가지고 호적부가 다 타버려서, 1953년에 면사무소에서 호적부를 새로 만들면서, 이제 동네 이장 불러갖고 그냥 불러주는 대로 써버려 놓으니까, 생년월일이 그렇게 3년이나 차질이 생겨가지고. 그래서 선친 살아계실 때 바로 자기 아버지의 독립운동 기록을 못 찾고 돌아가셨는데, 이제 늦게라도 돌아가신 지 64년 만에 제가 찾았어요. 그게 이제 그때 못 찾았으면 영원히 묻히는 거죠. 묻히는 거예요.

그 할아버님께서 43년에, 이제 선고를 받고 징역 2년이거든요.

그런게, 그것이, 41년도에 구속이 됐어요. 41년도에 춘천에서 검거가 돼가지고 춘천에서 2년 형을 받고, 그 뒤에 다시 2년 형을 또 받아가지고 함흥 감옥으로 이감이 돼서, 그래서 선친께서 춘천에 계실 때 1942년도에 춘천으로 면회를 한 번 다녀오셨는데, 그러고 난 주위에 1년인가 2년인가 지난 뒤에 춘천 면회를 또 가시니까, 함흥으로 이감이 돼버리셔서 안 계셨어요. 그래서 면회를 못 하고 그냥 돌아오셨다고 그러더라고요. 근데 지금도 그 기록을 못 찾았어요. 그 기록을 못 찾아서 지금 그 훈격도 그 ○○ 훈격을 올릴 수 있었는데.

지금은 건국 포장이잖아요?

포장을 받았어요. 그런 게 인제 4년 옥고를 치르고 만기 출소하셨는데, 그것이 밝혀지면은 이제 훈장으로 바뀌죠. 훈장으로 바뀌는데, 지금 2년 옥고 치르신 것만 나와 있어 놓으니까, 그런 게 지금 포장으로 돼 있어요. 그래 건국 훈장을 추서 할 수, 충분히 할 수 있는 여건인데, 지금 기록을 못 찾아가지고. 그래서 지금도 안타깝게 생각하고 있는데, 다른 분들은 그것도 못 찾아가지고 공적이, 공적이 있으면서도 전혀 저걸 못 받는 사람들도 많아요.

지금, 이 판결문에 보면 강일순을 교주로 하는, 증산교를 기반으로 해서 이제 조선 건국을 준비하다가. '조선건국단'이라는 것은 이제 그 일본 순사들이 만든 이름이더라고요.

그런 것 같더라고요. 그 이름을 붙여야 아무래도 결사 행위가 되니까. 조직이 만들어지는 거니까, 이제 그렇게 붙였는데, 그분들도 그런 뜻을 가지고 만들었겠죠.

예, 그러니까 보천교가 새로운 정부 또는 새로운 국가 건설 운동이거든요. 그래서 그것을 이어 받아가지고 조선을 건국한다고 하는 취지는 분명한 건데, 혹시 이제 뭐 할머니나 할아버지 또는 선친께서 들었던 독립운동 내용은 뭐가 있죠?

전혀. 인제 제가 그때는 태어나기 전이고, 또 선친이 인제 살아계실 때 제가 막둥이다 보니까, 아버지가 연세가 많으셔서 내가 저거 했기 때문에 그런 내용을 구체적으로 저한테 전달해 주신 저거는 없었고, 내가 경찰공무원을 했기 때문에 그래도 인제 좀 그런 것에 대해서 좀 이렇게 귀가 열려 있어서 좀더 신경을 썼던 그런 건. 아버지 할아버지 종교 활동이나 뭐 그런 거. 장학수 아시죠? (예) 도의원 장학수가 도의원 하고 있을 때, 그걸 보천교 독립운동에 대해서 많이 잘 하고, 그 세미나도 하고 그런 걸로 알고 있는.

같이 했어요. 장 의원이랑 제가 같이했습니다.

아, 예.

-중략-

아, 지금은 어디에 사시는가요?

예. 인제 공직 마감하고 나니까 뭐 서울시민 자격이 없다고 나가라고 그래가지고. 경기도 용인에 살고 있어요. 그 저기 분당하고 붙어 있는 바로 수지라고, 용인 수지.

-후략-

보천교에 대한 새로운 인식과 '학술 사업'

"풍운아 '차천자'와 보천교의 민족운동 조명한 '안후상' … 역사의 그늘진 밭, 발로 찾아내 일궈 햇빛 보게 해"

— 유기상(문학박사, 前고창군수)

이 글은『전북의 소리』(2024.3.31)에 실린 유기상의 칼럼 전문이다. 행정가이자 정치가인 유기상은 인문, 지리, 문화, 풍수 등 다방면에 걸쳐 일가를 이룬 지식인이다. 그의 이 칼럼은 최근 보천교를 바라보는 변화된 인식이 담겨져 있어, 전문을 소개한다.

• • •

김용택 시인이 최고의 수식어를 붙여준 '해와 달이 머무는 땅 고창'의 물줄기인 인천강이 칠산바다와 만나는 풍천 어귀 좌우에 선운산 경수봉과 소요산이 우뚝 서 있다. 사이좋게 서로 마주 보며 '높을고창'의 서북풍과 태풍을 막아주며 고창 지역의 생기를 보존해주는 귀한 병풍인데, 높이도 444미터로 똑같아서 풍수상 한문이라 하여 귀하게 친다.

소요산 지령으로 낳은 '인걸'

소요산(逍遙山)은 홍덕현의 진산인 배풍산(培風山)과 짝으로 지은 이름으로 장자의 '소요유' 편에서 따온 지명이다. 흔히 배풍산은 배를 엎어놓은 모양이라 배풍산이라 했다고도 하는데, 비행기가 뜨려면 양력을 받아야 하듯이 큰 새인 대붕이 구만리 하늘을 비상하려고 바람을 타는 일이 배풍이다. 장자를 인용해서 어려운 한문을 고상하게 붙인 먹물 지식인과 어려운 장자를 모르는 민중들의 산 이름 인식에도 확연한 차이가 있는 사례이다.

소요산은 보는 방향마다 모양이 다르다. 남쪽에서 보면 둥근 금성체, 북쪽에서는 지네 모양이나 물결 모양 수성체, 북동쪽 홍덕현 쪽에서 보면 목형의 강한 문필봉이다. 문필봉 기운은 대학자, 대문호, 큰 인물을 낳는다고 한다. 그런 연유로 홍동장학당, 옥제사 등 홍덕·성내·신림 지역 큰 집들은 소요산을

▲ 고창군 부안면의 소요산

향하게 설계하였고, 이재 황윤석 집안 평해 황씨는 아예 소요산에 귀암서당을 열었다. 황윤석도 이 서당에서 공부했고, 질마재의 미당문학관 뒷마을이 서당마을이 된 까닭이다.

인걸은 지령이라는데, 인물의 고장 고창에서도 유독 소요산 정기 받은 인재가 많았다. 이재 황윤석, 지산 김경중, 인촌 김성수, 미당 서정주, 수당 김연수, 정운천 장관 등이다. 구한말 소요산 남쪽 기슭 연기동에서 동학 접주의 아들로 태어나서, 민족종교 보천교(普天敎) 교주가 되고, 시국(時國)의 천자(天子)가 된 차천자, 차경석(車京石, 1880~1936)이야말로 소요산이 낳은 풍운아다. 전봉준의 태몽에도 등장하는 고창 소요산은 고려 시대부터 조선 전기까지 38암자를 거느린 연기사가 있었던 곳이다. 영광 불갑사 사천왕상이 이곳 연기사에서 옮겨간 것은 잘 알려진 이야기다.

일제강점기 민중의 희망 차천자와 보천교

일제강점기 민중들에게 새로운 세상을 열어줄 희망의 이름이 차천자(車天子)였다. 한때는 사이비 종교와 친일로 오해받은 보천교와 차경석을, 최고의 민족운동단체, 최다의 독립투쟁 자금 지원기관, 민족운동이며 신국가 설립운동으로 밝혀낸 연구자가 역사학자 안후상(安厚相) 박사다. 역사는 달빛에 물들면 야사가 되고 햇빛을 보면 정사가 된다고 했던가? 안후상 박사의 30여 년 열정과 집념의 연구 결과, 소요산이 낳은 풍운아 차경석도 드디어 독립운동가로 햇빛을 보기 시작한다.

연안 차씨 차경석은 정읍 동학 접주로 전봉준과 함께 동학농민전쟁에 주도적으로 참가한 차치구의 아들이다. 차경석은 부친 차치구를 따라 전봉준과 우금치 패전 후 도피 시까지 끝까지 동행했다. 차치구가 홍덕 현감에게 체포되어 불로 태워 죽이는 분살형을 당하자, 15세 소년 차경석은 부친의 유해를 모셔다 화장했다. 1898년 이른바 '영학당 사건'으로 알려진 동학운동 재현 전투에 가담하여 홍덕관아를 습격하기도 했고, 이듬해 고부, 홍덕, 무장 등을 치다가 체포되었으나 구사일생으로 살아난다.

소년기부터 파란만장한 생애를 시작한 대붕 차천자가 바람을 탄 것은 강증산과 만남이다. 실패한 동학농민혁명군들이 대거 강증산의 제자가 되었다. 선도교, 태을교 등으로 불린 증산 문하에서, 증산 사후에 실세가 된 차경석은 1922년 보천교라 표명하고 교주가 된다. 일제강점기 보천교 민족운동은 동학농민혁명의 또 다른 모습인 것이다. 당대에 전 국민의 3할인 6백만 교인이 모였다니 세계 종교사상 유래가 없는 일이다. 보천교는 식민지 민중들의 토속적 민족운동의 연장선이었다. 보천교는 상해 임시정부와 여러 방면의 독립운동 단체들에게 독립자금을 지원하기도 한다.

나아가 실의에 빠진 민중에게 새로운 세상을 위해 신국가 건설운동을 전개하였다. 황석산에서 천제를 지내고 국호를 시국(時國)이라 선포하고 천자가 되었다. 소요산 흙수저 차경석이 새 나라의 천자에 오르다니, 당시 식민지 민중들에게 얼마나 통쾌한 일이었을까? 보천교의 활동에는 항일 의식과 민족성이 들어 있지만, 당시 지식인들은 보천교의 이러한 성향을 보지 못했다. 그리고 근대성을 선으로 보고 보천교의 전근대성을 악으로 치부한 일부 연구자들은 보천교의 행위를 민족운동으로 보지 않았던 것이다(안후상 논문).

돈도 없고, 힘도 없고, 책략도 없던 민중들의 민족운동 '보천교 운동'

안후상은 아무도 거들떠보지도 않던 시절부터 사이비 친일 종교라는 누명까지 쓴 보천교 연구에 열정을 바친다. 30여 년 축적한 연구 성과의 결정체가 그의 박사학위논문 「일제강점기 보천교의 민족운동 연구」이고, 『일제강점기 보천교의 신국가 건설운동』(민속원)이란 책으로 출간하여 보천교와 차경석을 복권시켰다.

사이비 친일 단체라는 보천교의 누명은 가면이었고, 진면목은 민중 독립운동이자 신국가 건설운동이었다는 극적인 반전이다. 민족운동으로 기소당한 분이 보천교계가 423명이고 이중 독립운동 서훈자만 154명으로, 종교 단체 중 최다의 독립운동 단체임을 국가기록원 독립운동 관련 판결문 등 사료를 분석하여 밝혀냈다. 앞으로도 추가 발굴 여지도 많다고 한다.

안후상은 이 연구를 통하여 "일제강점기 보천교의 활동은 민족운동이었고, 민중들의 민족운동도 활발하게 전개되었으며, 민중의 민족운동은 보천교의 사례처럼 지식인들과는 다른 방식인 토속적이며 전통적인 방식으로 전개되었다"는 사실을 밝혀냈다. 마치 홍덕 배풍산을 보고 민중들은 배를 엎어 놓은

▲ 고창군 흥덕면 흥성동헌 건물

모양새라 하고, 지식인들은 장자의 배풍 소요를 읊조리는 것과 같다.

한편 보천교의 독립운동 자금 지원 활동은 규모나 내용 면에서 괄목할만하다. 1920년대 물산장려운동 지원과 자급자족 운동, 상해임시정부 독립자금, 만주의 항일무장투쟁 김좌진 진영 군자금, 김원봉의 의열단과 조만식 등에 대한 대규모 독립운동 자금 지원을 비밀리에 해왔다. 광복 후에 귀국 직후 정읍을 찾은 백범 김구 선생이 "보천교와 정읍에 빚을 많이 졌다"고 했다는 인사말에 이러한 사실이 함축되어있다. 총독부가 사이비 종교단체라는 누명을 씌워 차경석과 보천교를 핍박하고 해체하려 한 것도 실은 보천교의 독립운동 자금 지원을 차단하려 한 것으로 보인다.

고창북고 역사 선생 '안후상'을 그리며

역사학자 안후상은 보천교와 차경석 연구의 독보적 존재다. 그가 고창북고등학교 교사로 재직할 때, 고창의 인문학 현장에서 학생들을 인솔하고 온 안 선생을 자주 만났다. 함께 온 역사 공부 동아리 학생들에게 필자가 자주 부럽다고 말했었다. "안 선생님 같은 스승을 만난 그대들은 행운이다. 나중에 내 말이 자주 생각날 거다." 학생들과 친구처럼 소통하면서 생활 속의 역사를 체험케 하는 자세로 수업 시간 잡담책이라고 겸양하는 『한국 근현대사 이야기, 5·18과 바나나』라는 책을 내기도 했다. 이병열 박사와 함께 고창문화 연구에 많은 공헌도 하셨다. 정읍 지역사를 정리하는 사단법인 노령역사문화연구원 원장으로 봉사하면서, 대학 강단에서 교수 활동을 한다.

그가 평생 봉직한 고창북고를 평교사 신분으로 떠나 대학 강단으로 가려 할 때, 학교 이사장이던 이강수 전 고창군수께서는 교장으로 모실 테니 1년만 더 교장으로 봉사해달라고 권유했으나, 흔쾌히 평교사로 떠났다는 미담이 전해진다. 안 선생과 학교 측이 서로를 존경하고 아쉬워하며 감사했다는 후문이다. 필자와 역사 현장을 함께 답사할 때도 늘 진지하고 겸손한 역사학자 안 박사를 보는 것은 큰 기쁨이었다.

우리 역사의 그늘진 밭을 발로 찾아내서 일궈내고, 구슬 같은 글로 꿰어내어 햇빛을 보게 한 안후상 선생께 감사할 따름이다. 안 선생의 제자들이 스승 닮은 역사 선생이 되고, 안 박사 같은 신실한 역사연구자가 줄을 잇는 고창, 전북이 되면 참 좋겠다.

“정읍 지역 신종교 현지 조사 기록”

구술자 김재영·안후상

일시 2017년 4월 22일 12시~18시

장소 전라북도 정읍 일대(신종교 관련 유물·유적 답사)

참석자 김재영(정읍역사문화연구소 소장), 안후상(한국신종교학회 이사),

송영은(원광대종교문제연구소 전임연구원), 김재익(원광대종교문제연구소 연구원)

이 글은 원광대학교 종교문제연구소의 『한국종교』(제42집, 2017)에 실린 내용을 그대로 가져왔다. 지역의 사학자인 김재영과 안후상의 기억이기에 이 책에 다시 소개한다. 이 내용은 원광대학교 종교문제연구소에서 정리하였다. 그리고 이 내용을 이 책에 싣기 전에 김재영이 검토하였다.

• • •

개요

이번 답사는 아주 우연한 계기로 이루어졌다. 본 연구팀의 원광대종교문제연구소는 한국학진흥사업단의 토대사업의 일환으로 ‘한국 근대 민족종교 문화’에 대한 지식지도를 만들고 있다. 그런 과정 중에 보천교 관련 자료들에 대해 관련 전문연구자이신 안후상 선생님께 검수를 받고자 연락을 드렸다. 안 선생님께서는 정읍에 기왕 오는 김에 정읍의 신종교 관련 현지 답사를 안내해 주시겠다는 의외의 제안을 해주셨다. 이렇게 이번 답사는 시작되었다.

답사 당일 김재영 선생님께서도 함께 해주셨다. 김재영 선생님은 역시 보천교를 연구하셨고, 정읍 지역의 종교문화사를 연구하시고 계신 가운데 안후상 선생님과 함께 짧은 일정의 알찬 답사를 만들어 주셨다.

답사 순서는 민족종교의 출발이라고 할 수 있는 동학 관련 유적지부터 시작되었다. 이후 강증산 탄생지와 보천교의 중앙본소를 답사하고, 태인의 미륵불교 총본부를 거쳐 마지막으로 무극대도 터를 둘러보는 일정이었다.

다음 기록은 답사를 하며 안후상 선생님과 김재영 선생님께서 들려주시는 이야기를 그대로 채록하여 글자화한 것이다.

1. 답사에 앞서

(본 연구팀이 정읍역에 도착했을 때, 안후상 선생님께서는 우리를 반갑게 맞아주셨다. 선생님께서는 본격적인 답사에 앞서 오늘 김재영 선생님께서도 함께 해주시기로 했다는 반가운 소식을 전해주시며, 김재영 선생님의 정읍역사문화연구소로 가는 도중에 보천교와 관련된 다양한 이야기들을 해주셨다.)

안후상 1925년에 새로운 본소를 크게 건설합니다. 본소에 건설된 기와집만 45채가 됩니다. 그 이전에 지었던 것이 남아 있어요. 지금 보천교(普天教) 중앙본부로 사용하고 있습니다. 일제의 탄압으로 1936, 37년 2년간에 걸쳐서 본소 건물이 다 뜯겨나갑니다. 옮겨져서 서울 조계사 대웅전이 되기도 하고 내장산 대웅전이 되기도 하는데, 내장산 대웅전은 몇 년 전에 불에 타버렸습니다. 옛 전주역사가 한옥이었는데, 그것도 보천교 건물을 뜯어다가 지은 것이라고 전해집니다. 그런 흔적들이 아직도 남아 있습니다.

김재익 보존은 잘 되어 있지 않았겠네요.

안후상 정읍시 문화재로 등록은 안 됐지만, 일부 수리 보존을 했어요. 문화재 등록을 권해도 후손들이 응하지 않아요. 여기는 우주의 중심이고, 조금 있으면 이쪽으로 힘이 모아지게 되어 있다, 가만히 놔둬도 보천교는 다시 홍한다는 생각을 하는 것 같습니다. 그래서 (후손들이) 손을 못 대게 합니다.

김재익 보천교 본소 건물 가운데 십일전(十一殿)이 어떻게 조계사로, 그리고 내장사 대웅전으로 옮겨가게 되었는지, 그 이유가 무엇인지요?

안후상 1936년 차월곡 선생이 타계하니까, … 사실은 그 이전부터 보천교 조직이 무너졌지만, 타계하고 나서 일제가 유사종교 해산 정책을 실시합니다. 그때 정읍 유지들이 여기에다 대학을 설립하자, 병원을 만들자 했는데도 일제가 해체해버립니다. 경찰은 보천교 쪽의 버림을 받던 인사들을 모아 어용단체를 만들었죠. 보천교 재산처리위원회라는 것을 만들어서, 그 단체로 하여금 경매하게 해버린 거예요.

김재익 금액이 형편없던데요,… 여타 얘기도요.

안후상 네. 그 당시 50만 원이 들었다고 하는데, 그 규모가 엄청났던 것 같아요. 저도 어렸을 때부터 어른들께 들어왔던 이야기로는 여기 정읍 대흥리가 서울이 된다고 했습니다. 지상 선경사회(仙境社會)의 건설이 목표였거든요. 강증산(姜甑山, 1871~1909. 본명 姜一淳, 호는 甑山)이 말한 것이, 신선이 사는 세상을 만드는 것이거든요.

그런데 강증산의 종교적인 가르침을 정치적으로 해석한 사람이 바로 차경석이에요. 그러니까 고천제(告天祭)를 지내고 나라 이름을 시국(時國)이라 하고, 자기를 천자(天子)라고 하니까, 조선총독부에서는 가만히 둘 수가 없죠. 계속 두드려 잡는 것이죠. 그 다음에는 내부 분열을 일으키고는 합니다. 보천교와 관련한 독립운동 판결문을 국가기록원에서 모아놓은 것이 있어요. 거기에 보면 수백 건이 나옵니다. 그런 것을 독립운동 판결문이라고 올려놓았는데, 학계에서는 이것을 독립운동으로 봐야 하나? 하고 있죠. 제가 작년 학술대회에서 「보천교 독립운동, 온라인 국가기록원 독립운동 판결문을 중심으로」 논문을 쓴 적이 있어요. 『원불교사상연구』에 게재했습니다.*

당시 사회주의자들은 사회주의 공화국을 만들기 위해서 독립운동을 했던 것이고, 공화주의자들은 민주공화국을 건설하기 위해서 독립운동을 했던 것

* 안후상, 「일제강점기 보천교의 독립운동–온라인 국가기록원의 '독립운동관련판결문'을 중심으로–」, 『원불교사상과종교문화』 제70집, 2016, 431~476쪽 참조.

입니다. 선도교(仙道敎)나 보천교(普天敎)는 지상선경 국가를 만들기 위해서 했던 것이고요. 그렇게 볼 수밖에 없을 것 같아요. 그것이 시대착오적이든 아니든.

김재익 선경사회(仙境社會)요?

안후상 강증산이 농민전쟁을 겪었잖아요. 김개남 부대를 좇아다니면서 전쟁을 말리곤 했잖아요. 어차피 이 전쟁은 패할 전쟁이다,라고. 강증산이 내놓은 것이 무엇이냐면 갈등, 불평등, 전쟁의 참상에서 벗어나는 어떤 도수, 우주의 도수를 짜잖아요. 그것이 천지공사(天地公事)이에요. 그래서 이 도수를 짜놓았으니까, 인간에게는 짐승의 마음과 신선의 마음이 있는데, 짐승의 마음을 죽이고 신선의 마음을 키워야 하는데, 그것이 주문 수련이고, 이 도수를 짜놓았으니까, 신선이 될 수 있다는 거예요. 모두가 신선이 되면 갈등이 일어나고, 전쟁이 일어날 일이 있겠느냐는 것이죠? 저는 그렇게 해석했습니다. 이 세상이 다 신선인데, 전쟁이 있고 불평등이 있고 갈등이 있겠어요!

김재익 신선으로 본 것이 신기하네요?

안후상 그래서 일제가 보천교를 선도교(仙道敎)라고 했어요. 선도교라는 이름이 많이 나옵니다. 저도 강증산으로부터 파생된 계열을 '선도'라고 이름 붙이고 있어요.

김재익 지금의 대순진리회(大巡眞理會)도 그런가요?

안후상 거의 같아요. 대순진리회에서도 추구하는 것이 선경사회입니다. 조직도 보천교 조직과 흡사합니다. 보천교의 60방주제와 비슷해요.

김재익 증산계라는 말보다는 선도계가 더 맞겠네요?

안후상 저는 그렇게 쓰고 싶습니다. 그래서 제가 쓴 논문 중에 「선도계열의 예언을 어떻게 볼 것인가?」라는 것이 있습니다. 1940년대 초반에 공판기록이 있어요. 거기 보면, 다 보천교 후신들이죠. 그들이 한국의 독립을 예언했다고, 고초를 겪고 기소돼 재판을 받습니다. 그 재판기록을 보면, 30년대 말 40년대 초반에 이런 예언을 합니다. 일본이 패망하는 연도를 1944년에 맞추기도 하고, 1941년에 맞추기도 합니다. 그들은 끊임없이 보천교가 해체되어도 잔여 세력들에 의해 주문 수련도 하고 예언도 하고 멸왜기도(滅倭祈禱), 즉 일제가 멸망하는 것을 기도하죠.

김재익 본당 건물이 해체되었어도, 교인들은 해산하지 않았나 보군요?

안후상 흩어져서 비밀결사 조직을 만들었죠. (그런 조직이) 많아요. 관련 기록들을 보면, 신인동맹(神人同盟)이라고, 정읍 태인에서 미륵불교(彌勒佛教)라고 나중에 이름을 고쳤는데요. 신인동맹은 1940년대 초반에 멸왜기도(滅倭祈禱)를 했습니다. 왜놈들을 멸망하게 해달라는 기도를 했습니다. 그리고 예언을 했습니다. 몇 년도에 멸망할 것이다,라고. 어떤 공사를 벌였냐면, 굿을 하는데, 명치천황(明治天皇)의 혼을 불러들여요. 그러고선 명치천황을 혼냅니다. 명치천황의 혼이 누구냐면, 신인동맹을 주도했던 교주에요. 정인표예요. 일종의 신내림을 하는 것이죠. 자기가 명치천황이 되고, 바로 밑의 제자가 꾸짖는 것이죠.

그렇게 해서 명치천황에게 탁주 한 사발을 주면서 다시는 이런 짓을 하지 말라고 타이르죠. 그런 퍼포먼스를 하거든요. 그런 것들이 당시 민중들에게 먹혀들어갔다는 것입니다. 그런 것들이 당시 식민 지배를 했던 일본은 두려웠던 것이죠. 잡아넣고 고문을 하고, 풀려나서 몇 달 있다가 죽기도 했습니다.

부안 격포에 있는 원군교라든지 하는 보천교계 신종교. 그 사람들이 주로 하얀 두루마기를 입고, 외딴곳에서 집회를 보고 했던 것 같아요. 학계에서는 뭔 그런 것이 독립운동이냐 하는데, 오히려 그 사람들이 토속성과 민족성을 더 많이 가지고 있었어요.

송영은 어떻게 보면, 보천교가 친일 종교라는 그런 논리도, 일제강점기에 씌워졌던 일종의 프레임이 계속 이어져 오는 것이라고 볼 수 있을까요?

안후상 실제 친일로 볼 수 있는 활동도 있어요. 《시대일보》라고 하는 《동아일보》와 쌍벽을 이루는 당시의 일간지가 있었거든요. 당시 지식인들, 특히 사회주의자들이 어떻게 미신사교가 그런 계몽의 상징인 신문을 인수해서 경영하느냐며 보천교 성토대회를 열어요. 계속 엽니다. 보천교로서는 또 일제의 압박과 탄압을 집요하게 받았지요.

이런 상황에서 어떻게든 교단을 보전해야겠다는 생각을 했겠지요. 그래서 당시 조선총독부 모리배들과 함께 그런 문제들을 의논해서 '시국대동단'이라는 단체를 만들어요. 차경석의 입장에서는 그것이 친일 단체라고 생각을 못 했는데, 그것이 나중에 어용 친일 단체로 변해버려요. 사실 시국대동단의 '시국'과 '대동' 역시 보천교와 밀접하게 관련이 있어요. 시국대동단을 보천교 내 보수파들이 주도했는데, 그런데 그들과 시국대동단 주도 세력이 보천교 측의 허락도 없이 연사를 선정한다든가, 하는 거죠. 그래서 차경석이 몇 개월 뒤에 시국대동단 해산을 결정해요. 시국대동단 문제 때문에 보천교 박멸운동이 일어난다고 알고 있는데, 사실은 당시 지식인들 일부가 《시대일보》 인수를 계기로 박멸운동을 전개합니다. 미신사교 단체가 문명의 상징인 신문을 경영하는 것에 대한 비난과 반발이죠.

(김재영 선생님의 정읍역사문화연구소에 도착해서도 이야기는 계속되었다.)

안후상 지식인들이 과연 민족성을 갖추고서 민족운동을 했느냐, 그것이 의문스럽다는 것이죠. 그러나 토속성과 민족성을 갖추고서 독립운동이나 민족운동을 했던 집단이기에 이들을 민족종교라고 해요. 그중에서도 보천교가 대표적인 것이고요. 왜냐하면, 당시 천도교(天道敎)도 삭발을 다하지 않습니까? 보천교는 오히려 보발을 유지하고 흰 두루마기를 입고, 전통적인 근대 교육을 거부하고, 그러거든요. 그런 것을 보았을 때, 그런 '계몽'의 저편에 있는 '미몽'이라는 비난에는 민족성에 대한 열등감 같은 것이 있지 않았겠는가, 그런 생각도 해봅니다.

그때 당시 지식인들은 계몽은 선(善)이고 미몽은 악(惡)이다, 그렇게 이분법적으로 보았어요. 당시 신문이나 잡지는 보천교나 보천교와 비슷한 종교 단체를 미몽의 상징, 자기들이 꿈에서 깨워야 할 대상으로 생각한 것이지요. 그러면서 자기들은 분명히 '민족(民族)'을 찾거든요. '민족'이라는 그런 요소를 갖추고서 '민족'을 강조한 것인지, 그런 것도 잘 살펴봐야 합니다. 그래서 보천교는 철저하게 지금도, 최근까지도 아마 전통을 강조했던 사람들이에요. 갱정유도(更定儒道)도 보천교에서 떨어져 나간 것이거든요. 아마 1차 세계대전, 2차 세계대전에서도 그런 아랍 근본주의 세력들이 있었겠죠?

송영은 네. 그땐 보편주의 운동도 있었고, 그다음에 각 지역에서 영향력이 있는 영적 지도자들이 나타나면서 일종의 메시아주의와 결합해서 굉장히 재미있는 양상들이 나타납니다. 그 사람들이 아직도, 굉장히 그 지역에서는 아직도 민중들에게 큰 영향력을 가지고 있거든요. 그것이 중세 때부터 있었던 일종의 민중의 성인 숭배, 그다음에 순례를 가기도 하고, 저희가 아는 큰 메카로 순례가는 것을 떠나서 그 지역에서 영성적이고, 영향력 있는 성인들을 중심으로 해서 일종의 공동체처럼 형성되거든요. 민중들이 거기를 순례를 가거든요. 그런 흐름들이 반제, 반식민 운동과 결합해서 굉장히 재미있는 양상으로 나타납니다. 닮은 부분들이 있는 것 같더라고요.

안후상 그 시기에는 그랬던 것 같아요.

2. 동학농민혁명기념관, 황토현 전적지에서

(답사는 동학농민군의 황토현 전적지로부터 시작되었다. 이곳은 동학농민혁명기념관이 있는데, 매년 '동학농민혁명기념제'를 하며, 올해가 벌써 50번째 행사라고 했다.)

김재영 여기가 김대중 정부 때 조성된 곳입니다.

김재익 저 건물이 뭐예요?

김재영 저기는 동학농민혁명기념관이고, 아래쪽이 교육관입니다.

안후상 시루봉이 여기지요?

김재영 옆쪽에 있는 산입니다. 넘어가서요.

안후상 강증산 선생이 바로 저 산 넘어서 태어났어요.

김재영 다른 곳으로 가게요. 한국 근대사의 서막을 열었다고 할 수 있는 것이 동학농민혁명인데, 그 첫장을 우리 정읍에서 열었다는 것에 대해 엄청난 역사적 자부심을 갖고 있습니다. 여기 안후상 박사의 이야기대로, 고창을 동학농민혁명의 발상지라고 이이화 선생이 말하고 있지만, 발원지는 정읍 고부입니다. 혁명의 시작이 무장이든 아니든 그걸 가지고 다투는 것은 큰 의미가 없어요.

여기가 황토현입니다. '고개 현(峴)'자를 씁니다. 저기 위에 기념탑이 있는데, 저것을 고개라고 하기도 그래요. 여기 철탑이 있는 것보다 낮아요. 황토현이라는 지명이 이전에는 없었을 것으로 봅니다. 동학농민혁명이 발발한 뒤에 이런 역사적인 사건이 일어나고 보니까 뭔가 지칭하는 산 이름이 있어야 할 것이 아니겠어요? 원래 산이나 고개 이름이 없다가 역사적인 사건이 일어나니까, 황토가 많다 보니 황토현으로 붙였을 것입니다. '현'이라는 것이 그래요. 평지에서 약간 올라온 것을 순 우리말로 '배'라고 합니다. 거기에서 조금 더 올라온 것이 '언덕'이죠. 조금 더 올라온 것이 '고개'입니다.

고개를 한자로 바꾸면 '고개 현(峴)'이 되고 '고개 치(峙)'가 되는데, 산맥을 가로지르는 것은 '령(岺)'이라고 합니다. 그 아래를 지칭할 때 '봉우리 봉(峰)' 자를 씁니다. '현'은 굉장히 낮은 언덕을 표현한 말입니다. 저기 철탑이 있죠. 저기가 사시봉(死屍峰)입니다. '죽을 사(死)' 자에 '주검 시(屍)' 자예요. 저기가 농민군 진지가 있었던 곳입니다. 기록에 따라 조금씩 차이가 있는데, 지금 여기 황토현 기념탑이 있었던 자리가 관군이 있었던 곳입니다. 그런데 농민군이 진지를 잡아 놓고, 관군이 기습할 것을 예상해서 진지를 비워놨어요. 역으로 이곳을 쳐서 대승을 이룬 것입니다. 그래서 기념탑이 서 있는 것입니다.

우리가 이것만 와서 보고 저쪽 사시봉을 이야기하지 않으니까. 철탑이 있는 곳을 사시봉이라고 하는데 지명 그대로 관군 시체를 다 묻어서 사시봉이라고 했다는 곳입니다. 기념관이 아래쪽에 들어선 이유가 바로 그것 때문입니다.

왜 여기에 탑이 있고 왜 여기에 절이 있느냐? 다 이유가 있습니다. 여기는 관군이 주둔했던 곳이고 농민군이 대승을 이루었던 곳입니다.

여기에 구조적인 문제가 있습니다. 이것이 전두환 정부 때 세워졌고, 기념탑은 박정희 정부 때인 1964년에 세워진 것입니다. 그런데 전두환이 정읍군청에 들러 '사실 전봉준이 내 조상이다'라고 하면서 이곳을 성역화하라고 지시를 합니다. 아이러니한 것이지. 독재자가 민주화인 성지인 이곳에 기념탑을 세우고 만들었으니까. 저기 외삼문은 '제폭구민'을 따서 '제세문'이라고 이름 지은 것입니다. 사당의 구조가 외삼문이 있으면 뒤에 강당이 있고, 내삼문이 있고 사당이 있어야 해요. 서원이나 향교와 같이 남북 일직선상에 위치해 있어야 합니다. 그런데 여기는 그렇지 않아요. 구조가 잘못된 것입니다. 처음부터 현충사 규모로 확대를 하라고 했는데, 60만 평으로. 그런데 이 곳이 20만 평 밖에 안돼요. 그러다 보니까 일직선상이 되지 않으니까, 사당이 들어서지 못한 것입니다. 그러다 보니 사당이 왼쪽으로 간 것이지요. 여기에 전두환이 기념 식수한 곳도 있습니다.

송영은 지난번 동학 관련 석사논문을 쓰신 분이 있어서 같이 읽어보니까, 정말 이용을 많이 당했더라고요. 정권이나 지자체들로부터요.

김재영 용어부터 정치적으로 많이 이용했지요. 지금은 예전 동학란에서 동학농민혁명으로 바뀌었으니까, 인식이 엄청 달라진 것이죠.

안후상 동학이 경상도에서는 혁명운동으로 발전하지 못하거든요. 유력한 사족(士族)들이 지역에서 강고하기 때문에, … 전라도 이쪽은 사족이 별로 없다고 해요. 본래 사족은 지역에서 풍교를 바로잡기도 하지만 수령과 이서들의 전횡을 견제하거든요. 그런데 여기는 사족들이 없으니까 수령들이 자기 멋대로 해요. 그래서 백성과 충돌이 있었던 것이에요.그것이 농민전쟁으로 이어지고.

김재영 경상도는 현지에 지주가 많았잖아요. 전라도는 부재지주(不在地主)가 많았고. 지주들이 대부분 서울에 있었어요.

안후상 그러다 보니까, 이쪽에서는 『정감록(鄭鑑錄)』이랄지, '최제우의 동학(東學)'이 널리 얘기되고 확산될 수 있었지요. 풍교가 문란하다고 제재할 사족들이 없어요. 그러다 보니까, '미륵신앙', '정감록 신앙', 당시의 지식인들이 그것을 가지고 사실은 혁명운동을 한 것이죠.

김재영 바로 이것이 증산교나 원불교가 호남 쪽에서 나올 수밖에 없었던 배경이라고 저는 생각합니다. 예를 들어서 안 박사 이야기대로, 경주에서 동학이 나왔는데 왜 전라도 고부로 와서 혁명으로 터지냐를 규명하는 것이 인문학입니다. 중요한 것은 왜 여기에 와서 터지느냐 이것입니다. 이것을 규명하는 것이 역사학의 본질인데, 역사를 잘못 가르치고 잘못 배운 것입니다.

3. 증산 강일순 생가에서

김재영 이곳을 왜 성역화를 못하느냐. 증산계열의 종교가 한두 개가 아닌데…, 이것도 최근에야 정비가 되었어요. 여기 강세지로 되어 있죠. 이렇게 할 것이 아니라 돈을 좀 들여서 기와로 올렸더라면 더 좋았을 텐데. 원래는 이쪽 안집이 강증산의 양자인 강석환 교장선생님이 살던 곳입니다. 문이 열릴지 모르겠는데, 예전에 중앙에 강증산 초상이 있었고, 좌우에 태을주 주문이 걸려 있었습니다.

안후상 원래는 강석환 선생, 즉 증산 선생의 양자라는 분의 한 집이었어요.

▲ 증산 강일순 생가(지금은 강일순 생가터가 바뀌었다)

그분이 여기에다가 영정을 모셔다 놓고 신행을 했어요. 그런데 토지 등본을 떼보니까 다른 강씨의 땅이었어요. 그래서 이 주인이 군산 사는데, 그분이 소송을 걸었어요. 소유권이 확인되자 이렇게 담을 쳐버린 것입니다. 저기는 안 팔아, 여기만 대순진리회에서 매입한 것이에요.

(강일순의 생가 안에 관리하는 사람들이 있었다. 그중 한 분과 인사를 하고 이야기를 나누었다.)

김재영 답사 왔습니다. 안쪽의 증산 상제의 초상을 볼 수 있을까요?

관리자 치웠어요.

김재영 주문(태을주)은요?

관리자 주문도 다 치웠어요.

김재영 왜 치웠습니까?

관리자 어디서 오셨어요?

안후상 저희는 어느 특정 종교에서 온 게 아니라, 원광대종교문제연구소에서 왔어요.

관리자 안녕하세요?

김재영 예전에 있었는데, 영정이 한번 바뀌었죠?

관리자 네.

김재영 저희들 학문하는 사람들이에요.

안후상 저희는 증산교 신행은 안 하고요. … 원래 반천무지(攀天撫地)의 사배를 하는데.

관리자 그런데 왜 안 하셨어요?

안후상 저희는 신행은 안 해요. 연구만 합니다.

김재영 종교를 연구하는 사람들이 특정 종교를 가지게 되면 편견이 생길 수밖에 없습니다.

관리자 말씀 잘하셨어요. 왜 없앴냐고 하셨는데, 좀 그런 것이 있어요. 어떤 것이냐면, 이 자리는 증산 상제님을 모시는 자리이고, 많은 사람들이 오는 곳인데 … 특정 종교가 있는 분들은 그것으로 편견을 가지잖아요. 학문, 연구하는 사람들은 그런 것이 있어서 거부감 때문에 진실을 보지 못하는 경우가 많고, … 어떤 종교라 하더라도 실상은 모두가 하나잖아요. 하나인데, 곁뿌리가 나와서 그렇게 된 것이잖아요. 요즘은 인터넷이나 자기 나름의 것 때문에, 자기 것 아니면 안 된다는 것이 있어서, 깊이 연구하려고 하지 않고, 자기 것에 연연하기 때문에 … 아무나 오시더라도, 편안히 받아들일 수 있도록 하기 위해서 영정을 없앴어요. 그리고 아무리 연구를 하시더라도, 오셔서 남기시는 일이 있지만 종교라는 것이 편협된 생각을 가지고 있는 것들이 많아요. 이런 것들을 없앴으면 좋겠다는 생각에 그것부터 없앴어요. 영정이라는 것도 살아생전에 그런 모습도 아니고, 그러잖아요.

김재영 이렇게라도 정비가 되었으니 다행입니다. 여기 무극대도 건물 괜찮아요?

관리자 있어요. 지금은 완전히 폐허가 되어버렸어요.

김재영 한번 보죠. 20년 전에 한번 와 보고 ….

관리자 완전히 폐허죠.

김재영 그래도 왔으니 가봐야죠.

안후상 아주머니 혹시 강 씨세요?

관리자 무엇을 연구하시는지는 모르겠지만, 우리가 신앙을 떠나서 상제님께서 이 땅에 오실 때, 나를 신앙하라고 하신 말씀이 한마디도 없어요. 살아생전에 없었고, 오신 일만, 촌로로서 누구한테 알리지 않고 편안하게 일만 하시고 가셨거든요.

김재영 종교라고 하지 않았으니까. 부처님도 그랬죠?.

관리자 불교도 원래의 뜻과는 다르게 가고 있어요.

김재영 부처님도 팔만사천 개의 법문을 남겼는데도, 가실 때는 "내 일찍이 말 한마디 하지 않았다"고 했잖아요.

안후상 (관리자의) 선대께서 이 마을에 사셨나 봐요.

관리자 네

안후상 증산 선생님과 선대 어르신과 같은 집안이셨죠?

관리자 그런 것은 중요한 것이 아니고.

안후상 혹시, 제가 예전에 듣기로는, … 일찍이 군산에 사셨죠? 들었어요. 그런데, 대순진리회에서 여기를 성지화하려고 하지 않나요?

김재영 그런 거 같은데요?

관리자 아니에요. 아직 이야기가 없어요. 어떤 한 종교에 소속이 되어버리면 의미가 없어요. 자기네 식대로 하잖아요.

안후상 그러면 여기는 여기 식대로 하면 하고 말면 말고 하는 식이구나.

관리자 그런 뜻은 아니고, 의미가 다르잖아요. 어느 종교에 소속된 것이 아니고요.

김재영 앞의 주차장은 어디서 정비했어요?

관리자 동네에서 했어요.

안후상 대순진리회에서 땅을 샀다고 했는데? 시루산?

관리자 그것은 모르겠어요.

김재영 거기를 성지 코스로 개발한다고.

관리자 그것은 해야죠.

김재영 호둔바위로 해서.

관리자 원래 종교에서 돈이 모이면, 상제님이라는 타이틀을 가지고 종교를 하면, 당연히 해야 해요. 말하지 않아도. 존경만 해도 하고자 하는 것인데, 그것은 당연히 해야 하는 것이에요. 어느 것이 왜곡되거나 또 욕심에 의해서 잘못되는 일은 없어야 하는 것이지. 다른 뜻은 없어요.

안후상 40년 전에 이쪽에 어르신들이, … 저도 정읍에서 태어나서 자랐거든요, 저는 보천교를 집중적으로 연구합니다.

관리자 보천교도 가보셨어요? 안타깝죠.

안후상 그러죠. 40여 년 전에 답사를 와서 어르신들께 들은 이야기로는, 증산 선생님이 여기 바로 위에서 태어났다고 해요. 우물 바로 위?

김재영 『증산천사공사기』에는 이평면 서산마을, 외가에서 태어났다고 되어 있습니다.

관리자 외가에서 탄강했다고 나오는데, 역사책이 다 진실이 아니잖아요. 어떤 전경이 있다고 해서 그것이 반드시 진실이 아니잖아요.

김재영 『증산천사공사기』에는 외가로 나오고 『대순전경』에는 여기 객망리로 나옵니다.

안후상 어렸을 때부터 여기서 크신 것 같아요.

김재영 거기 서산마을 가면 안경전 종도사가 왔다 간 사진이 있습니다. 마을 시정 안에.

관리자 안경전 씨도 좋은 일을 많이 했는데, 그분이 썼다고 해서 그것이 다 진실은 아니에요.

김재영 『증산천사공사기』는 그분이 쓴 것이 아니잖아요.

관리자 아니죠.

김재영 1926년에 나온 것입니다. … 무극대도 터만 보고 갑시다.

관리자 무엇을 연구하는지 …?

김재영 드린 명함 그대로입니다. 거기만 보고 갈게요. 안내해 주세요.

김재영 제가 20년 전에 봤을 때는 건물이 괜찮았어요.

관리자 얼마 전까지 괜찮다가 건물이 주저앉았어요. 여기쯤인 것 같네요.

김재영 여기 위에 있네요. 여기도 교파가 다르다고.

관리자 그렇죠. 그 오래전만해도 여기서 모여서, 저기 샘이 있었잖아요. 거기서 씻고, 거기에서 지내고, 얼마 전만 해도, 재작년만 해도 모습은 있었어요.

안후상 여기가 어느 계통인가요? 태인에 무극대도가 있고, 제주도에도 무극대도가 있고. 여기는 증산 선생과 관련이 없나요?

관리자 모두 상제님(강증산)을 믿은 것이죠.

안후상 제주도에도 무극대도가 있거든요. 대순진리회의 모체가 태인의 무극대도, 무극도였거든요.

관리자 얼마 전만 하더라도 현판이 있었는데요, 이렇게까진 안 망가졌었어요. 지금 우리나라는 기독교가 만연하고, 외래 종교가 그렇기 때문에 … 이것은 미신도 아니고, 퇴폐적인 것도 아니에요. 이것을 확실하게 해서 우리 것을 찾을 수 있도록 그렇게 하셔야 돼요. 기록을 남길 때도, 어설프게 하는 것이 아니라, 심도 있게 조사를 하셔서 우리 것이라기보다, 상제님이라고 하는 그 분이 정말 어떤 분이냐는 것을 정말 잘 하셔야 됩니다.

지금 대순에서 말하고, 증산에서 말하고 있는 것이 다가 아니에요. 그리고 『현무경』, 『도전』과 같은 것에 쓰여 있지만, 그때 그당시 상제님이 다 하신 것도 아니에요. 그런 부분들을 다 진솔하게 왜곡되지 않게, 그분에게, 우리는 인간이라 모르지만 그분은 다 보고 계시잖아요. 누가 되지 않게 그렇게 해주셔야 됩니다. 그런 부분들이 너무나 잘못되어 있고, 보천교 같은 것도 지금은 흩어져 버린 상태이니까. 우리나라의 종교에 대한 이미지를 쇄신할 수 있도록 해주세요.

안후상 여기에 신(信)과 경(敬)이 써 있네요. 무극대도가 많아요. 동학 계열의 무극대도도 있어요. … 안내해주셔서 감사합니다.

(강증산 생가를 나오며 이동하는 차 안에서 무극대도에 대한 이야기가 이어졌다.)

안후상 박한경(朴漢慶, 1917~1996) 선생이 태어난 곳이 충북 괴산입니다.

김재영 박한경이 태어난 곳이 괴산이기 때문에 중원대학교가 거기에 세워진 것입니다. 그쪽도 땅이름 풀이를 보면 재미있어요. 무극대도가 안면도에 갔다가 감곡면 황새마을을 거쳐서 태인 태흥리로 왔어요. 그 뒤에 부산 보수동으로 갔다가, 감천동, 서울 중곡동, 여주도장으로 분리되어 나가게 됩니다. 뿌리는 다 여기에 있습니다. 그러니까, 감천동은 부산의 감천문화마을로 유명하잖아요. 그 동 자체를 리모델링 한 것인데, 그것이 태극도들이 그 이전에는 무극대도라고 했던 것을 해방 이후에 태극도로 바꾸게 됩니다. 말하자면, 『주역』에서 말하는 '무극에서 태극으로'라는 것처럼 바꿔놓았어요. 무극은 씨앗이 잉태하기 전의 최초의 존재입니다. 이것이 분화되어 가는 과정을 해방 이후의 교명을 바꾸고, 이것이 대순진리회로 나눠지는 것이지요. 지금으로 말하면 신앙촌입니다.

안후상 지금도 있어요?

김재영 있지요. 내가 갔다 왔으니까.

안후상 신앙인들이 있어요?

김재영 부산에 형님이 사시기 때문에 겸사겸사 가보았습니다. 본부 건물을 크게 지었는데 외부인들의 접근을 차단하니까 『진경』만 사가지고 왔습니다. 경전이 『진경』입니다. 대순진리회는 『진경』이고, 증산교는 『대순전경』입니다. 『진경』을 보면 『무극진경』, 『태극진경』 이렇게 1, 2부로 나눠져 있습니다. 『무극진경』은 강증산에 관한 것입니다.

안후상 『증산천사공사기』가 1929년에 『대순전경』으로 재편되거든요. 그러니까 『증산천사공사기』를 수정한 것이에요. 출생은 『대순전경』에 있는 것이 맞아요. 맞는데, 아주 오래전에 와서 어른들께 들었던 이야기가, 강증산 선생은 (여기 생가 보다) 위에서 태어났다고 해요. 유년기를 생가에서 보냈던 것 같아요.

김재영 『대순전경』에 보면 기행이적이 많이 나옵니다. 앉은뱅이를 일으켰다든지, 설사를 멈추게 했다든지, 치병 사례들이 나오는데, 종교가 없는 사람은 이해하기 어려울 겁니다.

4. 보천교 중앙본소에서

안후상 여기가 대흥리입니다. 행정 구역명으로는 접지리이에요. 이것이 보천교로 인해 생긴 일종의 신도시입니다. 여기 도로가 '우물 정(井)'로 구획되어 있어요. 보천교 기(旗)도 정자입니다. 중국에 정전법(井田法)이 있어요. 한가운데

▲ 현재 보천교 중앙본소 정문

를 공동으로 경작하고 나머지는 개인 소유로 인정하는 것이지요. 여기에 보천교 중앙본소가 있죠. 여기가 반듯해요. 여기가 종로(鐘路)입니다. 종로, 왕심리 등의 서울 지명이 그대로 여기에 옮겨졌어요.

제가 여기 대흥초등학교를 나왔습니다. 그때는 무섭게만 느껴졌어요. 흰옷 입은 사람들이 수백 명씩 모여서 그 무엇을 하니까, 어려서는 무서웠죠. 여기 건물들이 옛날에도 있었던 상가들입니다. 보천교가 종교와 경제 공동체였었거든요. 농기구공장, 염색공장. 왜놈들의 물건을 안 쓴다고 해서 스스로 베를 짜서 썼어요. 스스로 염색도 하고요.

김재영 지금도 직물공장이 있습니다. 여기서 나오는 제품은 아직도 인기가 있어요.

안후상 면직이에요. 여기부터는 1925년에 신축한 45개의 기와집이 있는 본소입니다. 그리고 이곳은 그전에 본소로 쓰였던 가옥이고요. 그런데 1936년에 여기가 다 경매가 되고, 이것만 남아 있어요. 차경석의 아들 차천수의 이름으로 돼 있어서, 여기(구성전)는 남아 있어요. 여기가 더 오래된 곳입니다.

김재영 아들이 아니라 손자입니다. 손자 명의로 되어 있어서 일제가 철거를 못 시켰어요.

안후상 사실은 여기가 1920년대 초부터 본소로 사용되었던 건물이에요.

김재영 여기에 보천교 교기가 있습니다. 아까 상징하는 것이 우물 정(井) 자라고 했는데, 1년에 네 번 제사를 지낼 때 교기가 올라갑니다. 일반인들은 참관이 어렵고요.

안후상 옛날에는 흰옷 입은 사람들이 수백 명씩 있었어요. 지금은 거의 없어요. 아예 없습니다. 지리멸렬해버렸어요.

김재익 지금도 보천교인들이 있나요?

안후상 아주 극소수 있어요. 후손들 중심으로.

(현재의 보천교 중앙본소 건물에는 포정소를 포함한 여러 동의 건물이 남아 있었다. 그중에 인상 깊었던 것은 황와(黃瓦)와 청와(靑瓦)의 기와들이 쌓여 있었던 것이다. 그것들이 보천교 건물의 훼철로 인한 것인지는 알 수 없었지만, 당시 건물의 흔적을 느낄 수 있었다. 또 기이한 점은 뱀 부적이었다. 기둥 아래 '적제자참사(赤帝子斬蛇)'라 쓴 글자가 거꾸로 붙어있었다. 이에 대한 김재영 선생님의 이야기가 무척이나 흥미로웠다.)

김재영 이게 일종의 부적인데 부적이 거꾸로 붙어있습니다. '적제자참사(赤帝子斬蛇)'라고. 적제자가 뱀의 목을 벤다는 뜻인데, 쉽게 말하면 '뱀 방어 부적'으로 보시면 됩니다. 내가 알기로는 이 근방에서 뱀 부적으로는 이것이 유일한 것 같습니다.

조선 후기 3대 서예가가 있습니다. 추사(秋史) 김정희(金正喜, 1786~1856), 눌인(訥人) 조광진(曺匡振, 1772~1840), 그리고 정읍 출신 창암(蒼巖) 이삼만(李三晩, 1770~1847)을 일컫습니다. 창암이 어렸을 때 약초를 캐러 간 아버지가 뱀에 물려 죽자 그때부터 뱀만 보면 잡아서 생으로 씹었다고 해요. 그래서 뱀이 이삼만이라는 이름 석 자만 들어도 꼼짝을 못했다는 이야기가 전해지고 있습니다. 그래서 이 지방에서는 창암 이삼만의 이름을 따서 '추사장군이삼만(追蛇將軍李三晩)'이라 쓰고 이것을 거꾸로 붙였어요. 그 이유는 뱀이 사물을 거꾸로 본다는 속설 때문에 그렇습니다. 그것을 장독대나 기둥 밑 이런 곳에 붙였습니다. 오늘날까지 남아 있다는 것이 신기할 정도입니다. 민속학적으로 대단히 중요한 자료입니다.

▲옛 보천교 중앙본소의 담

지금 정읍농악이 보천교농악입니다. 현재 정읍 지역과 관련한 세계유산이 몇 개가 있습니다. 첫 번째는 『조선왕조실록』으로 전주사고에 있는 실록을 내장산으로 피란시킨 사람들이 바로 정읍 사람들입니다. 두 번째는 농악입니다. 정읍농악이 유명해요. 세 번째가 『직지심경』입니다. 『직지심경』의 저자 백운화상이 여기 고부 사람입니다. 그다음에 연대 유산으로 서원을 올렸다가 아직 정리가 되지 않았다고 철회했는데, 바로 정읍의 무성서원(武城書院)이 그 중에 하나입니다. 여기에다 아시아 음악제에서 최우수상을 받은 수제천이 있어요. 시군 단위에서 지역과 관련된 세계유산이 이렇게 많은 것은 대단한 것이죠.

중심 건물인 십일전 터만 돌아보죠. 보천교 관련 사진을 보면, 서울 종로의 인경보다 큰 종이 있었어요. 부인들이 숟가락 하나씩 내서 만든 종이라고 했습니다. 옛날 직물공장이 있었던 이 자리에 있었습니다.

안후상 여기가 보천교 중앙본소 담벼락입니다. 이 안은 경복궁보다 더 컸다고들 하죠. 아까 청와와 황와가 있었죠. 십일전은 원래 황와로 이은 건물입니다. 중국의 기술자를 들여와서 유약을 발라서 만들었어요. 일제 경찰이 일본의 천왕만이 황와를 올릴 수 있다, 일본 천왕에 대한 불경죄라고 압박을 하여 올렸던 황와를 다시 내렸습니다. 이것이 그 황와이에요. 그리고 부속 건물들은 청와를 올렸습니다. 그것도 나중에 해방 후 경무대를 청와로 올렸는데, 여기 기와를 가져가서 올렸다는 얘기도 있어요. 그래서 청와대가 되었다고도 하고. … 여기는 방장산, 입암산, 삼신산, 내장산 등으로 둘러싸여 있죠.

김재익 저기 산 위의 바위가 신기하게 생겼네요.

안후상 저기는 입암산이라고 해서, 다른 쪽에서 보면 크게 올라와 있어요.

김재영 앞쪽 입암산과 관련해서 몇 가지 말씀드리겠습니다. (왼쪽을 가리키면서) 저기가 내장산 망해봉입니다. 맑은 날 바다를 볼 수 있다 해서. 그 앞산이 삼신산 또는 삼성산이라고 합니다. 저 산을 주목해야 해요. 정읍은 풍수상 '행주형(行舟形)'의 도시입니다. 도시 전체가 배가 떠다니는 형국이라는 것이죠. 도시 전체를 배로 보았을 때 저 삼성산이 뱃머리에 해당합니다. 그렇다면 도시의 미래는 당연히 뱃머리에 있겠죠. 공교롭게도 저 삼성산 아래에 국책연구기관이 다 들어와 있습니다. 한국원자력과학연구원, 방사선과학연구소, 생명과학연구원, 전북대학교 정읍캠퍼스도 입주해 있고요. 저렇게 생긴 산을 풍수에서는 '목체형국'이라고 합니다. 오행(五行)으로 치면 목(木)은 동쪽이죠. 저런 목체형국의 산은 보통 '문필봉(文筆峰)'으로 해석을 합니다.

저런 산이 있기 때문에 이쪽의 구학문이 끊이지 않는다고 해석을 하기도 합니다. 그리고 (중앙의 바위를 가리키면서) 이것이 갓바위인데, 그래서 입암산이죠. 그리고 오른쪽이 고창의 방장산으로 이어집니다. 삼성산과 입암산, 방장산, 그리고 이곳이 십일전 터입니다. 십일전이 보천교의 중심 건물인데, 이 안에 삼성산과 입암산, 방장산을 그리고 그 위에 해와 달과 별을 그린 벽화가 있었습니다. 마치 궁궐에 있는 '오봉산일월도(五峯山日月圖)'처럼 말이죠. 그래서 여기는 궁궐 건축을 모방해서 만들었다고 하는 것이 저와 안후상 박사의 생각입니다.

여기가 왜 후천 개벽의 중심이었는지를 이야기해볼게요. 인류 최초로 천지가 열렸다, 하늘이 열렸다는 것이 선천 개벽이 아닙니다. 그리고 음의 기운으로 새로운 세상이 열리는 것이 후천인데, 이렇게 주역이 바뀌면, 예전의 선천세상은 임금이 남면을 하고 있죠. 임금은 북쪽에 있고 남쪽을 보고 있는데, 그런데 이것이 바뀌면 새로운 세상은 임금이 남면을 하고 있는 것이 아니라 북면을 하게 된다는 이야기입니다. 그래서 십일전이 북향을 하고 있는 것입니다.

십일전의 북문으로 보화문(普化門)이라는 것이 있어요. 보화문은 '넓을 보(普)' 자에 '될 화(化)' 자를 씁니다. 재미있는 것이, 서울의 오대 궁궐의 남문에도 모두 '될 화(化)' 자가 들어갑니다. 임금의 덕으로써 백성들을 교화시킨다는 것인데, 그래서 창덕궁의 돈화문(敦化門), 경복궁의 광화문(光化門), 창경궁의 홍화문(興化門), 경희궁의 홍화문(弘化門), 경운궁의 인화문(仁化門) 등은 모두 '교화'를 뜻하는 의미로 사용한 것입니다. 보천교에서도 그러한 의미를 담아 '보화문'이라 명명한 것입니다. 이렇듯이 오대 궁궐의 남문에는 모두가 화(化)자가 들어갑니다. 여기 보천교의 북문의 이름인 보화문(普化門)에 '될 화(化)'가 들어간 이유가 후천개벽의 중심이 된다는 것이에요. 저는 이런 의미로 이름을 지었다고 봅니다.

그 다음에 아까 이야기한 지명으로 치면, 십자거리나 종로라는 지명은 지금도 써요. 여기가 후천개벽의 새로운 세상의 중심지가 될 것으로 보고, 그렇게 이름을 붙였다는 것이죠. … 여기 십일전이 현 서울 조계사 대웅전 건물입니다. 뜯어다가 옮긴 것이죠. 조계사 앞에도 해태가 있었다는 이야기가 옛날에 있었죠.

안후상 지금도 있는데, 여기 것입니다.

김재영 십일전 앞에도 해태가 있었다고 해요.

안후상 사진에도 나옵니다. 해태상이 그대로 조계사에 있어요.

김재영 제가 해태상에 주목하는 이유가 있습니다. 광화문 앞에 해태가 있죠. 그 해태가 있는 것을 대부분의 학자들이 관악산의 화기를 막기 위해서 세웠다고 해요. 그런데 그것이 아닙니다. 잘못 알려진 거예요. 해태는 한자로 '해치(獬豸)'라고 합니다. 이 상상 속의 동물은 사람들이 싸우면 나쁜 쪽을 뿔로 들이받는 성질이 있어요. 전설 속의 동물이죠. 조선시대 문관들 중 3품 이상에는 흉배에 쌍학을 새겼어요. 3품 이하는 단학으로 학이 하나입니다. 무관들은 3품 이상으로 쌍호를 새겼습니다. 호랑이가 두 개 있고, 3품 이하는 호랑이가 하나 있어요.

그런데 사헌부 관리들은 문관이기 때문에 쌍학이 있어야 하는데 유일하게 쌍학 대신 해태가 들어갑니다. 사헌부는 시비(是非)를 가리는 감찰기관이기 때문에 해태가 들어가는 것입니다. 그래서 광화문 앞에 궁궐을 상징하는 해태를 세운 겁니다. 십일전 앞에 이와 같이 해태를 세운 것은 궁궐 건축을 모방하고, 후천개벽의 새로운 세상의 중심이 된다는 메시지를 전달하기 위해서였을 것입니다.

이따가 십일전 터 위에 올라갈 것인데, 그곳에 박석(薄石)이 지금도 남아 있습니다. 돌이 갈라지는 얇은 바윗돌이에요. 이 박석으로 지붕을 얹기도 합니다. 숫돌처럼 검은색을 띠고, 결이 있어서 잘 쪼개지는 특성이 있습니다. 조정이 뭔지 알죠? 궁궐 뜰을 조정이라고 합니다. 조정에 까는 얇은 돌이 바로 박석입니다. 화강암으로 쓰기도 하고 숫돌 같은 색깔의 것으로 쓰기도 합니다. 창덕궁을 보면, 임금의 편전 바닥을 이런 돌로 깔아요. 이것을 보면 보천교 십일전에서 박석을 그냥 쓴 것이 아니라는 이야기입니다. 그렇다는 기록은 없지만 돌아보고 공부하면서 알게 된 내용입니다.

아까 황와(黃瓦)와 청와(靑瓦)를 이야기했는데, 중심 건물에 황와(黃瓦)를 얹었어요. 이것을 일본 황실에 대한 불경죄다 해서 강제로 내리게 된 것입니다. 그다음에 청와(靑瓦)가 있어요. 궁궐 건축에도 파란 기와로 지어진 건물이 있는데, 지금도 창덕궁에 남아 있습니다. 임금이 정사를 보았던 선정전(宣政殿)이나 인정전(仁政殿)은 파란 기와로 지었다는 기록이 있고, 현재 창덕궁의 선정전이 유일하게 파란 기와로 남아 있습니다. 보천교에서 파란 기와로 지은 건물

▲ 옛 보천교 십일전 터(상단), 십일전 박석(하단 좌), 십일전 황와(하단 우)

은 '정화당(正華堂)' 입니다. 보천교의 60방주. 차월곡이 60방주 이외에는 면회를 허락하지 않았다는 최고위 간부들입니다. 그런 60방주들이 회의하던 곳이 바로 정화당 건물입니다. 그래서 청와나 황와는 명백하게 궁궐 건축을 모방했다고 보는 것입니다.

그리고 또 하나 추정하는 것은 십일전 네 곳에 동서남북에서 올라오는 계단이 있었어요. 지금 조계사도 그렇죠. 근정전도 그렇고, 임금이 집무를 보는 곳은 동서남북의 네 군데를 통해서 들어가도록 되어 있어요. 이런 건축의 모양새를 보더라도, 또 크기를 비교하더라도 그렇습니다.

십일전(十一殿)은 '열 십(十)' 자에 '한 일(一)' 자를 씁니다. 합치면 중앙 토(土)

가 되는 데 이것을 풀어쓴 것입니다. 이것을 합치게 되면 중앙 토(土)가 되는 것을 떠나서, 일(一)은 양의 숫자로 시작하는 수이고 십(十)은 음의 수로 완성을 뜻하는 숫자입니다. 여기서 시작하고, 여기서 완성이 되는 상징적인 의미가 있다는 것이죠.

안후상 그래서 십일전을 태극전이라고도 해요.

김재영 이처럼 대단한 것들을 가지고 있는데, 이것들이 기록에 남아 있지 않고, 연구자가 적고 하다 보니까 이런 의미가 부각이 안 되었던 것이죠. 저것이 주춧돌입니다. 밭고랑으로 해서 올라가 봅시다. 이렇게 이 돌은 결이 나요. 이것으로 지붕을 얹기도 했고, 궁궐의 바닥재로 쓰기도 했어요. 황와 조각이 여전히 이렇게 남아 있습니다.

안후상 저는 어렸을 때, 여기서 옥돌을 많이 캤어요.

김재영 이것이 십일전의 주춧돌입니다. 주춧돌이 이 정도라면 어느 정도 규모의 건물인지 짐작이 갈 것입니다.

안후상 저 위에가 콘크리트이고, 대리석으로 둘렀죠. 신앙대상이, 천지일월성신(天地日月星神)이라고, 천지, 해, 달, 별 이것이 신앙대상이에요. 보천교와 교류를 했던 일본의 오오모토교[大本教]의 신앙 대상이 보천교과 똑같더라고요. 그런데 천지일월성신 중에서 강증산 선생이 셋 중의 하나이에요. 굳이 말한다면 강증산이 월(月)이에요. … (김재영 선생님을 향해 묻는다.) 여기가 신앙대상이 올려져 있었던 것인가요?

김재영 이것이 건물의 중앙이라면, 저 산 위의 갓바위가 있죠. 그래서 마을 이름이 입암입니다. 한자로 '삿갓 립(笠)' 자에 '바위 암(巖)' 자를 씁니다. 이곳에 십일전의 단상이 있었다고 한다면 갓바위가 정확하게 중앙에 오게 됩니다.

안후상 아까 종이 있던 자리가 있죠. 거기가 보화문 자리였던 것 같아요. 여기는 대리석으로 붙였던 것 같아요.

김재영 예전에는 이런 박석과 기와들이 많았어요.

김재익 조계사로 가져간 사연이 있나요?

안후상 그때 당시 일본이 한국불교를 일본불교화 하려고 했었죠. 이종욱(李鍾郁, 1884~1969)이라는 승려가 친일파이기도 하지만, 민족적 색채가 강한 분이거든요. 이종욱이라고, 당시 오늘날 총무원장 격의 지위를 가진 분입니다. 그 분이 여기를 찍었던 거지요. 조선총독부 협조를 얻어가지고, 이 전통 한옥 건물을, 당시 일본식 건축물이 아닌 조선식 건축물 십일전을 선택합니다.

김재영 이종욱은 친일 승려라는 이야기가 많은데.

안후상 이종욱이라는 분은 원래 임시정부인 '한성정부안'을 주도했던 분 중의 하나입니다. 그런데 그 후에 친일 승려로 가거든요. 그분이 그때만 해도 권력이 있었어요. 조선식 건축물을 옮겨서 짓게 된 것이 이종욱의 결정이에요.

김재영 짓는 것보다 십일전을 옮기는 것이 경비가 많이 들지 않는다는 이점이 있었겠지요.

안후상 이것을 옮겨 지은 사람이, 당시 조선 최고의 목수 최원식(崔元植)입니다.

김재영 최원식은 검색하면 나올 거예요. 너무나 유명한 도편수라서.

안후상 이것을 지은 또 한 사람이 경상도 합천 해인사 부근의 변경재라는 대목이지요. 그분이 처음에 하다가 바뀌죠. 바뀐 사람의 이름은 잘 모르겠습디다. 심사일인가?

김재영 여기가 정읍입니다. 어디든 한 자만 파면 물이 나오는 지역입니다. 물이 가진 상징성이 첫 번째가 '생명력'입니다. 두 번째가 넘치면 '파괴력'을 갖습니다. 세 번째가 '정화력'이에요. 물은 흐르면서 정화되는 '자연 치유력'을 갖습니다. 이것을 확장하면 '새 생명'이라는 이미지가 만들어집니다. 우물이라는 것은 물이 모여드는 곳입니다. 우물은 움 플러스 물이에요. 움푹 고인 물을 뜻합니다. 샘과 달라요. 샘은 솟아나는 것이거든요. 우물은 사방에서 모아들었다가 사방으로 번지게 됩니다. 그런 상징적 의미가 종교적으로도 차용되었을 것으로 봅니다.

김재익 '청송사건'이 있었잖아요. 왜 청송에서 그런 일이 발생했나요?

안후상 그 지역에서 유난히도 많이 검거가 돼요. 청송, 안동 이쪽에서요. 그리고 이쪽 사람들은 탄갈자가 많아요.

김재익 경상도 쪽에서도 교도가 많이 있었나 보군요.

안후상 네. 3·1운동 이후에 …, 3·1운동도 천도교가 주도했다고 일제는 생각했죠. 그러다 보니까, … 보천교의 청송사람들이 산에서 기도하고, 그런 행위들이 수상하니까, 마구잡이로 검거했던 것이죠. 안동이나 청송이나. 그래서 이정립 선생은 그것을 '청송사건'이라고 명명한 것입니다. 청송사람들이 하도 많으니까요.

송영은 농악은 사실 민중의 음악이기도 하지만, 음악이 의례와 의식과 관련이 있잖아요.

김재영 그렇죠. 보천교에서는 농악을 종교음악으로 지정해서 차천자(월곡) 출타 시에 행렬 음악으로 썼을 것이라고 봅니다. 보천교 농악단은 100명으로 구성되어 있었습니다.

송영은 엄청나네요.

김재영 농악단은 보통 20~25명으로 구성됩니다. 그런데 100명을 어떻게 구성했느냐면, 장고잽이를 좌우에 12명씩, 상쇠잽이도 좌우에 각각 12명씩 배치했어요. 이밖에 나팔과 소고, 북, 피리, 무당, 날라리, 징을 포함해서 모두 100여 명 정도의 대규모로 편성을 했습니다. 100명이 모여서 농악을 쳤다는 것을 상상해 보세요. 농악단의 규모가 100명이라면 오늘날 4관 편성의 오케스트라와 같습니다. 그래서 저는 천자 행렬의 취타대 역할을 했을 것이라고 해석을 하고 있고, 대부분 그 의견에 동조를 해주는 것 같습니다.

안후상 보천교로 인해서 이 근방에 파생되었던 종교들이 많이 있었어요.

김재영 여기가 진등마을입니다. '보기만 하면 낫는다'는 박문기 선생의 어머니 최영단 여사가 살았던 곳입니다.

안후상 '여처자교'가 있었어요.

김재영 종교 명칭을 여처자라고 하면 싫어합니다. 금산사의 모래알 터, 저수지를 벗어나면 전주로 갈라지는 길이 있어요. 금산사 가는 길과 전주로 가는 길로 갈리는 길이 있는데, 그 삼거리에 '모악교'라는 건물이 있습니다. 그곳이 모악교 본부입니다. 창시자가 여원월(余圓月)이라고 하는 경남 사람인데, 최영단 여사가 그분으로부터 신기를 받았다고 전해집니다.

안후상 모셨다고 해요. 그리고 강증산이 자기가 도수를 짜 놓았다, 그래서 기존에 구질서는 끝났고 새로운 질서가 시작되었다, 그것이 바로 천지공사(天地公事)거든요. 그때가 되면, 즉 후천에는 상놈이 양반 되고 남녀동권이 되고, 남향보다는 북향을 선호하게 된다는 것이거든요. 그런 취지에서 북향을 시도한 것입니다. … 그리고 실지로 보천교에서는 여방주라는 제도가 있었어요. 아까 말했던 신채호 선생의 둘째 부인(박지혜)이 보천교 여방주의 선화사라고 나와 있어요. 공판기록에요.

정읍시의원이었던, 지금은 전라북도의원인 장학수 의원이 보천교와 독립운동에 대한 관련성에 대해서 학술대회도 지원하고 해서, 많은 사람들이 보천교에 대해서 새롭게 알게 되는 계기가 되었습니다. 그것을 정읍시나 전라북도에서 능동적으로 사업을 해야 하는데. 기념사업을요. 그런데 안 하고 있어요.

아까 강증산 선생이 태어난 곳은 고부예요. 그다음에 지금 무극대도의 터가 있는 곳은 태인입니다. 여기는 정읍이에요. 고창도 흥덕, 무장, 고창현이 합쳐져서 고창군이 되었어요. 지금 우리가 가는 곳은 옛날 태인현입니다. 무극대도가 있었던 터이고요. 그리고 일제강점기에 새로 생긴 도시가 신태인이에요. 신태인은 바로 옆에 있죠. 지금 우리가 가는 곳이 구태인이죠.

김재익 부인인가요? 여기 모셔오잖아요. 고판례인가요? 그분의 역할은 무엇이었나요?

안후상 고판례, 고부수라고도 하죠. 강증산 선생이 우주는 음과 양으로 되어 있는데, 음양공사를 하는 데 있어서 여성이 필요하다 그랬죠. '음양합덕'이라고 해서 음양공사를 해야 한다고 했죠. 그래서 차월곡이 미망인인 이모의 딸, 자기보다 한 살 위에요. 그 미망인을 강증산에게 소개합니다. 그래서 강증산의 두 번째 부인이 됩니다. 당시에 이종 누이를 소개할 정도면 차경석이 강증산을 아주 지대한 존재로 생각했을 겁니다.

… 강증산에 영향을 받은 종교들이 많아요. 원불교도 강증산의 영향을 절대적으로 받은 종교입니다. 이쪽에서는 원불교를 1960년대에만 하여도 '증산원불교'라고 불렀어요. 소태산 박중빈 님도 보천교 교인이라고 했었다는 얘기도 있는데, 원불교에서는 부인을 하죠. 그다음에 정산 송규가 강증산의 유품을 가지러 왔다가 보천교 차경석을 만나게 됩니다. 하지만 유품을 못 얻고 강증산의 부인 김씨를 경상도 상주로 데리고 가서 신도공사를 보았다고 합니다. 원불교 박용덕 교무의 책에 나와요.

송영은 사실은 원래는 저희가 종교에 관해서 '지식지도' 항목을 분류하면서 계열도 속성에 하나로 잡았었거든요. 그런데 너무 연구자들마다 다르기도 하고, … 불법연구회라는 말도 안 썼었어요.

안후상 그 전에 '불법연구회'라고 썼어요. 원불교라는 말이 나오기 전에는요. 여기에서는 '증산원불교'라고 불렀고, 『정읍군지』에서도 '증산원불교'라고 표기돼 있어요. 그 정도로 증산교의 일파라고 여기에서는 생각을 그렇게 했었죠.

송영은 연구소에 계시는 교무님들이나 연구자들을 봐도, 색채가 그래도 민족종교라는 정체성을 이야기하는 분들도 계시는 반면에, 민족종교보다도 불교라는 정체성에 더 많이 기대려는 분들도 계신 것 같아요.

5. 미륵불교 총본부(황금사)에서

안후상 태인의 미륵불교는 신인동맹 시절에 있었던 종교단체입니다. 선도계열, 즉 강증산계의 종교단체이에요. 일제 공판기록을 보면 보천교가 1936년에 해체되었잖아요. 그 이후에 이쪽으로 오게 되는데, 다 보천교인들이에요.

김재영 여기 도로명 주소가 '독립길'로 되어 있습니다. 3·1독립만세운동이 있었던 지역이기에 그렇습니다. 그래서 독립길이 되었어요. 정읍보다 태인 만세운동이 더 격렬했습니다.

안후상 1930년대 신인동맹 관련한 제 논문이 있어요. … 문을 열어볼 수 있어요. 관운장도 있고, 석가모니도 있고, 다 있습니다. 정읍에는 여러 번 오셔야 될 것 같네요.

김재익 대장전이네요?

김재영 좌우를 보세요. 따로 보셔야 될 것 같네요. 예전과 배치가 달라진 것 같습니다.

안후상 여기서 미륵불은 강증산을 말합니다.

김재익 천장에 태극 문양과 양쪽에 있는 것은 무엇을 상징하는 것인가요?

김재영 태극이 2태극이 있고 3태극이 있습니다. 서원에도 있고 홍살문에도 있는데, 아마도 태극을 변형시킨 듯합니다.

안후상 명치천황(明治天皇)의 신명을 불러다 놓고 이 만사무석한 놈 같으니라고, 하면서 탁주 한 사발 마시고 돌아가거라! 했다는 것이에요.

▲ 태인면 미륵불교 총본부

▲ 미륵불교 내 '대성미륵대장전' 현판과 대장전 내 다섯 목상들

김재익 여기에서요?

안후상 아니요. 신도공사를 보는데, 이 근방이에요. 태인에 백산이 있어요. 원광대학교 어느 분께서 쓰셨어요. 미륵불교 독립운동에 대해서 쓰셨는데, 정인표인가, 그런 논문이 있어요. 거기에는 김제 백산으로 나와요. 거기에서 신도공사를 봤다고 나옵니다. 김제에도 백산이 있거든요. 그런데 김제가 아니라 태인 백산입니다.

6. 태인의 무극대도 터에서

김재영 여기를 성역화한다고 하네요. 지금은 막아놓았는데, 저기에 개구멍

▲ 태인면 무극대도 터 일대

이 있긴 합니다만 다 막아놓았습니다. 여기가 무극대도 터입니다. 행정구역상으로는 태인면 태흥리입니다. 태흥(太興). 크게 흥한다는 것이지요. 지명을 종교적으로 차용하고 있습니다. 남원의 갱정유도(更定儒道)가 자리 잡은 곳은 '도통동(道通洞)'입니다. 다 지명을 차용한 것이지요. 여기서 1918년에 무극도를 건립하고 1925년에 무극대도라고, 공식적으로 선포를 합니다. 그러다가 해방이 되자 1948년에 도본부를 부산 보수동으로 옮기면서 교명을 '태극도'로 바꾸게 됩니다. 55년에 감천동으로 다시 이주를 합니다. 태극도에서 갈라져서 대순진리회가 서울 중곡동, 경기도 여주로 분화가 되는 것인데.

… 이곳이 종교사적으로 의미가 굉장히 큽니다. 본부도장 건물 가운데 영대는 증산 상제를 모시는 건물입니다. 그것이 청와로 되어 있었어요. 도솔궁은 외부에서는 2층인데 3층 같은 건물입니다. 3층 꼭대기 건물이 내소사 보종각으로 이축되었습니다. 여기가 태인인데 태인은 '클 태'자에 '어질 인'자입니다. 이것을 종교사적으로는 '클 태' 자에 '씨앗 인' 자로 풀이를 합니다. 여기에 큰 씨앗을 내렸다는 의미입니다.

증산 상제가 이렇게 풀이했어요. "상유도창 중유태인 하유대각이라." 그래서 여기를 도창현이라고 합니다. 지역에서는 '도챙이 고개'라고 해요. 위로 올라가면 도창현이 있고 아래로 내려가면 가운데에 태인 소재지가 있습니다. 그래서 중유 태인이죠. 더 아래로 내려가면 대각교가 있습니다. 대각교는 '큰 대'자에 '다리 각'자를 씁니다.

정리하면 위로 가면 도창현으로 도가 크게 창성할 것이고, 가운데에는 사람을 어질게 하는 태인이 있고, 아래쪽에는 크게 깨달은 곳이라는 의미로 쓴 것입니다. '다리 각'자로 해석하지 않고 '깨다를 각'자로 해석한 것입니다. 크게 깨닫고, 어질게 베푸는 것보다 가장 좋은 것은 '상유도창'이라. 도를 창성시키는 것이 가장 으뜸이라고 풀이한 것입니다.

(건물을 가리키며) 이곳이 고등공민학교 자리입니다. 공민학교는 잘 모르실 거예요. 공민학교는 1960년대에 야학과 비슷한 개념입니다.

▲ 무극대도 터에 있는 태인고등공민학교 건물

▲ 무극대도 터 시굴 조사 흔적

▲ 무극대도 터의 치마바위

안후상 정규과정으로 인정이 안 된 중학교 과정!

김재영 야학과 같은 개념인데, 1960년대에는 새마을 야학이니, 공민학교 같은 것으로 이용이 되었어요. 저기 학교 건물이 남아 있잖아요. 그때는 여기 무극대도가 철수하고 난 다음에, … 부지를 매입해서 고등공민학교로 이용을 했어요. 그러다가 공장 부지로 썼다가, 쓰레기 재활용장으로 이용이 되었는데, 지금 발굴을 하려고 하는 흔적이 보이지요. 이곳이 무극대도 터로 영대가 있었던 곳으로 추정하고 있습니다. 발굴이 진척되면 복원하려고 하는 것 같습니다.

안후상 대순진리회에서 매입했다고요?

김재영 그런 것 같은데요, 자세한 내막은 잘 모르겠습니다. 이것이 치마바위입니다.이러한 무극대도에 관련된 내용이 『태인면지』에도 나오지 않습니다. 아까 유품 이야기를 잠깐 했는데, 1923년 12월이네요. 조정산이 "도창의 기지는 태인 도창현이 '천장길방지지'니라. 그러나 그곳에 반드시 치마바위가 있어야 한다"고 본부 후보지를 태인으로 정했다는 이야기입니다. 치마바위가 원래는 이것이 깎여 있었던 것이 아니고 덮여 있었는데, 조정산이 이곳을 본부 후보지로 정한 이후에 도인들이 와서 파보니까, 이것이 진짜 나왔다는 것입니다. 그래서 여기에다가 터를 잡게 되었다는 것이죠.

안후상 대흥리를 차천자, 여기를 조천자라고 했어요.

김재영 길이가 100미터가 좀 안 될 겁니다. 높이 6, 7미터, 병풍 모양의 바위인데 교인들이 신기하다고 생각했어요. 그런데 이 부지를 만들어 놓고, 여기에다가 본부 건물을 세우게 되면 식수가 필요할 거 아니에요. 일단 식수 자리를 살펴보죠. 현재 도로에 묻혀 있어요. 도로포장으로 막아 버렸는데도 여전히 거기에서 물이 솟아 나오는 것 같습니다. 물에 젖어 있어요. 이것이 '유천(乳泉)'이에요. '젖 유' 자를 씁니다. 샘물이 솟아났다는 것입니다.

안후상 태인 무극대도가 해체되고 이 건물이 들어섰죠?

김재영 그렇죠.

안후상 미륵불교가 세웠어요?

김재영 그렇죠. 내가 알기로는, 무극대도가 해체된 이후에 미륵불교가 여기를 인수해서, 고등공민학교가 … 지금과 연결 짓는다면 대순진리회 종단사업 중에 큰 것이 교육사업이거든요. 복지사업도 많지만 교육사업의 비중이 커요. 대진대학교도 있고, 조철제가 태어난 괴산에 있는 중원대학교가 세워진 것도 최근의 일이지만, 이렇게 다 연결이 됩니다. 여기서부터 … 미륵불교의 공민학교, 그 뒤 기술학교로 이어졌다는 것이죠.

(이후 무극대도 터 바로 인근에 유천이라는 우물 자리를 끝으로 답사를 마쳤다. 생각보다 정읍 지역의 민족종교와 관련된 유적지가 많이 있었다. 불과 반나절 동안의 짧은 답사 일정이었지만, 지나온 답사지들은 결코 짧게 훑고만 지나갈 수 없는 것들이었다. 그나마도 김재영, 안후상 선생님이 아니었더라면 이런 답사는 불가능했을 것이다. 민족종교와 신종교에 관한 해박한 지식과 오랜 연구 활동뿐만 아니라 연구에 대한 열정이 무엇보다도 선생님들로부터 받은 값진 교훈이었다. 이러한 교훈을 독자들과 함께 누리고자 답사 현장에서 조사했던 채록한 음성들을 글로 남긴다.)

‘보천교 독립운동 역사’ 복원에 앞장서다

구술자 장학수(1965년생)

질문자 안후상

일시 2024년 8월 24일 11시 / 2024년 8월 25일 10시

장소 전라북도 정읍시 문화 2길, 장학수의 자택

장학수(張學洙)는 원래 수도권에서 건설업을 하는 사업가였다. 그런 그가 고향인 정읍에 1998년에 내려와 정읍의 정체성에 관심을 가졌고, 2006년에 정읍의 정체성 발굴에 앞장서기 위해 행정과 정치에 뛰어들었다. 정읍시의회 의원, 전라북도의회 의원, 그리고 정읍 산림조합 조합장을 역임하면서는 그는 동학(東學)과 보천교(普天敎)에 그 누구보다도 큰 관심을 가졌다. 그리고 ‘보천교 독립운동 역사’의 진실 규명에 앞장섰다. 필자는 ‘보천교 독립운동 역사’ 복원을 위한 그의 활동을 기록으로 남겨야겠다는 생각에서 여러 차례 면담을 요청하였다. 모처럼 장 의원의 집에서 그간의 과정과 노력들을 듣게 되었다. 녹취 내용은 있는 그대로를 옮기려고 노력하였다.

• • •

1924년 8월 24일 오전 11시, 장학수의 구술

-전략-

보천교에 대한 역사적 평가가 이제 바르게 이어지고 있는 건 다 장 의원 덕분이네. 그 과정을 한번 들어보고 싶었네. 행정 등 이런 얘기를 해주셔야, 그게 역사가 되니까.

그러게요. 지나간 역사를 밝힌다는 게 참 쉽지가 않고, 그래요. 지금도 봐봐요. 아직도 그 뉴라이트 계열 사람들은 어떻게 되든지 독립군들을 이상하게

얘기하잖아요.

그동안에 장 의원이 아니었으면 행정은 이 보천교에 전혀 관심도 안 가졌을 거야.

▲ 장학수 前전라북도의회 의원

그렇죠, 뭐. 그냥 처음에 내가 2006년도에 시의원에 당선돼서 형님 만난 게 2007년도에요. 2007년도에 김재영 박사를 만나서 이런저런 거 물어보고 깊이 있게 물어보니까, 보천교에 대해서는 이제 자기보다는 안후상 선생님을 한번 만나봐라, 해서 제가 형님을 만나게 됐고, 형님을 만나서 내가 뭘 어떻게 도와드려야 될 지 물어보니 형님이 여러 가지로 보천교에 대한 연구를 해가는 데 있어서 행정의 도움이 필요한데, 행정에서 아무 관심이 없는 것이 어렵고 힘들다,라고 해서 제가 형님께 보천교에 대한 간략한 안내서를 만들어 달라고 했지요. 처음에는 12페이지짜리를 만들었다가, 제가 좀 더 간략하게 해달라고 해서 3페이지짜리로 줄여서 만들었지요. 사람들이 길면 관심이 없으니까, 안 읽더라구요.

아, 그때 그랬던가!

주변에서 3페이지짜리도 안 읽어봐서, 제가 형님한테 얘기도 안 하고 제가 3페이지짜리를 1페이지짜리로 압축시켜서, 그걸로 이제 정읍시 간부들한테 한번 읽어보라고 하고, 관심 있는 사람들이 이런 사실이 정읍에 있었어? 하면 그 분들한테는 형님이 압축해 준 3페이지짜리 그걸 보여주고, 그 3페이지짜리 읽어보고 아주 흥미롭다고 하면, 아무튼 관심이 있으면 이제 또 12페이지짜리 있잖아요. 그걸 주었어요. … 그리고 내가 기억나는 게 보천교에 대한 학술 조명이 끝나면 어떤 사업 쪽으로 가자,라고 비전까지 형님이 제시했었죠. 근데 그 비전 제시가 한 1년 정도나 2년 정도 뒤에, … 그것 때문에 사람들이 많이 부담스러워한다는 걸 느껴서 제가 나중에 그런 부분은 빼자고 그랬잖아요.

그랬는가? 참, 기억이 가물가물하네.

왜 그러냐면, 사람들을 설득해 가고 이해시키는 데 있어서 너무나 큰 것(사업계획)을, 아직 조명도 안 됐는데, 예를 들어서 보천교 십일전(十一殿)을 이전해서, 서울에 있는 것도 이전하고 새로 이렇게 건립을 하자, 이전 증축이라고 해도 이건 신축이라고 하죠. 그런 부분도 하고, 또 민족종교박물관도 만들자, 이런 큰 그림을 그려버리니 사람들이 상당히 부담스러워했죠. … 저도 그때 그래서 많이 힘들었죠.

그러지. 힘들었겠지, 장 의원이.

처음에 아까 말한 1페이지짜리 가지고 내가 사람 만난 것만 해도, 공무원들, 개별적으로 공무원 계장, 과장, 국장, 부시장, 시장, 그리고 동료 의원들 만난 것만 해도 거의 150명, 200명은 만났죠. 한명 한명 설득해 가면서 형님이 준 자료를 제 방(의원 사무실)에 쭉 즐비하게 복사해놓고서 관심 있으면, 거기다 기자들까지 관심을 갖게 하려고. 그래서 1페이지짜리 읽어보고 흥미로워하는 사람한테 이제 3페이지짜리를 또 얹어주고, 나중에 관심 있어서 또 오면 그 얘기 꺼내는 사람한테는 또 12페이지짜리 또 꺼내주고, 해서 내 의원 사무실에 쭉 복사해놓은 것만 항상 20~30부씩은 놔둔 상태로, 손님들 오면 한 번씩 읽어보라고 주고 또 주고 그랬죠. 거의 20년 전 얘기네요.

근데 그때 보천교를 30년 넘게 연구하다 보니까 이건 보천교의 독립운동이다, 나는 확신을 가졌거든. 근데 그때 장 의원은 왜 그렇게 행정에서 그렇게 적극적으로 달려들었던 거지? 당시 왜 그렇게? 이제 독립운동이라는 걸 확신을 했기 때문에 나는 그렇게 장 의원한테 이야기했던 건데, 장 의원은 별도로 공부를 했었나?

아니, 그냥 우리 지역의 일이니까요. 형님이 주신 논문 같은 거 다 읽어보고 하니까, 읽어보고 조금씩 조금씩 이해하면서 좀더 많은 것들을 알아가고, 또 알아가고 그런 과정 중에 내가 해야 할 일이 떠오르더라고요. 저는 이제 중재자로서 행정과 연구가의 사이에서 우리가 도와줄 수 있는 일이 무엇이냐, 그거 학술적 지원 외에 뭐가 있겠어요? 금전적 지원이나 행정적 지원 등 그걸 이끌어내려고 내가 공부를 할 수밖에 없었던 거죠. 그리고 행정, 그 사람들을 설득해야 했고요.

나는 연구를 하면서 이게 독립운동이니까 이것을 연구할 가치가 있다고 판단했는데, 그런데 장 의원은 내 이야기만 듣고 그냥 단순히 이거 독립운동이니까 행정에서 이렇게 기념사업을 해야된다, 그랬어?

형님이 하는 얘기만 들은 게 아니고 형님이 주신 책을 읽었지요. 그래서 저는 형님의 주장을 신뢰를 많이 하게 된 거죠. 왜 그러냐면 형님이 모든 글을 쓴 부분이 그냥 그런다, 카더라로 쓴 게 아니고 각종 증빙 자료를 각주를 통해 소개하고, 각주를 토대로 해서 설명을 했기 때문에 믿을 수밖에 없었죠. 증거 자료가 있으니까. 그때 시절에 이제 형님은 그런 각주를 토대로 글을 써가고 했지만, 사람들은 관심이 없었을 때 아닌가요. 제가 그것을 심부름을 해야될 입장이었으니까, 내가 먼저 지식으로 무장을 하지 않으면 그 사람들을 어떻게 설득을 해요? 설득을 해야 되니까 내가 읽어볼 수밖에 없었던 거고요.

보통 국회의원이나 시장이나 그런 정치인, 행정가들은 그걸 다 안 읽어보잖아. 안 읽어보는데, 우리 장 의원은 그냥 그 많은 논문을 다 꼼꼼히 읽어보시고 그렇게 판단이 서 가지고, 이제 그렇게 행정적 지원을 하기로 결심을 하셨구나.

제가 원래 하던 일이 건축 설계 시공이다보니까 꼼꼼하게 파고드는 편이지요. 제 장점이자 단점이기도 해요. 이 보천교의 문제도 형님이 자료를 주시면 그냥 내가 형님이 주신 자료만 가지고 대충 그런다카더라,로 얘기하면 내가 나중에 망신살을 당할 수도 있고 그러니 형님이 주신 자료를 공부할 수밖에 없었지요.

내가 봐도 장 의원은 정말 대단해.

사이비 종교를 전달하는 역할을 한다고 공격도 받을 수도 있고, 제가 예전에 형님한테도 말씀드렸잖아요. 기독교 단체에서 압력 전화를 세 번이나 받았었다고요. 장 의원은 똠방지게 일도 잘하고 여러 가지 괜찮은데 왜 그런 보천교 부분에 앞장서가지고 이렇게 지탄을 받고 그러냐고! 그런 전화도 받으면서 그분들한테는 이것을 종교적 개념에서 바라보지 말고 우리의 역사를 다시 한 번 되돌이켜보는 역사 조명으로 봐야 됩니다.라는 얘기도 내가 했다고 했잖아요.

그런 일도 있었구나.

처음엔 심했죠, 그게. 아마 가장 단적으로 심하게 내가 보천교에 대한 관심을 갖고 지원해줘야 된다고, 행정에 역설을 하고 주장을 할 때, 그로 인해서 가장 피해를 많이 본 때가 2008년, 2009년, 2010년 이때 한 3년 정도가 가장 심했고. 2014년에 제가 도의원으로 가서 도의원들 재량사업비가 있길래 그걸로 보천교를 연구하는 형님한테 도움을 줄 수 있는 게 뭐가 있겠냐고 고민해서, 그때 학술 조명 대회('보천교와 보천교인의 민족운동' 외)를 하고 했잖아요. 학술대회!

그 전에 장 의원이 노력해서 '보천교 관련 조사 보고서' 만드는 사업도 했지.

그렇죠. 그런 것들은 시의원 시절에 했지요.

그 이후에 이제 두 차례 학술대회를 개최했고, 전주에서 한 번 하고, 한 번은 서울 프레스센터에서 하고. … 사실은 보천교에 대한 학계의 인식도 안 좋아, 그래서 내 박사논문 통과가 계속 어렵게 됐을 때, 이제 그렇게 장 의원과 정읍시 그리고 전라북도에서 이렇게 학술대회 도 열어주고 하면서, 그래서 학계 인식이 점점 좋아지면서 학위논문도 통과되었지.

그때 맞아요. 상생방송에서도 우리 학술대회 했던 것을 많이 인용하고 활용 했었죠. 그때 정읍에 있는 그분 태인에 있는 그 누구죠? 태인의, 제가 이름을 까먹었네. 김 선생? 아, 김부곤 선생님 따님도 같이 만나고 했잖아요. 그러면서 그분이 해줬던 말, 김구 선생이 우리 정읍에 와서 빚을 많이 졌다고.

김구가 정읍에 와서 정읍에 빚을 많이 졌다고 한 말이지?

우리 민족은 정읍에 많은 빚을 졌다,라는 얘기도 그분을 통해서 듣게 됐고.

아니, 그 전에 탄허 스님 사위 서상기 씨가 나한테 이야기를 해줬던 말이지, 그 말이. 탄허 스님 아버지인 보천교 2인자 김홍규로부터 들었던 얘기를 사위에게, 사위가 나에게 해준 말이야.

형님이 해준 얘기 가지고, 그렇게. … 그래도 그렇게 학술대회 때 그런 얘기가 또 조명도 되고, 그러면서 언뜻 엮어지는 게 이승만 그때 당시에 대통령이 되기 전이죠. 주석이었죠? 이승만 주석이 정읍 이화장에 와가지고 남한 단독정부수립 부분을 주장했다는 얘기, 그 얘기가 뭐죠?

'정읍 발언'이라고.

맞아요. 그렇게 말해주니까 나는 엮어지더라고. 그게 그래서 형님 이거 다 엮어지는 거 아닙니까,라고 해서 제가 말씀도 드렸고. 형님은 이미 연구하면서 그런 걸 다 표현은 안 했지만 이미 느낌으로는 다 있었겠죠. … 근데 그러면서 아무튼 포괄적으로 이런 것의 결론은 제가 생각할 때, 여기에 대한 태동이 독립운동의 태동이, 그러니까 반외세의 침략에 대한 것도 동학농민혁명이었고, 두 번째 결론은 최초의 독립운동도 결론은 동학의 제2차 봉기다, 결론은 그런 것 같았고. 그 이후에 거기에서 다 파생돼서 그분들이 움직였고, 독립운동도 이어져가고, 했다는 것을 형님을 통해서 알게 됐기 때문에. 그래도 정읍이라는 데가 일제 침략 당시부터 해방될 때까지는 그래도 아무튼 독립운동의 완전한 요충지 역할을 했구나, 그리고 마중물 역할도 했구나. 독립 자금의 마중물 역할도 이쪽에서 한 것 같다,라는 생각이 들더라고요.

최근에 나용균 씨가 1923년 상해에 가서 대한민국 임시정부 관련 회의에 2만 원을 냈다는 《조선일보》기사도 내가 찾았고. 그게 아마 보천교 돈인 것 같아. 그 돈이 나용균 씨인가, 그 분을 통해서 상해에 전달됐다고 하니. 《조선일보》에도 그렇게 나와.

그분이 보천교 활동을 하셨는가요?

이게 보천교 차 교주 아들들은 나영균 씨도 보천교와 깊은 관련이 있다고 이야기를 하거든. 실제 독립운동가 임규 선생이 3·1운동, 그 전에 2·8독립선언을 주도했던 임규 선생은 그 구술에서, 그 양반이 직접 했던 구술에 자기가 보천교 간부를 지내면서 라용균에게 보천교 돈 5만 원을 줬고, 그 5만 원을 라용균이 상하이 임시정부에 전달을 했다는 말. 그건 이제 보천교 측 자료가 아니라, 《전북일보》 편집국장을 지낸 최공엽이 쓴 책에 그대로 나와 있는 거고, 실제 그것을 뒷받침하는 여러 관련 자료들이 있고.

그 당시 신문 또는 대한민국 임시정부 기관지가 《독립신문》이거든. 거기에도 나오고, 또 미주에 있는 독립운동 단체의 기관지가 《신한민보》인데 이 《신한민보》에도 나오고. 아까 《조선일보》에도 나오고, 그런 정황들은 차고 넘치는 거지. … 그래서 아까 탄허 스님 아버지 김홍규가 김구 선생을 아마 정읍 김부곤 선생 집으로 안내해 김부곤과 같이 김구를 모셨는가 봐. 그때 이제 정읍에 큰 빚을 졌다고 하는 이야기를 김홍규가 아들 탄허 스님에게 했고, 탄허 스님이 이제 사위 서상기 씨에게 했고, 서상기 씨가 나한테 이야기를 해준 것이지.

그분이 지금 서울에 사시는 분?

서울에 사시지. 내가 다음 주에 만나기로 했어.

그래요. 그분이 많이 외로우신가 보더라고요. 저한테 카톡도 보내요. 서상기 씨라고요. 서상기, 서우담이라고. … 이분도 뭐 한학에 대한 조회는 있으세요? 당신이 이것저것 탄허 스님 모시고 여러 가지 번역했던 것들도 누가 출판하고, 그리고 후계자가 없어서 다 태워야 될 형편이다, 뭐 그런 얘기까지 하시더라고요.

거기가 서울 인사동의 도서출판 교림이라고 해서, 그 탄허 스님의 관련 된 것을 그렇게 출판을 조금씩 하시더라고.

아무튼 연세는 많이 드셨죠?

많이 드셨지. 80세가 넘으셨으니.

이분도 그러니까, 참 많이 안타까운가 보더라고요. 나한테 카톡 보낸 내용 중에도 안타까운 내용들이 많이 있어요.

-중략-

탄허 스님 아버지, 김홍규 씨가 독립유공자잖아. 그래서 김제 만경에 생가를 복원하였지. 복원은 아마 탄허문화재단에서 관비 지원을 받아서 그렇게 했나 생각이 들어.

탄허문화재단에서 했다는 얘기를 들었어요. 정읍에서 하려고 했는데 정읍에서 관심을 안 가져주고 협조하는 이가 없어서, 미워가지고 김제에다 한다는 얘기를 내가 진천(탄허의 조카)이 형한테 직접 들었어요.

아니, 그분은 … 거기 만경에서 탄허 스님이 태어나셨어. 거기서 태어난 자리는 또 다른 자리라고 하는 이설도 있지만, 어쨌든 거기다 집을 지었어. 그러니까 거기다 지을 수밖에 없는 게 생가(生家)라. 그리고 탄허문화재단 구성원들이 그 전에 강남에 탄허기념관도 만들었을걸.

어디 있는지 모르겠지만 기념관 있는 걸로 알고 있어요. 근데 그분, 서상기 씨는 왜 그 안에 못 끼는 거예요?

그러니까.

-중략-

최고 궁금한 게 내가 서상기 씨한테도 통화하면서 물어봤는데, 탄허 스님께서 왜 색깔 있는 안경을 쓰셨을까, 난 그게 제일 궁금해요. 그 시기에는 흔한 안경은 아니잖아요.

내가 한번 물어봐야겠네. 이번에 가서.

~~중략~~

이쪽에서도 탄허 스님 밑으로 출가한 분들이 상당히 많이 계실 텐데. 여기에, 여기가 다 보천교 후손들이잖아.

예. 그렇게 알고 있어요. 저도 지금도 전연홍 씨라고 해서 전연홍 씨 동생분도 지금 조계종에서 높은 지위에 계신다는 얘기를 들었어요.

그리고 포항에서 사찰하시는 어느 스님이 한번은 전화왔더구먼. 당신 할아버지가 보천교에서 큰 간부를 지냈다고. 그분이 혹시 영기의 작은아버지인가? 그러지? 영기 작은아버지인가 보다. 당시 방주 도장을 찍어가지고 나한테 팩스를 보내준 적 있어.

상당히 높은 지위에 있다고는 얘기 들었어요.

▲ 2018년 11월 한국프레스센터에서 개최된 「'보천교와 보천교인의 민족운동' 학술회의(한국민족운동사학회)」의 발표자 및 토론자. 장학수가 아니었다면 개최되기가 쉽지 않았을 것이다.

그래서 보천교 세력이, 차경석이 돌아가시고 나서는 일제가 다 때려잡았잖아. 본소 건물은 정읍 사람들이, 정읍 유지들이 대학이나 종합병원 만들자고 총독부에 편지 보내고 해도 싹 없애버렸잖아. 그러고 나서 이제 대부분은 비밀 결사 조직으로 들어가. 그래가지고 또 독립운동을 하는데, 1940년대는 그야말로 국내에서 누가 뭐 까딱하겠냐. 독립의 독 자도 꺼낼 수 없는 삼엄한 상황인데. 그런데 그 보천교인들이 그걸 한다고. 그런 건만 해도 몇십 건이 나와, 판결문. 그러니까 아까 채씨 거기도 그 건이야. 보천교를 했다가, 1940년대 만주 봉천에 갔다가 서울에서 그 독립운동하다가 붙잡히거든. 그리고 또 한 세력은 1917년 고판례와 차경석을 중심으로 하는 종단이 선도교, 태을교야. 강증산의 제자가 많아, 24명이야. 24명이 선도교에서 다 떨어져 나가. 이게 차경석이가 들어온 지 2년밖에 안 됐거든. …
강증산을 만난 지가 2년밖에 안 됐는데 교주 노릇을 하니까, 다 떨어져 나갈 수밖에. 그래 김형렬이라는 사람은 금산사에 가서 태을교라고, 그리고 심지어 고판례도 떨어져 나가. 김제 봉남면에 가서 선도교라고 그래. 근데 그때 당시에 차경석 세력이 워낙 커서, 그냥 차경석 세력을 선도교, 태을교라고 했어. 언론에서도 그랬고, 조선총독부도 그랬어. 그러다가 1922년에 이제 일제가 너희 정체가 뭐냐? 비밀리에 지하에서 하지 말고 나와라. 종교라면 인정을 해줄 거고, 종교 활동도 보장할게, 그렇게 해서 드러나니 때려잡고, 계속 탄압하니까. … 그래서 이제 보천교에 있다가 떨어져 나온 사람들이 있어. 그들이 증산교(甑山敎)라 칭한 거야.

~~중략~~

그래서 사실은 우리가 '증산교'라고 이야기하는데, 그게 틀린 말이야. 보천교에서 시작됐어. 증산교라는 이름은 1930년에 처음으로, 아까 그 채경대 씨가 지금 강증산 탄생지 바로 뒤에, 지금 다 허물어져 있는데, 거기다가 증산교라고 표방을 한 거야. 원래 삼성교 하다가, 증산교 하다가, 나중에는 인도교라고 한 거지.

인도교요? 인도교는 처음 들어보네요.

그래서 인도교는 탄압을 피해 서울과 수원 등지에 하다가 일제 경찰에게 잡혀. 아까 얘기한 채경대라는 사람이 교인들에게 필사를 시켜. '개 같은 외적 놈아' 해가면서, 수운 가사에 나온 그걸 100번 1,000번씩 써라, 그래 민족 정신으로 세뇌시키는 거지. 일제가 자신들을 저주하는 그걸 썼다고 또 붙잡아 구타하고, 맞고 죽기도 하고. 나는 그래서 우리가 일제 강점기에 지식인들만 독립운동을 했느냐, 그건 아니다. 우리 대다수 민중들, 힘없고 배경도 없고 무력도 없고 외교력도 없고 하는 이 무지렁이들도 독립운동을 했다, 하는 거야. 그러면 어떤 방식으로 했느냐, 일본 소화(昭和) 천왕의 초상을 붙여놓고 복숭아나무 가지로 만든 화살을 쏘았어. 그다음에 일본 명치(明治) 천왕을 불러들여, 그 혼을. 죽은 명치를. 그래가지고 혼쭐을 내. 네 이놈 어찌하여 조선에 들어와서 이렇게 감히 분탕질을 하느냐, 이러자 메이지가 아이고 죄송합니다, 하는 그런 퍼포먼스를 해요. …

무당들이 하는 그런 것을 가지고 했다고. 일본 밀정들이 또 고발해서 40여 명인가 잡혀 들어가. 붙잡혀 두들겨 맞고 고문 당하고, 결국 6명이 죽어. 그런 것도 독립운동이라는 거지, 나는 그런 생각이지, 당시 민중들이 할 수 있는 그런 토속적인 방법이랄지, 또 일본 패망이 몇 년이냐 예언하고, 일본이 패망하라고 또 고천제를 지내고 하는 것도 독립운동이다. 그러니까 당시 보천교계의 이런 활동을 독립운동이라고 느끼는 이는 조선총독부 밖에 없었어. 그래서 치안유지법으로 그들을 탄압했지, 그리고 만만하니까 두들겨 패 죽이고. 지식인들은 그렇게까지는 안했어.

지식인들은 왜 안 죽인대요?

지식인들은 또한 친일파들하고 다 연결돼 있어. 또 일본 유학파들이 많았거든. 그러니까 함부로 못 죽이는 거야. 고문을 못 하는 거야. 근데 이 민중들은, 특히 보천교의 후예들은 잡아다가 그냥 두들겨 패는 거야. 이거 알아? 내가 직접 들었는데, 손톱과 살 사이에 대침을 쑤셔 넣는 거? … 아, 끔찍해. 어쨌든, 당시에 가장 센 게 치안유지법이거든. 보천교 후예들은 거의 다 치안유지법으로 잡아들여. 치안유지법은 원래 공산주의자들이나 독립운동가들을 잡기 위해 만들었거든. 1925년에 보천교 교인들이 엄청 걸려들어, 치안유지법으로. 그러니 우리 무지렁이 같은 힘없는 민중들도 그런 방식으로 다 독립운동을 했다, 나는 그렇게 봐. 왜 그걸 독립운동이 아니라고 하느냐, 우리 독립운동의 역사를 왜 좁혀가느냐, 나는 그런 의문이지. …

보천교는 조선총독부가 뻔히 있는데 왜 국호 '시국(時國)'이라고 선포하고 나라를 세운다고 해. 그리고 정부 조각을 한단 말이지. 그래서 조선총독부는 깜짝 놀라는 거야. 그러니까 당시 독립운동이라고 봤던 거지. 따라서 보천교가 독립운동을 했다,라고 인정을 하고 탄압한 세력은 조선총독부 밖에 없어. 오히려 우리 지식인들은 보천교를 야만으로 봤어. 무지라고. 그래서 이것은 악이다,라고까지 말하는 거야. 근데 조선총독부가 가지고 들어온 게 계몽이나 문명이거든. 근대, 계몽, 문명 등을 가지고 들어왔거든. 우리가 너희 조선을 식민지로 삼는 이유는 너희가 야만 상태에 있기 때문이야. 우리가 그 야만 상태에서 벗어나게 해주려고 너희를 지배한다, 이러한 논리거든. 근데 그때 당시 우리 지식인들이 거기에 동조해. 아이러니지.

-중략-

지식인층은 민족(民族)을 내세웠지만, 근데 보천교의 갓 쓰고 두루마기 입은 사진을 한 번 봐. 그리고 머리 깎고 양복 입은 사진을 이것과 딱 비교해 봐. 어느 게 더 민족운동, 민족주의로 보이냐고. 그걸 학생들에게 보여주면 열이면 열 다 보천교 사진을 민족주의로 봐. 그러니까 민족운동을 주창하는 지식인들은 머리를 깎았어. 우리 전통적인 모습이 아니야. 그리고 서구 지식 체계를 동경하고 있어. 안경을 쓰고 그러고는 민족운동, 민족주의를 내세우는 거야. 그게 가능해? 이렇게 학생들은 의아해한다는 거지.

그러게요. ….

그리고 한 가지! 식민지 시절 일제는 보천교를 위험한 '민족운동' 또는 '독립운동'이라고 했어. 그런데 오늘날 역사가들은 왜 보천교를 독립운동 또는 민족운동으로 안 보지? … 이상하지 않아?

아, 그리고 내가 형님한테 별도로 물어보려고 했는데, 김지현 씨 아버지 사진도, 할아버지 사진도 갓을 썼는데, 월곡 차경석 씨도 갓을 썼는데, 왜 양반 갓이 아니고 작은 갓을 썼을까요?

그게 이 사람들은 뭐냐 하면, 자기들은 양반이 아니라는 거예요. 그 사람들은 이 양반 사회를 타파하기 위해서 나온 것인데, 신분 차별을 않기 위해서, 평등한 세상을 만들기 위해서 하는 것인데, 양반 갓을 쓰면 안 되는 거지.

그래서 일부러 갓을 작은 거 썼군요. 난 그게 궁금하데요.

강증산의 가르침 중에 가장 큰 게 차별 철폐야. 강증산의 사상이 그래. 양반 상놈 없는 세상, 남녀동권의 세상을 만들겠다고 나온 이가 강증산이야. 그리고 강증산의 가르침을 그대로 이어받은 보천교가 당연히 차별 철폐를 위해서 노력했겠지. 원래 이 양반들의 갓 챙은 크잖아. 물론 양반 갓이라고 어떤 규정이 있는 것은 아니지만, 당시 너도나도 양반되려고 하는 분위기였잖아. 그래서 챙이 큰 갓을 선호했잖아. 민중들, 상민들 갓은 챙이 좁고. 보천교는 챙을 짧게 했어. 차경석 갓도 그래서 챙이 좁아.

일단 조그만했어요. 그래서 아 이걸 옛날 양반 시대 조선 말기까지도 전부 다 양반들은 큰 갓을 썼는데, 이렇게 생각했죠.

-중략-

어, 그래, 그렇게 재인들, 무당들, 백성들 또 천한 사람들이 다 양반이 될 것이다. 앞으로 후천 세상이 온다, 그러기 위해서는 공부를 해야 된다. 어떤 공부? 남에게 척짓지 말라, 인덕을 쌓아라, 그다음에, 정말 나는 이 말이 정말 뇌리에 남아. 바로 남 잘되게 하라! 이것은 예수나 석가의 가르침을 뛰어넘는 거야. 그리고 보통 종교의 언어는 고상하잖아, 그런데 강증산은 민중들에게 와닿을 수 있는 그런 언어야. 쉽고 민중적이야. 그리고 주문을 외워라, 그런 공부를 해라. 그러니까 내가 천지공사를 해서 다 만들어 놨는데, 이 좋은 세상은 그냥 되는 게 아니다, 너희들이 노력을 해야한다, 사람이 가장 중요하고 주체적인 존재이다. 그러니까 사람인 너희들이 주체적으로 그런 세상을 만들어라. 그게 후천 선경이야.

후천선경 신국가가 바로 그거지. 강증산은 그냥 그 어떤 사변적인 의미의 후천선경을 이야기를 했었다고 봐. 그런데 차경석은 현실 사회에, 일제강점기에 이런 국가를 만들려고 했어. 그것을 후천선경 국가라 불렀지. … 강증산은 맨발로 다니고, 그냥 뭐 물레방앗간에서 잠자고 걸식하고, 일해주고 밥얻어 먹고, 하면서 그렇게 살다가, 9년 동안을 살다가 죽은 거야. 그러면서 자기는 내가 죽으면 나는 금산사 미륵불상으로 들어가려니 나를 보고 싶은 이는 그리로 와라. … 근데 강증산은 누구에게도 경대를 했어. 그러니까 그 주막집에 가면은 심부

름하는 꼬맹이에게도 경대를 했어. 대단한 종교사상가이지. 나는 강증산 신앙을 안 하는데도, 대단한 사상가로 평가해. 대단한 분이야.

경대했다는 게 좀?

존댓말을 썼다는 거지. 차별을 철폐하고자 하는 사람이 경대를 당연히 해야지. 그래서 나는 경전 있잖아, 이게 뭐가 잘못됐어. 뭐, 하리라, 하느니라, 하는 것은 좀 이상해. 강증산은 제자들에게 이렇게 나는 생각합니다, 이렇게 한번 해보십시오,라고 했다는 거야. 이렇게 다 고쳐야 된다고. 근데 석가모니 불전이나 예수 그리스도 성경을 한번 봐. 대단히 권위적인 언어로 구성돼 있지. 그걸 그대로 따라 한 거야. 강증산의 역사에는 분명히 경대를 했다고 나와 있는데. 경대한 종교 지도자의 경전에 경대한 언어로 쓰여지면, 이건 또 초유의 일이지. 뭐뭐 하느니라, 이건 대단히 권위적인 느낌이지 않아?

• • •

2024년 8월 25일 오전 10시, 장학수의 구술

어렸을 때 집안에서 또는 이 지역 사회에서 보천교를 어떻게 생각했어?

일단 저희 어렸을 때 성장할 때 보천교 하면 사이비 종교다, 지역 여론이 전체적으로 그랬고. 고인이 되신 저희 부친께서도 보천교 때문에 집안이 멸망했다,라고 생각을 하기 때문에 굉장히 부정적이었죠. 저희 할아버지는 경상도 영덕군 지품면에 살고 사시다가 오셨지요.

영덕에서 오셨구나.

이쪽으로 오게 된 얘기를 부친께 직접 듣지는 않았는데, 우리 친인척들께 들어보면, 거의 보름 정도를 걸어서 왔다고 하더라고요. 그래서 거기 있는 모든 재산을 다 정리해서 넘어왔는데, 어떤 의도를 가지고 이쪽으로 오신 지는 그건 잘 몰라요. 저는 할아버지 할머니가 언제 돌아가신 지도 모르고요. 아버지

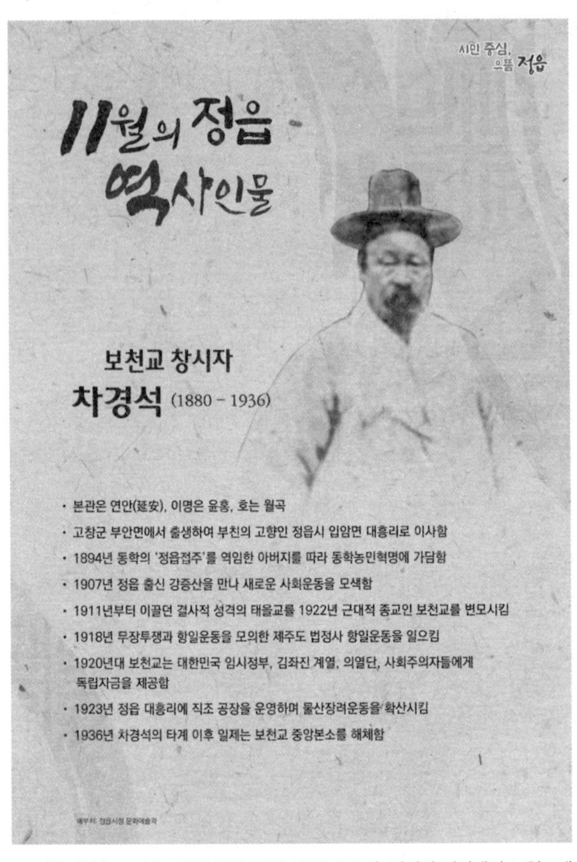

▲ 정읍시의 '2024년 11월의 정읍 역사 인물' 포스터. 이처럼 지역에서 보천교에 대한 인식이 바뀐 배경에는 장학수의 역할이 컸다.

께서 일찍 돌아가셔서 제가 어렸을 때라든지 성장하는 과정 중에 우리 집안에 대한 내력에 대한 얘기를 잘 못 들었어요. 아버지도 여기 오셔서 여기서 태어났어요. 아버지가 넷째예요. 넷째 사남인데, 아버지는 이쪽에서 태어났고 아버지 바로 위에 형까지는 거기 지품면 석곡리가 본적으로 남아 있더라고요. 영덕, 이번에도 내가 한번 갔다 왔는데 아무튼 그때 당시에 보천교 운동을 하러 1920년대 정도에 오시지 않았나 싶어요.

할아버지 함자가 어떻게 되는지?

장 자 상 자 문 자요.

장상문!

갑자기 물어보니까, … 상 자 문 자가 맞을 거예요.

오셔가지고, 아버님도 여기서 태어나셨고?

일제시대 아버지가 1932년생이시니까, 아버지 그러니까 할아버지가 언제 돌아가셨는지는 모르겠어요. 할아버지 사진 한 장이 없어요. 할머니도 그렇고. 근데 아무튼 어렵고 힘들게 살아갔다는 얘기는 들었어요. 그래갖고 형제들이 그중에 이제 우리 아버지 형제분들, 형님들은 여기에서 살다가 다시 영덕으로 돌아가신 분도 계세요. … 그래서 거기서 돌아가시고. 아무튼 엄청 힘들게 살았다는 얘기를 들었어요.

그 사촌 형님들은 영덕에 사시겠구먼.

아니 영덕에 사시는 형님도 계시고 이쪽에 살고 계시는 분도 계시고. 아버지 형제분 중에 나머지 두 분은 어떻게 돌아가신 지도 몰라요. 사망 재적부에는 재적 사실이 없고, 아무튼 6·25 때 뭔 일들을 당하지 않았나, 그런 생각이 드는데, 잘 몰라요. 그런 내용을 큰아버지도 일찍 돌아가셔버리고, 그런 우리 아버지 형제분 중에 우리 최고 큰아버지가 아버지보다 8살 많으셨는데, 우리 아버지가 돌아가시고 그다음에 돌아가셨으니까. 우리 큰아버지가 1991년에 돌아가시고 우리 아버지가 1990년에 돌아가셨네. 근데 이제 우리는 어렸을 때다 보니까 그때는 뭐 우리도 궁금하지도 않았고, 얘기를 안 해주니까 어떻게 넘어왔는지. 아무튼 근데 큰어머니 통해서 얘기 들어보면 우리 큰어머니도 할아버지, 할머니 얼굴을 못 봤다고 하더라고요. 큰어머니 연세가 많으셨는데.

그래서 이제 보천교 때문에 이쪽으로 오셨는데, 생활이 힘들다보니까 보천교에 대한 부정적인 생각이 드셨구나.

재산을 다 갖다 바쳤다고 하더라고요. 재산은 다 갖다 바치고 그래서 그로 인해서 몰락했다,라고 아버지는 생각을 해요. 그래서 부정적이지요. 옛날에 아버지 지인분 중에 대학교수도 계시고, 아버지 주변에 잘 되신 분들이 많았어요. 그분들도 아버지가 뭐 어떻게 하자, 하면 대부분 따라오시고 했는데, 그중에 대학교 교수님들이 누구 모시고 연구차 오면 막 함부로 욕을 하더라고요, 보천교에 대해서.

그래도 이 지역의 보천교를 좀 깊이 있게 알고자 제가 시의원에 당선된 후, 김재영 선생님한테 물어봤더니, 김재영 선생님이 여러 가지 사항들을 알려주셨고, 그러면서 좀 깊이 있는 질문을 하니까 좀더 잘 알고 싶으면 안후상 선생님을 만나보라고 하면서 연락처를 주셨지요. 그때는 제가 우리 형님 이름도 몰랐을 때고, 근원이 형님이라는 것도 모르고 했었잖아요. 그래서 제가 전화드리고 찾아뵙고, 이제 조금씩 조금씩 알아갔지요. 중요한 건 형님께서 혼자 그렇게 약 30년 이상을 보천교 연구를 해오시면서, 준비를 철저히 한 것이지요.

나도 의심이 많은 사람이거든요. 어떤 사실적 증명 없이는 잘 안 믿어요. 근데 형님의 가장 큰 장점은 어제도 말씀드렸었는데, 책에 각주를 잘 달아놨어요. 뭐든지, 각주에 의해서 근거 자료를 제시해 가면서 얘기를 풀어가니까 신뢰감이 생겼고, 신뢰감이 가다 보니까 내가 이걸 가지고 형님의 말씀을 남들에게 전달을 했을 때 욕 얻어먹지 않겠다,는 자신이 생겼고, 그래서 행정가들한테 또 동료 정치인들한테 보천교에 대한 조명을 다시 해야된다, 연구 검토가 필요하다, 그렇게 말할 수 있었고. 그런 게 그때 당시에 저는 바로 느껴지더라고요.

형님께서 해주신 얘기가 그대로 받아들여졌기 때문에 6개월도 안 돼서, 아마 이게 그동안 동학혁명, 동학교, 그러니까 이 동학교가 이제 뿌리가 갈라지면서 보천교가 파생되었지만, 여기서 이제 이분들이 독립운동을 해가면서 아울러 일제시대에 한마디로 숨어서 우리 민족운동, 독립운동을 이어갔었던 것 같구나. 형님이 얘기를 안 해주셔도 나한테는 바로 느낌 오더라고요. 그때 형님이 그런 부분에 대한 얘기는 깊이 있게 안 하셨고, 내가 많은 질문을 했었죠.

장 의원의 유년기나 청년기에 이 대흥리의 사람들의 보천교에 대한 인식은 어땠어?

아까 말씀드린 것처럼 보천교 활동을 하신, 어제 그 영기형 아버지 얘기도 들어보셨겠지만, 한마디로 보천교 간부를 하신 분들은 아무래도 일제 때 그 보천교를 억압과 탄압 과정 속에서 사이비종교로 막 몰아가면서 사기꾼으로 몰아갔기 때문에, 간부들도 쉬쉬하면서 눈치를 보고 살아가는 그런 형국이었던 것 같아요. 어렸을 때는 몰랐는데, 욕하는 사람은 많았지만 보천교 간부 활동을 하는 사람들은 아무 말 안 하고 살았어요.

나 어렸을 때도 우리 동네 사람들은 보천교를 사기꾼이다, 그러면서. 교인들은 자신을 교인이라고 잘 드러내지 않았거든. 보천교 했던 사람들이 '우리 선대가 보천교를 했다'라고 지금은 많이 드러내는 편이지.

그렇죠. 이제 조금씩 조금씩 드러내고 있죠. 근데 제가 처음에 2007년 초부터 대흥리에서 보천교에 대해 물어보려고 어르신들도 찾아뵙고 했거든요. 그 시기만 해도 사람들이 오히려 잠잠한 시기였어요. 제가 보천교를 물어보고 다니니까 '장학수가 보천교에 대해서 물어보고 다닌다'는 게 얘기가 회자되면서, 사람들이 보천교 얘기를 조금씩 다시 꺼냈죠. 제가 초등학교 때 보천교를 연구하려고 대학 교수들이 참 많이 왔어요. 단체로 버스를 타고도 왔는데 제 아버지께서 안내를 하신 적도 있는데, 아버지는 보천교에 대해서 아주 부정적으로 얘기하고 다니시면서 안내했어요.

시정과 도정을 할 때 시나 도에 있는 공무원들 또는 정치인들은 보천교를 어떻게 생각했어?

일반과 크게 다르지 않았어요. 아무튼, 그 시기에 우리 정읍시 시기동의 '대흥리다리'라고 있어요. 정상적인 교 이름은 무슨 교더라, 시기교인가. 뭐 아무튼 대흥리 다리가 아닌데, 옛날부터 '대흥리다리'라고 했어요. 일제 때부터 '대흥리다리'라고 칭해진 다리가 대흥리로 넘어가기 위한 다리이기 때문에 '대흥리다리'라고 불렀다는 얘기를 어르신들께 제가 많이 들었어요.

나도 들었어.

그런 것처럼, 그만큼 보천교 교세가 있었고. 사람들에게 많이 알려져 있었기 때문에 보천교에 대해서 아까 얘기했던 정읍의 지도자라면 10명 중 7명은 알고 있었어요. 다만 다 사이비종교로 알고 있었죠. 사이비종교로 알고 있으면서 부정적이었죠.

공무원들도 부정적으로 봤겠지?

그럼요. 매우 부정적이었지요. 일부 사람들은 아주 그냥 장학수가 다른 사람들에게 사이비종교에 빠져서 저러고 다닌다, 그런 얘기까지 사람들한테 하고 다녔고. 나를 알 만한 분들이 전화해서 '장 의원 왜 그런 일을 하고 다니는지 모르겠다'고 안타깝다고 그런 얘기도 많이 했고. 상당히 어떻게 보면 저나 되니까 그런 거 굴하지 않고 의식하지 않고 제가 보천교에 대해서 자신 있게 '아닙니다, 다시 봐야 됩니다. 이건 종교적 관점에서 보면 안 되고 우리가 암울한 일제 시기에 동학교와 보천교, 민족 종교를 통해서 우리가 어떻게 해방을 맞이했는가 그 부분에 대해서 우리가 접근해야 됩니다,라고 설득을 해갔죠.

그리고 난 뒤에 제가 이제 형님께 이대로는 안 되겠다 싶어서 형님께 좀 문서를 정리해서 주십시오,라고 요구를 했었고, 그리고 12페이지짜리를 3페이지짜리로 압축했다가 또 그러고도 좀 관심을 안 가지려고 하니까 1페이지짜리로 제가 또다시 압축해서 만들고, 그 자료를 나눠주면서 조금씩 조금씩 새로운 인식이 확산돼갔지요. 제가 3년 동안 개별적으로 만난 사람들에게 보천교에 대해서 우리가 다시 재조명해야 된다고 주장한 부분이, 시정 질문에서도 얘기했고, 5분 발언에서도 얘기했지만, 개별적으로 내가 만나서 얘기한 사람이 거의 200명이 넘어요. 만나는 사람마다 기본이 다 30분에서 1시간 이상 투자해야 됐죠. 정말 저 나름대로도 재조명하자고, 그러면서 한 3년 하니까 이제 조금씩 조금씩 인식이 바뀌어지기 시작하더라고요. 관심을 갖더라고요.

그래서 그런 분들이 우리 지역에 이런 게 있는지 몰랐네, 라는 얘기를 많이 했죠. 여기서 조금씩 조금씩 변화가 있었고, 그때 제가 완급 조절을 위해서 형님께 많은 자료를 요구했던 거죠. 그때 형님도 기분 나쁜 일이 많이 있었을 거예요. 제가 왜 그랬냐면 이건 좀 빼자 저건 빼자,라는 얘기를 몇 번 했었잖아요. 뭐 제가 이제 기억은 잘 안 나지만, 좀 약간 종교적 색채가 나는 단어는 좀 빼고 얘기하자, 그런 얘기 많이 했었죠.

그랬었지, 장 의원의 역할이 참으로 컸었지. 장 의원이 아니었으면 오늘날처럼 안 됐지.

아무튼 참 힘들게 사람들에게 보천교에 대한 인식을 바꾸고, 그 다음에 신문에 계속 기고도 하고, 그러면서 사람들이 관심 가지면서 지식인층에서 보천교에 대해서 다시 접근하는 사람들이 생겼고, 지금은 참 적지 않은 많은 사람들이 보천교에 대해서 신문에 기고를 많이 하더라고요. … 신민섭이라는 국장 출신의 퇴직공무원께서 상당히 깊이 있게 공부하셔서 글을 썼다는 게 딱 보이더라고요, 《정읍시사신문》에. 공부도 됐고, 이제는 내가 자연인 신분이여서 도와줄래야 도와줄 수도 없겠지만, 내가 입을 다물고 있어도 이제 보천교가 사람들에게 사랑방 좌담회 정도의 대화거리는 됐고, 이제 조금씩 조금씩 지식이 조금씩 퍼져가는구나, 그런 생각도 들었어요.

제가 2007년부터 노력했지만, 2010년까지는 오히려 그로 인해서 제가 불이익을 많이 당했죠. 그러나 2010년 이후에는, 2011년, 2012년, 2013년, 2014년 전라북도의회로 가면서 간혹 만나는 분들이 '우리 장 의원이 보천교에 대해서 우리 지역의 역사를 밝히기 위해서 노력한 것에 대해서 나는 가장 긍정적으로 보고 높이 평가하네'라는 얘기를 지금까지 한 30번은 들었어요. 이런 평가가 조금씩 늘더라고요. 갈수록 그러다가, 오히려 지금은 많이 밝혀지고 난 뒤에, 그다음에 제가 산림조합장이 되면서, 그리고 이제 자유인으로 돌아와서 그런 부분에 접근할 기회가 없으니까 이제 그런 소리는 오히려 못 듣게 됐죠. 2010년부터 2018년까지는 아까 말씀드린 것처럼 한 20~30명한테는 '장 의원이 큰

일 했네'라는 그 얘기를 좀 들었어요.
근데 그건 지식인층의 인식이지, 일반인들은 아직도 보천교에 대한 인식이, 조금씩 개선이 되었다는 정도지 아직도 긍정적이지 않아요. 그래도 지금 형님께서 보천교에 대한 논문을 통해서 또 발표를 통해서 또 각종 지나간 일제시대의 법원이라든지 경찰서, 그런 여러 가지 기록을 통해서, 또 그로 인한 독립유공자로서 서훈을 받은 분들을 밝혀내면서 이제는 확신을 갖게 된 거죠. 형님께서 앞으로도 많은 일을 해주셔야 돼요. 사실은 지금부터가 진짜예요. 형님이 어제도 말씀하셨잖아요, 나는 이제야 전성기 같네,라는 말 정말이에요. 이제 어디 가서든 형님이 말씀을 하셔도 형님의 말을 부정적으로 인식을 하고 들을 사람들은 이제는 한 20퍼센트, 30퍼센트밖에 안 된다는 거. 옛날에는 외람되지만 95퍼센트는, 95퍼센트 이상이 부정적인 인식을 갖고 얘기를 들었죠. 제가 말하고 다닌 시기가 그랬어요.
2007년, 2008년, 2009년 그때 내가 형님께 정말 많은 걸 요구했어요. 그때 제가 지금도 다 자료는 갖고 있지만, 후천선경 이런 말도 좀 빼자, 후천개벽 이런 것도 좀 빼자, 그 말이 맞는지는 아는데 그런 말들로 인해서 내가 사람들을 설득하는 데 너무나 힘이 드니까, 나는 이런 인식이 아닌 또 학자적 입장에서 그당시에 썼던 사람들의 언어를 쓸 수밖에 없었다는 그 사정은 알지만, 근데 사람들이 부정적으로 보고 있는데, 나는 인식 개선을 위해서 노력하는데 인식 개선이 안 되니까, 예산 조금이라도 세우려고 그 노력을 하는데 그런 글들로 인해서 예산 세우는 데 부정적으로 영향이 미치니까, 제가 좀 형님 미안하지만 이런 건 좀 뺍시다, 이렇게 된 것이죠. 아직은 이런 말을 논할 단계가 아니다, 보천교 복원 이런 얘기도 뺍시다, 이렇게 된 거죠. 한 1~2년 뒤에 제가 빼자고, 이런 거 빼고 다시 시작을 해서 보천교에 대한 진실을 다시 좀 알리고 난 뒤에 사실 증명이 된 이후에 그런 것은 얘기해도 되지 않을까, 이렇게 주장했는데, 사실 지금 그 시기가 된 것 같아요. 지금 이미 정읍시에서 보천교를 활용한 연구 방안을 형님께 용역을 의뢰했다는 것 자체가 이제 준비가 된 거죠. 그 사람들이 마음의 준비가 됐지만, 그 이전에는 아니었어요. 맞아요. 정말 그땐 힘들었어요.

그렇지, 다 장 의원 덕분이지. 그걸 누가 부정하겠나.

아니, 저는 그 덕분이에요,라는 소리를 듣기 위해서 얘기를 한 건 아니고. 그때 당시에 형님이 저한테 앞으로 이걸 통해서 우리가 나가야 될 방향이라는 거라 해서 사업계획서를 그냥 3페이지 정도 썼었어요. 너무 장황하니까, 우리 좀 뺍시다,라는 얘기. 근데 이제 그런 거 써도 될 것같아요. 그리고 기회가 되면 그때 형님께서 한번 저한테 작년에 그런 말씀하셨는데, 보천교 복원인가, 아니면 무슨 연구개발인가 뭔가 해서 위원회를 만들겠다고 했는데, 형님께서.

기억이 잘 안 나는데.

작년엔가 재작년인가 말씀하셨어요. 한번 해서 그때 이제 나도 좀 같이 참여해 달라해서, 그랬어요. 그때 이제 뭐였냐면 보천교 조명이 다 끝난 다음에 어느 정도 학술적인 조명이 끝나면, 이 보천교를 활용한 지역의 활성화 사업 등 여러 가지 우리가 말했던 보천교 십일전(十一殿) 복원이라든지, 이런 것을 하는 위원회를 하나 만들겠다, 그런.

보천교 역사 복원 추진위원회 같은?

그렇죠. 맞아요. 그렇게 얘기도 했었어요. 형님이 구체적으로 문서도 만들어 가지고, 이렇게 준비 중이다,라는 얘기까지 하셨고, 간략하게 나한테 다 보여주셨었어요. 그 무렵에 그때 저도 제가 할 일이 있다면 하겠습니다,라는 얘기를 제가 했었고. 그런 시기가 되지 않았냐, 이제는 그런 판단이 드네요.

-중략-

그 이야기를 다시 한번 얘기할게요. … 제가 의원 생활을 하면서 이 지역 어르신들에게 '대흥리다리'와 '깻다리'에 대한 유래에 대해서 여러 분들한테 물어봤어요. 왜 대홍리다리는 대홍리다리가 아닌데, 정식 명칭은 '시기교'였는데 왜 이게 대홍리다리라고 사람들이 하죠? 라고 했더니, 일제 때부터 보천교가 성황리에 부흥할 때 전국 팔도 각지에서 모이는 사람들이 물어물어 찾아가던 시절이잖아요. 내비게이션도 없던 시절에 대홍리로 가려면 어디로 가야 되냐고 물어보면, 그 다리를 건너가야 된다고 해서 '대홍리다리'라는 명칭이 사람들 인식에 각인이 됐단 말예요. 그렇게 굳어진 거죠. 지금까지도, 그래서 정식 명칭과 우리가 흔히 부르는 이름이 이원화된 거죠. 그리고 깻다리 같은 경우도, 왜 걸핏하면 어르신들이 말 안 듣고 좀 울고 하면 어린애들에게 너 깻다리에서 주워왔는데 깻다리에다 다시 갖다 놓는다,라는 얘기를 듣고, 제가 여러 어르신들에게 물어봤습니다.

나이 드신 분들에게 그랬더니, 그 시기에 보천교의 교세가 번창할 무렵에 보천교가 인내천 사상이고 평등 사상이고, 그리고 많은 사람들이 오고 가고 할 무렵인데, 그때 자기 자식들을 다 키울 수 없는 형편에, 어려운 형편에 빠진 사람들이 자식을 일부러 보천교회에 가서 밥이라도 먹고살아라, 그러려고 아기를 버릴 때 보천교 교도들이 자주 왕래하는 그쪽에, 다리 위나 아래에다가 보자기에 싸서 놓으면 그 보천교회에서 데려가서 잘 키우고 했기 때문에, 실제로 아이들을 '깻다리'에다가 많이 버렸답니다. 그래서 그런 유례가 생겼다는 얘기를 들었어요.

깻다리? 처음 듣는 독특한 얘기네. 아무튼 좋은 얘기 오늘 많이 들었네. 고맙네.

-후략-

편저자 **안후상**

전남대학교 대학원 사학과에서 한국근대사와 한국근대종교운동사를 연구하였으며, 같은 대학교에서 문학박사 학위를 받았다. 목아불교박물관 학예연구원, 대한불교조계종 보조사상연구원의 연구원 겸 '월간 불일(佛日)' 편집장, 충남대학교 유학연구소 연구원 등을 지냈다. 현재 한국신종교학회 이사, 사단법인 노령역사문화연구원 원장, 전남대학교 사학과 강사, 중원대학교 종교문화재학과 교수로 있다.

저서로는 『한국근현대사 이야기, 5·18과 바나나』와 『일제강점기 보천교의 신국가 건설운동』, 『보천교 독립운동 구술 사료』 등이 있으며, 공저는 『한국민족운동과 종교』, 『일제강점기 보천교의 민족운동』, 『일제강점기 보천교의 민족운동 자료집』(I·II·III·IV), 『일제의 한국민족종교 말살책』, 『조계종사』, 『한국독립운동사사전』, 『19세기 사상의 거처』, 『전라북도 근현대 인물 이야기』, 『한국신종교사전』, 『한국민족종교사전』, 『정읍시사』 외 다수가 있다.

연구논문은 「무오년 제주법정사 항일항쟁 연구」(종교학연구15), 「보천교와 물산장려운동」(한국민족운동사연구19), 「식민지시기 보천교의 '공개'와 공개 배경」(신종교연구26), 「'보천교의 반일성 연구'를 위한 연구사적 검토」(한국종교39), 「불교총본산 조계사 창건고」(보조사상15), 「한국불교 총본사 건설과 이종욱」(대각사상10), 「일제강점기 보천교의 독립운동」(원불교사상과 종교문화70), 「내장사의 유래와 '내장산 내장사' 인식」(전북사학61), 「손화중 피체지 및 이봉우에 관한 연구」(고창 동학농민혁명 유적지의 새로운 이해) 외 다수가 있다.